高等学校公共管理类核心课程规划教材

行政秘书学

主　编　方　堃
副主编　吴旦魁　苏　维

Administrative Secretary Studies

武汉大学出版社

图书在版编目(CIP)数据

行政秘书学/方堃主编. —武汉:武汉大学出版社,2021.9(2025.6 重印)
高等学校公共管理类核心课程规划教材
ISBN 978-7-307-22444-5

Ⅰ.行… Ⅱ.方… Ⅲ.秘书学—高等学校—教材 Ⅳ.C931.46

中国版本图书馆 CIP 数据核字(2021)第 137530 号

责任编辑:唐 伟　　责任校对:汪欣怡　　版式设计:马 佳

出版发行:武汉大学出版社　(430072　武昌　珞珈山)
　　　　　(电子邮箱:cbs22@whu.edu.cn 网址:www.wdp.com.cn)
印刷:武汉邮科印务有限公司
开本:787×1092　1/16　印张:14.25　字数:338 千字　插页:1
版次:2021 年 9 月第 1 版　2025 年 6 月第 3 次印刷
ISBN 978-7-307-22444-5　定价:45.00 元

版权所有,不得翻印;凡购买我社的图书,如有质量问题,请与当地图书销售部门联系调换。

目 录

第一编 综 论

第1章 行政秘书概述 … 3
- 1.1 行政秘书的概念界定与岗位特征 … 3
- 1.2 行政秘书的历史沿革与发展趋向 … 9
- 1.3 行政秘书的角色定位与素质要求 … 16
- 本章小结 … 23
- 关键术语 … 23
- 思考题 … 23
- 阅读材料 … 24

第二编 办文：行政秘书的文字工作

第2章 行政秘书公文撰写 … 29
- 2.1 公文写作的基础知识 … 29
- 2.2 行政公务文书的写作 … 34
- 2.3 行政事务文书的写作 … 43
- 本章小结 … 47
- 关键术语 … 48
- 思考题 … 48
- 阅读材料 … 48

第3章 行政秘书公文处理 … 50
- 3.1 公文拟制 … 50
- 3.2 公文办理 … 55
- 3.3 公文管理 … 65
- 本章小结 … 67
- 关键术语 … 68
- 思考题 … 68
- 阅读材料 … 68

第 4 章　行政秘书档案管理 … 71
4.1　档案管理概述 … 71
4.2　档案收集与整理 … 76
4.3　档案存查、保管与利用 … 81
4.4　电子档案与特殊档案 … 88
本章小结 … 92
关键术语 … 92
思考题 … 92
阅读材料 … 93

第三编　办会：行政秘书的会务工作

第 5 章　行政秘书会务规则礼仪 … 97
5.1　会务工作的基本概念 … 97
5.2　会务工作的规则要求 … 103
5.3　会务工作的礼仪规范 … 111
本章小结 … 122
关键术语 … 122
思考题 … 122
阅读材料 … 123

第 6 章　行政秘书会务管理流程 … 125
6.1　会前准备 … 125
6.2　会间服务 … 135
6.3　会后处理 … 142
本章小结 … 148
关键术语 … 148
思考题 … 148
阅读材料 … 148

第四编　办事：行政秘书的事务工作

第 7 章　行政秘书办公室事务管理 … 153
7.1　办公室环境管理 … 153
7.2　办公室日常管理 … 161
7.3　办公室设备管理 … 172
本章小结 … 176
关键术语 … 176
思考题 … 176
阅读材料 … 177

第8章 行政秘书公共关系与形象塑造 ··· 178
8.1 公关心理 ··· 178
8.2 公关行为 ··· 184
8.3 公关形象 ··· 192
本章小结 ··· 197
关键术语 ··· 197
思考题 ··· 197
阅读材料 ··· 198

第9章 行政秘书现代信息技术管理 ··· 199
9.1 办公自动化基础 ··· 199
9.2 政务新媒体应用 ··· 207
9.3 云办公平台操作 ··· 211
本章小结 ··· 217
关键术语 ··· 218
思考题 ··· 218
阅读材料 ··· 218

参考文献 ··· 221

后记 ··· 223

第一编

综 论

第 1 章 行政秘书概述

随着现代化进程的加快，秘书已成为普遍的职业之一，尤其是行政秘书在各行业中都起到了关键作用。在社会分工不断细化，行政改革持续深入的过程中，行政管理学与秘书学在理论研究和实践应用中相互交融，形成了一门新兴学科"行政秘书学"，并且日益成为管理者、秘书从业者以及研究者的关注焦点。了解行政秘书的概念内涵、起源发展及职业能力要求，对于我们掌握这门学科的知识体系具有重要意义。

1.1 行政秘书的概念界定与岗位特征

1.1.1 行政秘书的概念界定

行政秘书的概念是由秘书工作发展演变而来，了解行政秘书的内涵则应该首先把握"秘书"的含义，这有助于深入理解行政秘书的职业特性及工作要求。1998年5月，劳动和社会保障部（现为人力资源和社会保障部）在其颁布的《秘书职业技能标准》一书中将"秘书"定义为：专门从事办公室程序工作，协助领导处理政务及日常事务，并为领导决策及其实施服务的人员。

在中国封建王朝政权体制内，"秘书"一词有三方面的含义：一指宫禁里的藏书；二指用诡秘隐语来预决吉凶、对未来做出预言的谶纬图箓等书；三指特定的古代官名，自秦汉以来，历代封建王朝曾设有尚书、秘书监、秘书令、秘书丞、秘书郎等官职，掌管官员向皇帝奏事的奏章函牍和皇帝发布命令的文书以及宫禁的图书等工作。第一种与第三种含义的联系是十分明显的。第二种含义虽带有迷信神秘主义色彩，但也暗示了秘书工作所具有的机密性和参与决策谋划的意义，因为谶纬图箓等书多预言王朝兴衰与政权更迭等重大事件。总之，上述含义都说明秘书与政权机构的关系密切，政治性很强。

现代经济的发展促使秘书从业人员不断分化。过去秘书从业人员主要集中于公共部门，如政府机构、党派组织、非营利性组织和社会中介组织等。秘书的选拔由组织人事部门考察选用，由国家或单位支付薪酬。少数为一定级别的领导干部和专家服务的秘书，虽然其服务对象是个人，但仍从国家或集体领取薪金，是国家编制的正式工作人员，属于公务秘书或公共秘书。而与之不同的是，私人组织或部门中的秘书人员及其工作被称为"私人秘书"。这类秘书是为个体雇主服务，由个人聘用并由雇主本人支付薪酬。目前随着我国社会主义市场经济的快速发展，私人秘书已越来越多，而且涉及范围也日益广泛，工商界、演艺界、体育界、文化界都有私人秘书的身影。

从岗位的性质来理解，无论是公共秘书还是私人秘书，只要是从事行政事务的秘书都可以被称为行政秘书，其概念体系参见图1-1。

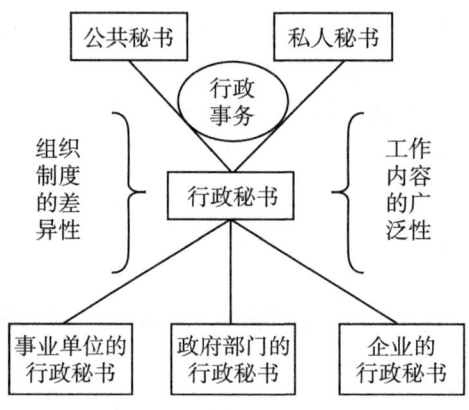

图1-1 行政秘书的概念体系

行政秘书的工作具有广泛性，根据组织类型与人事制度的差异，不同组织中的行政秘书有所区别。

政府部门的行政秘书，可以大致分为非领导职务的行政秘书和有领导职务的行政秘书两类。在当前我国的制度环境下，政府部门是指广义的行使国家公共权力的官方组织，包括狭义的政府机构、执政党机构、军队机构、民主党派机构和人民团体等。《中华人民共和国公务员法》等法律法规规定，他们属于国家公务员或国家干部序列，具有行政编制、行政级别与官员身份，以终身雇佣制的形式从事行政秘书工作。

企业的行政秘书，在《秘书国家职业标准》中有相关的界定，是指从事办公室程序性工作、协助上司处理政务和日常事务并为决策及实施提供服务的人员。企业的行政秘书一般从低到高包含基础文书、专职文秘、高级行政助理等。他们属于社会职业，按照人力市场的劳动合同与企业建立雇佣关系。

事业单位的行政秘书，可分为两类：一类属于国家工作人员，拥有事业编制和行政级别，参照公务员管理；另一类属于规范化管理。

综上所述，行政秘书是指在政府部门、企事业单位中，围绕领导或上级的工作需要，按照领导的指示与授权，以集体或个人的工作方式处理组织的日常性、程序性、综合性的行政事务，为领导的管理和决策等活动提供服务与辅助，代表领导行使部分行政管理职责的一种职业。行政秘书的工作内容主要有三个方面：一是作为领导的助手，协助领导处理综合行政事务；二是作为领导的参谋，为领导提供决策支持的信息；三是作为领导的代理人，在法定范围内依据领导授权行使权力。

我国自20世纪80年代在高等教育中逐步开设秘书专业，很多学校的秘书专业是放在公共事业管理以及行政、工商等各项管理专业之下，因为秘书职业需要行政管理学的知识才能科学高效地完成各项公共事务的处理和信息的综合管理。在这里，我们认为，行政秘书学的出现既体现了行政管理学与秘书学的学科交叉，又能反映出秘书学在现代公共管理实践中的崭新特点和规律。

1.1.2 行政秘书的岗位特征

1. 行政秘书机构的设置

（1）设置原则。

行政秘书机构是组织内的综合办事机构和参谋性机构。在我国，中央、省市、县乃至乡镇、街道党政机关和大中型企事业单位都普遍设有行政秘书机构，规模较小的单位和部分三资企业则不设行政秘书机构，只设秘书岗位，配置少量的行政秘书人员。

设置行政秘书机构有三项原则：一是精简原则；二是纵向层次尽量少；三是横向幅度可适当加大。这是由行政秘书工作的特点所决定的，也是由国家行政机关明文规定的："秘书工作机构，应根据精简原则，尽量减少层次。办公厅，一般可分设两层，最多不超过三层。为便利工作，可多设副职，分工领导。省（行署、市）人民政府的办公厅，尚未专设主任者，得由秘书长或副秘书长兼任，必要时另设专职的副主任。适应业务分工，组织机构可适当横向发展，逐渐改变过大过多的一揽子的组织形式。条件许可时，可把秘书业务、研究工作、机关事务管理工作划分开来，具体编制应依各地区各部门具体情况决定。"

在以上原则中，人员精简是为了提高工作效率，避免人浮于事。纵向层次少是为了上下沟通方便、及时，避免中间梗阻和官僚主义。横向幅度大是因为秘书工作涉及面广、头绪多，事务繁杂。

从管理学角度看，组织机构一般有两种模式，可用钝角和锐角两种三角形表示（见图1-2）。

右图为锐角三角模式，纵向层次多，横向幅度小，控制严，但上下沟通不便；左图为钝角三角模式，纵向层次少，横向幅度大，灵活性、自由度大，上下沟通方便。两种模式各有特点，如军队就采用前一种模式，便于指挥、控制，行政秘书机构则宜采用后一种模式。

（2）组织形式。

我国的行政秘书机构有广义与狭义的两种：广义的是指秘书长或办公厅（室）主任领导下的办公厅或办公室，其名称由机关、单位或首长名称加秘书机构名称两部分组成。如国务院办公厅、上海市人民政府办公厅、通城县人民政府办公室、华夏银行总经理办公室等。它们统管政策研究、日常行政与机关事务三大方面工作；狭义的则是以"秘书"命名的局、处、科、室、股等部门，统辖于机关、单位或办公厅（室）之下，只负责文

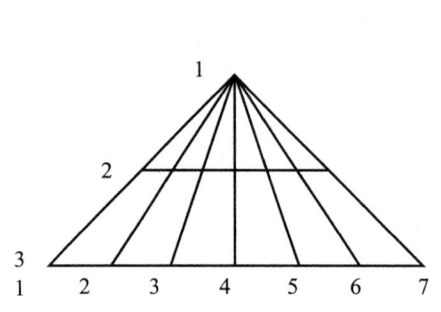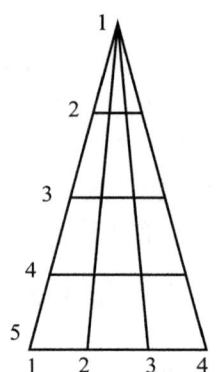

图 1-2 组织机构的两种模式

书、会务、联络、接待等工作。组织形式也有两种：分理制或综理制。

中央的秘书工作机构称"办公厅"，如中共中央办公厅、国务院办公厅等。这类"厅"是部级机构，采用分理制（即下面再设部门，以处理各种不同的行政秘书工作），如国务院办公厅下设秘书局、机要局、信访局等。

省、部的秘书工作机构也称"办公厅"，如湖北省人民政府办公厅、公安部办公厅。这类"厅"是厅局级机构，也采用分理制，下设秘书处、机要处、信息处等。

省辖市、厅、局、区、县、乡镇和企事业单位的行政秘书机构都称为"办公室"，但级别也不同。地、市、厅、局办公室是处级，采用分理制的下设"科"；县办公室为科级，下可设"股"；乡镇办公室为股级，下不再分设。大中型企事业单位办公室也有采用分理制的，下面可再分设科室行政秘书部门。但再大的企业其行政秘书机构只能称作"办公室"，而决不能冠名为"办公厅"。

综理制是指所有行政秘书工作由办公厅或办公室统一或分派人员办理，下面不再分设部门。这适合于秘书工作量不太大的机关或单位。如市、县政协和大多数企事业单位都采用综理制。

有些部门以所属机关和专业性质同时命名的办公室，则不属行政秘书机构，而是直属部门，如国务院台湾事务办公室、上海市人民政府合作交流办公室等。

社会团体的行政秘书机构，通常直接命名为"秘书处"，采用综理制，如"中国高教秘书学会秘书处"。

还有一种是临时性的行政秘书机构，也叫"秘书处"，如企业的职工代表大会设"秘书处"。视会议的规模大小、工作多少，采用综理制或分理制，如大会秘书处之下可再分联络组、文件组、宣传组、后勤组等。

（3）地位作用。

行政秘书机构只是个统称，从其地位和作用来看，又有两种情况。

中央、省市的党委和政府机关的秘书工作机构组织严密、人员设施齐全、工作既分工又合作，并且相对独立。它承首脑机关之命，有召集会议、发布文件、实施计划、指挥、控制的权力。中央的秘书工作机构还有权制订秘书工作程序、规范秘书工作技术、指导下级组织的秘书工作，故通常又被称之为"秘书工作机关"，其地位作用如图1-3所示。

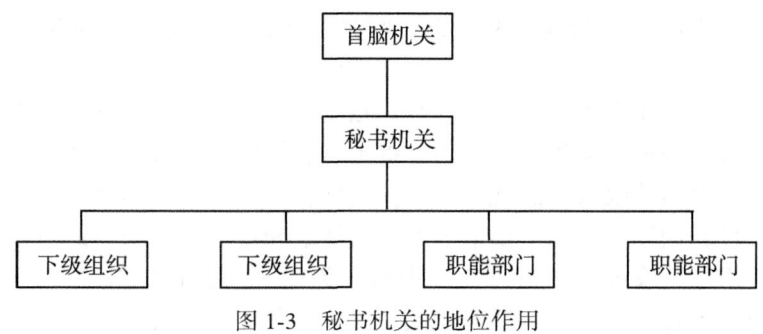

图1-3　秘书机关的地位作用

中级组织和中型企事业单位的行政秘书机构虽也配置一定的人员和设备，工作也是既分工又合作，但对领导部门或领导人的从属性更为明显。它往往在领导的直接指挥下收集信息、传达指令、辅助管理并从事一般文书、事务工作，通常被称为"秘书工作部门"，其地位作用如图1-4所示。

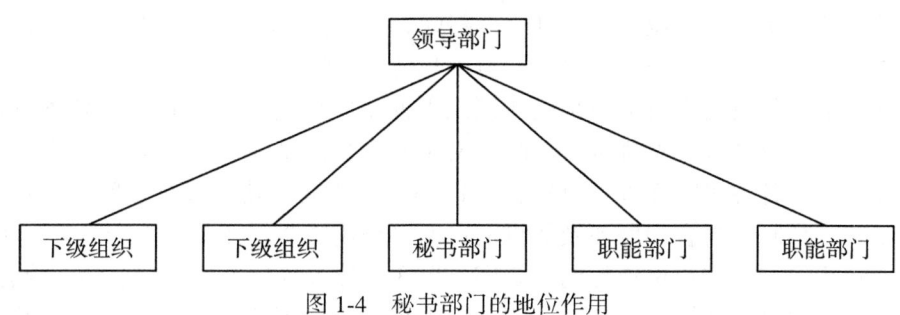

图1-4　秘书部门的地位作用

无论是行政秘书机关还是行政秘书部门，都处于最贴近首脑机关或领导部门的中枢位置。它们的地位虽与直属下级组织、职能部门平级，但其作用实际上高于直属下级组织和职能部门。如果把首脑机关比作人体的头部，行政秘书机关就是颈部。如果把领导部门比作大脑或心脏，行政秘书部门就是既连接大脑、心脏，又遍布全身的神经系统和血管。

基层组织和小型企事业单位，由于其规模小、人员少，往往不设独立的"办公室"，只配置一两名专职或兼职秘书，作为主管的行政工作助手。他们往往与上司同在一间办公室，或在办公室外占一席之地办公，被称为"秘书岗位"。

（4）主要职能。

①助手职能。这表现在：帮助或代替领导部门处理日常文书、通信、联络、接待等事务，节省领导的时间与精力；帮助领导管理并维持下级部门和人员各项日常工作的正常运转；承领导之命检查和督促下级部门和人员的工作情况；经领导授权调查或处理突发事件或完成特殊使命；在会议、文件、廉政等方面为领导把关。

②参谋职能。这表现在：调查与提供领导决策所需的信息资料，支持领导决策；参与研究情况，提出分析或预测意见；应领导要求参与讨论或制订工作计划或实施方案；对下级组织或部门各种文件中的问题或差错提出解决建议或修改意见；对领导未能顾及的突发事件或工作缺陷提出应对策略或弥补措施；收集并研究反馈信息，为领导再决策提供依据。

③枢纽职能。行政秘书机关或部门具有沟通上下、联系左右的枢纽职能。这表现在：向下级传达领导部门各种书面指示、计划、批示、通知以及口头指令等；向下级转发上级领导、机关及有关部门的政策、法规、指令性文件；向下级转发相关地区、单位、部门的有参考价值的文件；向领导部门呈报下级的书面请示和报告；向领导部门和上级机关汇报下级的情况、要求、建议或批评意见；负责与有关地区（包括国外）、单位的业务联系，包括文件、信函、电报、电传、电话以及人员往来；负责与政府部门、新闻媒介单位、客户与社区群众的沟通联系；负责领导人与领导人之间、领导人与职能部门之间、领导人与员工之间的沟通联络。

④协调职能。行政秘书机关或部门还负有在上下左右之间沟通、协商，以消除隔阂、调整关系、调解矛盾，达到平衡、和谐、合作、统一的协调职能。这表现在：协调中央与地方之间、地方与地方之间、部门与部门之间，以及时间前后之间的政策矛盾；协调地区与地区之间、单位与单位之间的利益冲突；协调本单位部门之间的工作、生产进度、计划失调或其他矛盾；协调本单位与政府部门、新闻媒介、社区公众之间的矛盾冲突；协调领导人与领导人之间、领导人与员工之间、员工与员工之间的人际关系。

⑤保密职能。行政秘书机关或部门在组织中处于中枢地位，负责保管各种机密文件、资料，负责组织机密会议、安排重要会晤，又是各种信息的集散地，自然负有保密职能。主要有：妥善保管各种机密文件、资料，不得丢失、残缺、破损或被偷阅、翻拍、盗用；保守会议精神、会晤的内容中所涉及的机密；保守企业资金、经营、生产工艺、账目、配方、专利、知识产权、客户渠道等商业机密；保守领导人的住址、行踪、活动内容及个人隐私等秘密；保守员工的档案、升迁、调动等人事机密；保守涉及组织利益的其他秘密；监督机要部门、机要人员保守各种有形和无形的机密。

⑥公关职能。在不设公关部门并无专职公关人员的组织中，行政秘书部门还承担着处理公共关系的职能。主要有：负责政府机关内外工作联系、友好访问的联络与接待事宜；负责企业与政府部门之间的工作联系和关系处理；做好政府机关的人民群众来信来访工作；处理好组织与社区公众的关系；处理好组织与新闻媒介的关系；沟通、联络、协调企业与股东之间的关系；主动收集、接受并处理内部员工对组织的反映、意见和建议等；处理好客户对企业的投诉、批评等；根据组织规定或领导授意，做好对员工的祝贺、探访、慰问等工作。

2. 行政秘书工作的属性

（1）辅助性。

"辅助"是相对于"主导"而言的。辅助，既非主导的，又是与主导密切关联，相对于主导而存在的。辅助是指在主导的领导、指挥、控制之下，从旁协助主导完成共同的目标。在我国，行政秘书工作与行政管理有着不可分割的关系。从管理的层次上看，任何一级领导都是直接从事管理工作的，而行政秘书工作本身是处于从属地位的辅助性管理活动。无论是作为各级政府部门中的秘书工作，还是为某一私人服务的秘书工作，从一开始就始终处在一种辅助其领导工作的位置上。应当说，行政秘书工作中庞杂的、具体的、琐碎的各种服务工作，不仅是领导体力的辅助，而且是其脑力的辅助。

（2）综合性。

所谓综合，就是指不同类型、不同性质的事物有机组合在一起。行政秘书工作就明显地具有系统综合的性质。行政秘书既有日常的、程序性较强的例行性工作，又有临时的、突发的非例行性工作；既有机要性工作，又有非机要性工作；既有操作简易的工作，又有操作复杂的工作。它所涉门类众多、内容广泛。既要使用脑力，又要耗费体力，需要渊博的知识和多种多样的技能方能胜任。

（3）政治性。

行政秘书工作的另一个显著特征，在于其具有较强的政治性，这主要取决于领导工作的政治性。行政秘书工作的政治性体现在三个方面：鲜明的阶级性、明确的政策性、高度的机要性。这里需要指出，秘书，最初是"秘藏图书"和"秘密文书"，是指物，后来发展为指人，即"秘密文书工作者"。直到近代，秘书才有了更丰富、更确切的含义。但至今还有人戏言：秘书秘书，姓"秘"名"书"，一离不开秘密，二离不开文书，此说法仍不无道理。不管是机关、企事业单位、私人的行政秘书，其工作内容或多或少地涉及机要和秘密，或者是个人的隐私。因此，善于保守秘密就成为行政秘书人员的基本职业操守。

（4）服务性。

行政秘书工作具有多层次的服务对象，服务性是行政秘书部门最本质的特征。一般公务员都只提一个服务，即"全心全意为人民服务"。而1985年的全国秘书长会议上，中央提出了秘书工作要做到"三个服务"，即为本机关领导和上级机关服务、为本机关其他平级的职能部门服务、为下级机关和人民群众服务。在我国现行的党政机构中，上至党中央、国务院，下至各省、市、县乃至街道、基层厂矿、学校等，都有为其领导工作服务的行政秘书机构或人员。目前国内外，上至国家元首，下至一般的专家、学者或电影明星等，都聘有为自己服务的专职或兼职行政秘书。通俗地讲，行政秘书应对"上、中、下"三个层面服务，当然首要的是为领导、为上司、为雇主服务，但也不能忽视另外两个服务。

1.2 行政秘书的历史沿革与发展趋向

1.2.1 行政秘书的历史沿革

1. 我国行政秘书的演进

我国古代历史上就存在从事行政事务以辅助领导开展工作的人员，这些人具有为领导服务的行政秘书特征。

我国行政秘书工作可谓源远流长。《汉书·古今人表》记载：传说创造文字的仓颉，是黄帝的"史官"，帮助黄帝记录国家大事。又如《尚书·尧典》中记载："帝曰：龙，朕疾谗说殄行，震惊朕师。命汝作纳言，夙夜出纳朕命，惟允！"这里的帝是指虞舜。意思是说他痛恨说假话和阳奉阴违的行为，任命一位叫"龙"的人做"纳言"官，早晚发布他的命令，一定要忠实。上古时代的"史官"和"纳言"都可以看作最早的秘书官。

夏商周三代，史官是主要的行政秘书官员。他们记录国君的言行，负责起草和保管文件，有的了解民情，提出建议，协助制定政策法令。商末周初，政事日繁，出现了行政秘书机构——太史寮，由太史（又称大史）掌管，下有左、右、内、外四史为副手，分工有序。

秦始皇统一中国后，建立了中央集权国家，也开始确立较为完整的行政秘书工作体制。从中央（皇帝、丞相）到地方（郡、县）形成了一支多层次的庞大行政秘书队伍。丞相总管全国行政，太尉掌管军政，御史大夫执掌群臣奏章和下达皇帝诏令，同时也执掌国家监察事务。丞相、太尉、御史大夫合称"三公"。在其下设有分管各部门事务的"九卿"和"列卿"。"三公"中的御史大夫，可以说是统率行政秘书的官吏，一方面作为皇帝的秘书长，"受公卿奏事"，掌天下文书；一方面又是"举劾按章"的监察官。至汉武帝时，丞相的权力逐渐缩小，皇帝通过内廷保管文书的尚书署来亲自裁决庶政，给宦官以"中书谒者令"的称号，也使他们与闻政务。尚书此时就成了在皇帝左右办事、掌管奏章文书的机要秘书，地位逐渐重要。

三国时，曹操晋封魏王之后，曾设"秘书令"一职，代替尚书令，既掌文书，又参与机要政务，是名副其实的中央秘书长角色，但设置时间不长。曹丕继位后，新建中央秘书机构——中书省，改秘书令为"中书令"，下设"中书侍郎""中书舍人"，为皇帝拟制诏书，记录朝议大事，充当顾问。又将宫廷侍从文官集中起来，成立了侍从机构——门下省。主管官员称"侍中"，次为"黄门侍郎""散骑常侍"，多由皇帝亲信名士担任。在皇帝身边议论政事，传达王命，听候差遣，具有皇帝私人顾问和机要秘书的性质。

隋唐之后，尚书省演变为行政执行机构，中央的行政秘书工作主要由中书、门下两省担任。唐玄宗时，又设立"学士院"（亦称"翰林院"），考选文人才子（选上者即为"进士"，拔尖者任"翰林学士"），由皇帝直接管辖。翰林学士品级高于一般秘书官，常伴皇帝左右，应对诗文，提供咨询，起草任免将相、册立后妃、王子等重要诏令，是皇帝最宠信的顾问和秘书官，甚至有"内相"之称，大诗人李白就曾任此职。

宋代中央行政系统的秘书工作仍属中书、门下两省，军事系统的文书工作属新设的"枢密院"。省院之下设置了更具体的行政秘书部门，如"通进司""进奏院""开拆房""主事房""催驱房"等，负责文书的收发、登记、呈阅和催办等工作。

元朝疆域辽阔、崇尚武功，但也重视文书。为加强行政与秘书工作，取消了门下省和尚书省，以中书省独揽行政大权，而在各大区设立"行中书省"和"行枢密院"（中央派出机构）。中书省和行中书省下设"检校所""照磨所""承发司""架阁库"等部门，负责文书的检查、校对、发送、立卷和档案的保管工作。又在全国各地设立"急传铺"，有紧急文书，派专使快马日夜兼程传送。

明朝朱元璋新设置了中央的文书总收发和总接待机构，名为"通政使司"。其主要职责是审核朝廷的命令以匡正百官，彰明幽暗隐蔽的情况以沟通政事。朱元璋要求通政使司的官员：该报告的事不必顾虑；该纠正的错误不可苟同；该申诉的冤屈不可隐瞒；该引见的人员不得留难。

清朝中央的行政秘书机构仍承明朝旧制。雍正时，新建"军机处"，设大臣三至六名，每日觐见皇帝，参议国政，起草谕旨；又有军机章京十数人，协助军机大臣专事机要文书工作。清末官场腐败，子袭父职和卖官鬻爵相当普遍。不少官员既无德又无才，能力不足，上任后不得不聘请幕僚帮办文书及事务。幕僚中浙江绍兴文人甚多，俗称"绍兴师爷"。

1912年1月1日，孙中山在南京宣誓就任中华民国临时大总统。在临时政府中央负责行政秘书工作的是总统府所辖秘书处，各部中又设有承政厅，其工作性质类似于办公厅。

1927年大革命失败后，国民党为了强化其统治，从自己的政治需要出发，对政府机关内部进行了调整，建立了一整套行政秘书机构。在中央，设有秘书处，有秘书长1人，秘书8人，科员8~12人，另有书记官若干人。秘书处下设总务、机要、撰拟三科，负责文件撰写、处理和保管工作。1928年，将原秘书处改为文官处，设文官长1人，秘书8~12人，负责国务会议及政府一切文书、机要、印铸等事项。在城市，国民党市级政府内设有秘书长，下设秘书处，负责秘书事务。以国民党汉口市政府组织为例，市政府秘书处职责为：机要收发、印信、统计、人事、庶务、外事、宣传及其他不属各局掌管的事项。国民党政府统治时期，对秘书工作的一些制度进行了接二连三的改革，如建立幕僚长制度，颁布"公文改良办法"，搞所谓"文书处理竞赛"，以期提高行政效率，但由于治标不治本，最终难以取得实效。

1921年7月，中国共产党自诞生之日起，便产生了自己相应的行政秘书工作。由于行政秘书工作的性质由其所属的政权机关的性质所决定，所以中国共产党和其所领导的革命政权机关的行政秘书工作与历史上任何一个时期都有着本质区别，这是一种崭新的行政秘书工作。

中国共产党在早期并没有立即成立行政秘书工作机构和设置专门人员。现在看到的文件中，最早出现"秘书"字样是在1923年。1923年4月，毛泽东到中央工作，担任中央局的秘书（相当于秘书长），参加了中央的领导工作，并负责起草文件、处理文书、做会议记录和保管档案等工作。同年，中共三大决定建立秘书制。1926年7月，中共四届三中全会决定设立中央秘书处，其职责是"总揽全党的技术工作"。这里所说的技术工作是特指如密写技术、传递技术、密藏手段、避开敌人的计策等。1927年8月7日，中共中央在汉口召开紧急会议，选出了新的临时中央政治局。当时任中共中央政治秘书的邓小平筹备并参加了会议工作。

1931年11月召开的苏维埃中央执行委员会第一次会议上通过了《苏维埃地方政府暂行组织条例》，对苏区政府行政秘书机构、人员配备和文件签署制度等做了明确规定，要求各级执行委员会设总务处，总务处就是当时的行政秘书机构。其下设文书股、收发股、印刷股、交通股等。这一时期行政秘书工作内容的一个重大突破，是创建了密码电报通信，中央局和红军各级司令部建立了相应的机要科。

1937年7月，抗日战争全面爆发，中共机关的行政秘书工作也随之经历了8年的发展。在中国共产党领导的边区政府机构中，都设有秘书处。由于抗战时期处理电报仍是行政秘书工作办文的中心，因而在全党、全军系统建立了一整套机要工作机构。此时，中央各级重要机构和高级领导同志开始配备专任的机要秘书。

1945年日本投降后，中共中央新成立了书记处办公处。1948年，中央到达河北平山县西柏坡后重新成立书记处办公室。办公室下设机要科，负责处理文件、电报。机要科是后来中央办公厅机要室的前身，而现在的中央办公厅秘书局又是机要室改名而来的。解放战争时期，在省、市一级行政机构中，由秘书长领导若干个独立的处、室（秘书处、行政处、政策研究室等）过渡到由秘书厅或办公厅将这些处室统管起来，形成既有分工、又合为一体的行政秘书机构。各县政府一般设有秘书室。秘书室兼承正副县长批示，审核文件，典守印信，缮写、校对、收发和保管文件，组织机关工作以及办理其他不属于各科、局的事项。

1949年10月1日中华人民共和国的成立，使我国进入了社会主义革命和建设的新时期，行政秘书管理制度更加成熟和定型。随着改革开放和社会主义市场经济的发展，行政秘书工作逐步迈向现代化发展轨道。

2. 国外行政秘书发展概况

（1）国外行政秘书的界定。

据英国《牛津字典》的解释，"秘书"一词有三种含义：一是指办事处、营业厅、公司或企业中的雇员，其任务是处理通信、整理记录、安排会见，往往是有权势、有财富人士的助手。二是指高级官员，其职责是负责通信、记录等事宜。在非营利性社会团体工作的秘书则只尽义务而不领报酬。三是指国家的秘书，负责政府机关的政务工作，名为秘书，实为长官，如英国的国务大臣、外交大臣等，其名称为 Minister（部长或大臣），又可称为 Secretary（秘书）。

美国《职称词典》对秘书的解释非常具体，秘书是指工作能力卓越、能贯彻如下活动的人：①全面处理机关或公司的行政事务，以减轻政府官员或公司主管较次要的行政事务和办公室工作；②能用速记记录口述；③能用翻译机将口述或复制的记录信息译成文字；④处理首长或主管的会晤和提醒其会见；⑤接待办公室来访人员；⑥接电话和打电话；⑦处理首长或主管私人重要邮件、主动撰写日常函件；⑧对办公室其他工作人员进行日常监督；⑨整理人事档案。美国的秘书，有时也称行政助理（administrative assistant）或执行助理（executive secretary），小部分工作在教育、医疗等机构或政府机关，大多数则工作在企业或非营利组织。

日本秘书一词引用汉字，它具有两种含义：其一，指"帮助领导处理各种事务的公务人员"，即秘书人员。在现代日本企业、政府、社团中，秘书人员分为秘书课主任、秘书等级别。其二，指政府机构和社会团体中具体事务的负责人，如日本内阁官房长官的英文译名称作"首席内阁秘书"。上述两种含义中，以第一种为主。日本秘书学者通常将秘书称作"领导的办事员"。

国际职业秘书组织（Professional Secretaries International）则将秘书定义为"具有熟练

的办公室业务能力，不需要上级督促即能主动担责、积极进取、干练果断，能在授权范围做出正确决定的经理（领导）助手"。

从以上定义可以看出，秘书在国外是一种社会职业，主要是从事日常的程序性、行政性事务，为领导或上司的工作提供服务与辅助。

（2）国外行政秘书的类型。

在英国，政府机关的秘书人员数量较多，因基本职责的区别，可分为四个等级：第一，行政级秘书。上至各部常务次长、次长、司长、副司长，下至科长、副科长等，其职责为辅助大臣和协助机关制定、草拟政策，联系与协调各种工作，改进机关部门与工作方法，负责机关内行政人员的考核与督导。第二，执行级秘书。其职责是对次要提案进行初步审核分析，对一般性事务进行指导，解决处理公务中所引起的问题，负责主持次要工作的开展等。第三，文书和办事员级秘书。其主要任务是按照法规批示处理特定事务，按规定格式准确记录，回答问题及统计数据，完成简单的文书起草工作，搜集、提供、保存资料。第四，打字、文书和计算机操作级秘书。该级别秘书的工作大部分由妇女承担，属于雇员地位，负责誊写、打字、计算机操作、接听电话等工作。

美国的秘书可按照不同的标准进行分类。按服务对象的数量，秘书可分为：专为某一个人服务的"私人秘书"，兼为几个人服务的"集体秘书"；按任职时间，秘书可分为：要求任职者用其全部工作时间任职的"专职秘书"，只有部分工作时间任职的"兼职秘书"；按职务性质，秘书可分为担任行政性职务的"行政秘书"、担任专业性职务的"专业秘书"。

行政秘书可以理解为负责"对事情的控制和处理"的秘书。美国大多数秘书都属于行政秘书。专业秘书是秘书职位中的一个汇总类，包括多种专业性较强的秘书种类，例如法律秘书、医学秘书、教育秘书、财经秘书、技术秘书等。这些专业秘书必须具备相应领域的专门知识和技能，每个专业秘书都是该专业的专家。

美国除了按照职务性质对秘书进行分类之外，还按照职位高低对秘书进行分级，即纵向的分类。美国秘书纵向分为 2~15 共 14 个等级，由低至高，其技术要求由简单到复杂，工作范围由单一到综合。

此外，美国行政管理学院把一般的行政秘书分为三级，它们按职级从低到高依次是"B 级秘书""A 级秘书"和"经理秘书"。

"B 级秘书"在小公司或大商行的低级管理人员手下执行范围有限的秘书职责，大致包括：记录口述，誊写速记稿或录音稿，接答和传达电话，安排会见，组织公务旅行，答复普通信函和保管档案等。这种秘书只要有一般秘书工作和办公室工作的知识技能即可。

"A 级秘书"为中级管理人员或几个管理人员执行范围不定的秘书职责，其职责具有灵活性，不像"B 级秘书"那样严格固定。它要求任职者具有本公司有关政策和程序方面的知识，具备中级以上的秘书及行政工作技能。

"经理秘书"全面负责秘书及行政事务，其职责包括：计划、方案的制订和调整，负责这些任务的进度安排，为经理办理各种行政方面的具体事务等。它要求任职者具有关于本公司经营实践和组织管理等方面的知识，并具备秘书和行政工作的高级技能。担任这类秘书要求有 6 年以上大学学历，并经过考试获得特许职业秘书资格证书。

日本的秘书，根据其职责属性，可分为公务秘书、事务秘书、外事秘书、企业秘书、私人秘书等。

公务秘书也称政治秘书，在国会、政党、内阁供职，具有公务员身份。其中，在国会、官厅、地方公共机构工作的秘书，除了要求能了解国会或政党、内阁组织外，还要求精通法律制定程序和有关机关的详细工作流程，国会议员秘书还需将与自己所居之地联系的工作作为重要任务。

事务秘书是在医师、律师等专业人员身边工作的秘书。他们除具有秘书工作知识和技能外，还必须具有相当程度的专业知识。例如医学秘书要配合医生收治病人，从事社会保险等与医疗服务有关的工作；法律秘书要协助接待委托人、调查案件、与法院联系、代替律师与委托人预谈、保存卷宗等；大学教授、研究人员的秘书，则要善于搜集信息、资料并整理文档。

外事秘书擅长外语，在外资企业和各国驻日使馆供职。

企业秘书是董事长和经理的专职秘书，主要从事接待来客、接打电话、联络等业务，以女性居多，特别需要有高度的敬业精神。

私人秘书多为日本政坛人士或知名人士雇用，少则一两名，多则几十名，负责对外联络、接待、公关工作，安排雇主的工作日程。

此外，日本的秘书职级分为四级，如表1-1所示。

表1-1　　　　　　　　　日本秘书职级及其对应的职责要求

职级	职责
见习秘书	值班、接电话、接待来客等服务性工作
初级秘书	文书收发，信函起草，预订车、船、机票等业务
中级秘书	能主动分担上司杂务，减轻上司行政工作的负担，并能独立进行工作，主要工作是为上司安排活动日程，必要时也代表上司对外洽谈
高级秘书	能给上司以有力的协助，提供解决问题的方案或建议

1.2.2　行政秘书的发展趋向

1. 践履"服务行政"理念，实现行政秘书应有的功能价值

早在1990年，习近平在《秘书工作的风范——与地县办公室干部谈心》一文中提出，秘书工作呈现出"重"（地位重要）、"苦"（非常辛苦）、"杂"（事务繁杂）、"难"（难度很大）的特点，但要有高度的责任感、高效率地开展工作、实行高水平服务。2014年，习近平在视察中央办公厅时做了《办公厅工作要做到"五个坚持"》的重要讲话，"五个坚持"包括：一是坚持绝对忠诚的政治品质，二是坚持高度自觉的大局意识，三是坚持极端负责的工作作风，四是坚持无怨无悔的奉献精神，五是坚持廉洁自律的道德操守。"五个坚持"涵盖了政治建设、思想建设、业务建设、作风建设、品德建设等各个方

面，对于行政秘书工作的论述十分准确、系统和权威。进入新时代，各行各业都发生了翻天覆地的变化。在日新月异的社会环境中，行政秘书工作也应顺应潮流，树立新理念，满足新需求。行政秘书工作要践履"服务行政"理念，从权力观念向责任观念转变，从管理观念向服务观念转变，从因循观念向创新观念转变。树立终身学习和主动服务的意识，围绕培育高度的责任感、高效率开展工作、提供高水平服务、加强职业修养等方面要求，努力实现行政秘书功能价值的升华。

2. 加强学科专业建设，培养造就理论与实践两手硬的高级行政秘书人才

秘书工作的多样性和具体性，秘书职业的广泛性和社会性，决定了行政秘书学不是单纯的理论科学，而只能是综合性的应用科学。教育部《中国普通高等学校本科专业设置大全》中在公共事业管理、行政管理等管理类专业之下开设"管理文秘"作为必修课程。社会上日益兴起的、机关企事业单位的管理能力的提升培训及"白领充电"的内容也大多集中在行政秘书人员所需的职业技能即"办文、办会、办事"等综合技能的学习和训练上，这些都充分说明了行政秘书所需要的工作技能和职业素养基本涵盖了各项工作所需要的管理科学。因此，要重视行政秘书学相关学科专业建设，加强行政秘书学的理论研究，打造一流本科课程。创新人才培养观念，以高质量就业为导向，注重提升学生的行政职业能力，强化职业道德和职业伦理在实践中的应用学习，提供更多的职业锻炼岗位。改革人才培养模式，依托公共管理硕士（MPA）专业学位教育，组织行政秘书学研究生课程培训班，培养具有扎实的行政管理学、行政秘书学方面的专业知识，既能理论联系实际工作，又可胜任高级秘书与行政助理岗位的德才兼备的高级专门人才。

3. 规范职业准入制度，提高从业人员综合素质，加快行政秘书职业化建设

对准入制度加以规范，提高从业人员的业务素质和职业能力，可以进一步促进行政秘书的职业化。我国在1998年推出了"国家秘书职业资格鉴定考试"，考试分为知识鉴定和技能鉴定两个部分，考试等级分为高级秘书（二级、三级）、中级秘书（四级）、初级秘书（五级）。2015年根据国务院简政放权政策的要求，人力资源和社会保障部决定全部取消包括"秘书"在内的90个职业的职业资格证书，这意味着相关从业人员无需持证上岗。但取消秘书职业资格并不等于取消职业岗位和标准要求，而是改由企业、行业组织按照岗位条件和职业标准进行管理，自主实施评价，政府部门仍要加强秘书职业标准和评价规范的制定工作。有关部门需抓紧研究完善秘书技能人才职业技能等级认定政策并做好与职业资格的衔接，搭建技能人才职业发展通道。尤其是要积极推进行政秘书工作体制机制改革创新的理论研究与实践探索，制订统一的行政秘书职业发展规划。以深化新时代公务员制度和事业单位改革为契机，健全行政秘书职业的发展机制。改变传统秘书职业偏见，通过各种制度的完善增加行政秘书职业化的动力和职业的稳定性。

4. 更新从业人员知识结构，使行政秘书工作朝着科学化、专业化和智慧化方向发展

在新时代，各项工作都处于深刻变革之中。行政秘书工作亦是如此，无论是工作领域还是工作方式，或是办公手段，都产生了重大变化，呈现出科学化、专业化和智慧化三大

趋势。这就要求更新从业人员知识结构，与时俱进推动行政秘书工作创新发展。科学化，是指改变以往我国各级机关的秘书工作部门长期处在封闭状态和管理方式较为落后的状况，使行政秘书工作内部运转方式和管理办法建立在科学的基础上；专业化，是对行政秘书的分工而言。秘书工作分工越细，要求的技术含量就越高。因而，需要细化政府秘书、军队秘书、外交秘书、企业秘书、教务秘书、医务秘书、法律秘书、科技秘书、统计秘书等职业大类的分工种类，构建从低层次秘书、专职秘书到秘书的管理阶层的规范化人才体系，提高行政秘书的专业性，带动这一职业的健康发展；智慧化，是指行政秘书工作适应新一轮科技革命的要求，将计算机技术与现代通信技术、大数据技术、人工智能技术等应用于办公室事务管理，对办公室内数量庞大而且无规律的业务活动进行智能化、电子化、自动化处理。随着办公自动化水平的提高，事务性工作由计算机操作，这样，行政秘书就可以从繁重的工作中摆脱出来，能够集中精力和时间从事分析研究、辅助决策、综合管理等创造性活动，从而提高管理效能和科学决策水平。

1.3 行政秘书的角色定位与素质要求

1.3.1 行政秘书的角色定位

1. 现实中行政秘书角色定位的偏差

行政秘书的角色定位是指行政秘书对自己在本单位和本部门担当的角色及所有的权力和义务的认识定位。行政秘书是领导的参谋和助手，许多工作是通过他们来完成的。行政秘书工作的辅助性对于领导是极其重要的。在美国，评价秘书工作的好坏，往往是"一个秘书减轻领导压力的有效程度，标志着他充当经理助手取得成效的努力程度"。正因为行政秘书的工作性质使他们和领导的距离缩小了，他们错误地认为自己可以代替领导决策而忘了自身的参谋助手职能，容易产生以下三种角色定位的偏差。

（1）以"钦差大臣"自居。即在开展协调和督办工作时，不深入实际调查研究，不了解事情的原委、进展及有关方面的情况，就居高临下发号施令，凭一个电话、一纸公文"派任务""压任务"。这种只行使权力不履行义务的做法，无疑会减弱亲和力，在上级、同级、下级之间造成隔阂。

（2）代别人种田。为了促使某些部门完成工作任务，从文件起草、会议准备到内外联系大包大揽。这种将义务泛化的结果是办了许多不该办、办不了、办不好的事。不仅不利于其他部门工作水平的提高，而且"荒了自家的地"，该做的没做。例如，从办文办事来说，如果行政秘书自己都一手操办了，不管是不是需要自己做，而从写稿到领导同意后的定稿打印全都给办了，当处理事情时，无论大小都自己亲力亲为。

（3）上下不分家。代替领导事必躬亲，行政秘书人员以下代上发号施令。这种权力的过度延伸一方面将导致权力的触角过长过密，使领导在工作中不断锻炼自我的机会减少、空间缩小，工作陷入被动局面，既不利于团结，也不利于发展。另一方面，行政秘书经常代替领导行使职权，往往会使其不能准确评价自己，以为和领导一样握有同样大的权力。这是行政秘书成长道路上最可怕的陷阱，也是行政秘书之所以不能摆正自身位置的原因。

2. 行政秘书正确的角色定位

要对行政秘书进行科学的职业角色定位，就需了解行政秘书工作的主要特点、作用意义、职业素养以及基本职业道德，只有综合理解行政秘书职业的各方面要素，才能精准把握其助手、参谋和代理人的角色内涵。

（1）助手。负责处理日常事务、安排领导行程、传递信息、收集资料、组织活动等，以节省领导的时间和精力，使领导能集中精力思考大政方针和全局性问题。行政秘书作为领导工作的直接"助手"，经常要辅助领导进行文书处理、政策决议、事务管理等工作，并能够辅佐和协助领导完成各项具体工作。要树立"服务意识"，养成"谦虚谨慎、戒骄戒躁"的职业素养，具备明确的职业角色定位，甘当幕后英雄，绝不能在工作中越级越位。

（2）参谋。为领导有效决策提供直接及时的智能辅助，为领导出主意、提供可行性方案和拾遗补阙，拓展领导思维领域的创造性、创新性，主要是文字工作、信息工作、咨询服务性工作。行政秘书作为领导的"参谋"或"智囊"，在工作过程中要具备特定的专业技能、技术知识，掌握必要的科学管理方法，对于任何事情，都要能够在短时间内抓住重点与核心、看透本质，然后有的放矢地提出对策与建议。

（3）代理人。代表领导参加某些会议、出席某些活动、组织某些工作、处理某些综合协调或外部公关事宜等，能代表领导发表讲话、开展工作，需维护领导和组织的形象，按照领导意愿和指示行事。行政秘书作为领导的"代理人"，要能准确理解战略任务，察言观色，体察领导心理，把握领导意图，根据形势变化机智应变。行政秘书工作中事务性工作多，管理对象复杂广泛，往往需要代表领导处理和协调各种工作关系，还需具备善于沟通合作的职业素养，以及较强的人际协调能力和公共关系能力。

1.3.2 行政秘书的素质要求

1. 对知识结构的要求

（1）基础知识。基础知识越扎实、丰富，潜力发挥就越大，行政秘书的基础知识主要包括自然科学知识和社会科学知识两方面。

自然科学基础知识是指数学、生物、天文和地理知识等。在对行政秘书工作的研究与实践中，人们认识到数学知识在行政秘书工作中的作用巨大，如辅助决策中的对策论和运筹学方法、经济分析中的抽象方法和定量分析方法、市场预测中的坐标象限方法及导数概念的运用、公文研究中的模型方法等。同数学一样，其他自然科学也不能忽视。例如，行政秘书在为领导安排国际旅程时，若无必要的地理知识，忽略或错误地计算了时差，就会造成很大的麻烦，甚至耽误要事。

社会科学知识包括历史学、政治学、社会学、哲学、法学、心理学等。行政秘书人员对此要有基本了解。一方面，行政秘书熟读历史，可以从历史经验中得到借鉴，避免重蹈覆辙，使我们肩负的各项事业都立足于科学决策的基础之上。另一方面掌握丰富的历史知识，可以弘扬中华民族的传统美德，对行政秘书良好职业道德的形成也有极大的塑造作用。不管是"先天下之忧而忧，后天下之乐而乐"的情怀，还是"天下兴亡匹夫有责"的气概、"苟利国家生死以，岂因祸福避趋之"的思想，都为行政秘书奠定了人格基础。行政秘书对国家的社会发展变化历史、几千年形成的璀璨文化以及从中形成和发展起来的伟大的思想和社会的重大变革都应充分了解，只有这样才能在工作中维护国家利益，做到"四个自信"。当然，行政秘书也要对世界百年未有之大变局有所了解，这样才能深刻把握国际形势，有利于行政秘书开展对外工作。

（2）专业知识。行政秘书的专业知识同样可分为两大部分：一是行政秘书专业的基础知识；二是行政秘书所在行业的专业知识。

①专业基础知识。行政秘书专业的基础知识包括秘书学、写作学、信息学、公共关系学、文书学、档案学、逻辑学、速记、外语等。

秘书学是主要研究秘书工作的特性、一般规律和基本原则的一门学科。内容一般包括：秘书部门的职责范围、任务要求、机构体制；秘书工作的实践经验和工作方法、指导理论；秘书的思想修养、知识结构和各种能力的要求；古今中外秘书工作的发展史；秘书学与其他相关学科的关系；秘书工作的改革和未来发展方向等。对于行政秘书来说，秘书学是专业中的根本，是从事行政秘书职业的入门学科、基础之基础。

写作学对行政秘书来说十分重要，是关键学科。行政秘书工作的一项重要任务，就是从事大量的文字写作工作。写作是综合能力的表现，一篇好文章，既要有好的表现形式，又要有充实的内容，要做到内容与形式的统一，并不是一件容易的事情。行政秘书必须加强写作实践，具备扎实的文字功底，不仅要精通语法、修辞和逻辑知识，还要掌握一定的写作规律，熟练掌握各类文章的特点、写作要求和语言表达技巧，随时注意积累素材，勤学苦练，不断提高写作水平。

信息学又称信息科学，旧称情报学，是研究信息的获取、处理、传递和利用的规律性以及网络化服务方面的一门学科。行政秘书要树立信息意识，其包含要素有：信息需求目的意识、信息内容意识、信息源意识、信息渠道意识、信息服务项目意识、信息质量意识和信息障碍认知意识。同时，行政秘书还要在不断地学习信息学的过程中掌握新兴的信息技术。

除了以上专业知识外，档案学、逻辑学、速记等专业学科也应是行政秘书知识结构中不可或缺的。

②行业专业知识。行政秘书专业知识的另一部分是行政秘书所在行业的专业知识，这是行政秘书知识结构中的核心部分。总体来说，行业专业知识是指行政秘书所从事的行业要求行政秘书必须具备的知识，这对于行政秘书来说是"第二专业知识"。例如，在政府中它包括行政体制、组织机构、电子政务等知识都是行政秘书必须掌握的；企业中它包括企业的生产、销售概况、人事变动情况以及本企业在同行中的地位、作用，最重要的是本企业所从事的行业基本常识，如在从事服装经营的企业中就职，就得掌握服饰学、美学等知识。行政秘书工作不能"一俊遮百丑"，光会打字不行，光会写作不行，光能说会道也不行，还要熟悉本行业的专业知识，具备综合素质。可以说单纯的行政秘书工作是不存在

的。行行有行政秘书，行行行政秘书需要有本行业的专业知识。

③辅助知识。辅助知识既不像基础知识那样具有"根基"作用，也不同于专业知识那样起"标志"作用。它对行政秘书的作用是丰富头脑、开阔视野、拓宽思路、提高工作效率。行政秘书需掌握的辅助知识主要包括以下内容。

管理学知识。行政秘书是辅助管理人员，行政秘书工作是管理工作的一部分。学习和掌握管理学知识，有助于行政秘书自觉运用管理工作的规律，协助领导实施管理。

心理学知识。行政秘书的辅助管理活动总是通过行政秘书与领导者、行政秘书与公众之间的交往实现的。在交往过程中，行政秘书、领导、公众都会表现出一定的心理现象和心理特征。学习和掌握心理学知识，不仅有助于行政秘书科学地分析心理过程及特征，克服自己的心理障碍，提高心理素质，同时也有助于观察和了解领导者以及公众的心理过程和特征，掌握他们的心理活动规律，并用这些规律来指导各种交往活动，以提高工作质量和效果。

此外，行政秘书还应掌握一些决策学、咨询学、预测学、创造学、新闻学、传播学等方面的知识，扩大自己的知识面，以便在工作中更加得心应手。

2. 对职业技能的要求

（1）表达能力。

表达能力指通过言语、文字、身形（含面部表情）和手势等形式的沟通信息、交流思想、表达情感的能力。在行政秘书的能力结构中，表达能力有重要的地位和作用。行政秘书应具备的表达能力由口头表达能力和书面表达能力组成。

口头表达能力简单地说，就是说话的本领。汇报情况、提出建议、传达指示、联络接待，都需要说话。行政秘书必须加强口头表达能力的训练，要练就一副好口才，做到用普通话，说话目的明确，中心突出，简明扼要，有条不紊，富有逻辑性，口齿清楚，态度从容，言辞得体。

书面表达能力就是写作能力。这是行政秘书的专业特长，也是一项基本能力。它要求行政秘书不仅要懂得语法、逻辑、修辞和一般的写作知识，而且还要掌握各种文体的写作技巧。行政秘书要努力把自己锻炼成公文写作的"快手""能手"和"高手"。"快手"就是文思敏捷，行文迅速，有应急、应变、应对突发事件的能力；"能手"就是擅长某些文体的写作，且高于一般的要求；"高手"就是文字功底深厚，善于画龙点睛，能够锦上添花。一个较为优秀的行政秘书，应当在"有一手"的前提下，争取"三手"兼备。

（2）办事能力。

行政秘书办事的范围十分广泛，如文书事务、会议事务、信访事务、值班事务、生活管理事务以及领导交办的其他事务等。要努力提高办事能力，首先要会办事，不越权，讲实效；其次要善办事，通晓各类事务的办理程序，区分轻重缓急；再次要善交往，能同各种人打交道；最后要具有保护领导的意识，能为领导挡驾或解围。

（3）管理能力。

行政秘书是领导管理工作的辅佐者，必须具备相应的组织管理能力，才能称职。行政秘书应从辅助领导决策、计划、沟通、协调、控制五个方面来努力提高自身的组织管理能力。

（4）应变能力。

应变能力是行政秘书的一种综合能力，属于智慧和才干的范畴。有了这种能力，就能够善于观察，可以较周密、较详尽而又较准确地捕捉变化着的新情况，及时发现新问题；能够思维敏捷，可以针对新情况、新问题，迅速做出判断、分析、综合和概括；能够多谋善断，可以遇事冷静，能及时拿出办法，采取对策；能够有预见性，可以把握事物发展的趋势和可能出现的结果；能够随机应变，在不丧失原则性的前提下，灵活变通地处理各种工作，以适应变化了的客观环境。

（5）社交能力。

社交能力是行政秘书工作能力的核心部分之一。心理学家认为，一个人的发展取决于和他直接交往的其他一些人的发展。在现代社会中，随着人际交往日益广泛深入，行政秘书的社交能力更具有强烈的现实意义。行政秘书要培养和发展自己的社交能力，应努力做到以下几点：

其一，必须正确认识自己，正确认识他人，学会理解、尊重、谦让和宽容；

其二，与同事要真诚相处，相互信赖、尊重；

其三，讲究礼貌、仪表，言谈举止和服饰都要得体、文雅，做到彬彬有礼；

其四，根据不同的交往对象、场合与目的，采取多种交际手段，讲究方法和艺术；

其五，如果在交往中出现纠纷或冲突，要善于缓和、化解甚至消除矛盾。

（6）操作能力。

随着科技不断发展，我国党政机关、企事业单位办公室的工作，如文件收发、传递、立卷、归档、检索、信息收集、加工、处理、储存和输出等，已逐步实现了办公手段的现代化，行政秘书必须具有较强的办公操作能力，以胜任岗位要求。

行政秘书的操作技能，主要指电话机、传真机、复印机、录音录像机、照相机和计算机等设备的使用和保管、初步维修的本领，以及对于书法、速记、编辑、校对等技术的掌握和运用的本领。

总之，建立行政秘书最佳的知识结构与能力结构，对培养新时代新型秘书人才无疑具有重要的指导意义。

3. 对道德品质的要求

职业道德是社会道德在职业活动中的具体化，是人们长期实践的产物。正如医生要讲医德，教师要有师德，商人要讲究商业道德一样，行政秘书也要讲究行政秘书的职业道德。行政秘书的职业道德，是在长期的工作实践中逐渐形成的对职业行为的道德规范。这些由行政秘书工作的职业特性决定的道德要求，对从事行政秘书工作是非常重要的，并直接影响其工作效率和质量。

概括起来，行政秘书应具有的职业道德主要有：忠于职守、廉洁奉公、团结合作、严守机密、文明礼貌等。

（1）忠于职守。秘书工作的辅助性、中介性，决定了行政秘书是"幕后角色"，要求他们甘于平凡、乐于奉献、任劳任怨、恪尽职守，不因工作烦琐而厌倦，不因工作无名而抱怨。邓颖超曾对身边秘书做过这样的评价："他们工作既具体又繁忙，无论是管文件、组织会议，还是从事公文写作，常常需要加班加点，夜以继日地工作，而且很少能出头露面、留名得利。"

（2）廉洁奉公。行政秘书作为领导的参谋和助手，在组织机构中处于较为关键的地位，往往享有一定的权力。近年来，常有行政秘书贪污受贿等犯罪现象发生，也间接说明这一职务的重要性。这就要求行政秘书要秉公办事、清正廉洁，不利用职权和工作之便假公济私、谋取私利；要自觉发扬艰苦朴素精神，为政清明、拒腐防变，自觉地抵制不正之风。

（3）团结合作。行政秘书部门处于机关、单位的枢纽地位，要负责组织内部综合协调工作。为此，行政秘书要处理好人际关系，加强团结，善于合作，协商办事。行政秘书虽贴近领导，但不能有特殊感、优越感，更不能以"二首长"自居，颐指气使，而更应从严要求自己，豁达大度。在工作中，既尊重对方意见，又按政策原则办事，互相支持，密切配合，合力做好工作。

（4）严守机密。行政秘书由于工作需要，有更多的机会接触机密。与其他人员相比，行政秘书知密早、知密多、知密深。所以，行政秘书要严守机密，遵守保密法规和保密制度，做好保密工作。这主要包括：不说、不问、不看、不记自己不该知道的事情，保持高度的责任感和警惕性，防止失密、窃密事件的发生。

（5）文明礼貌。行政秘书部门是机关、单位的"门面"和"窗口"，其一言一行都关系到整个机关、单位的形象。行政秘书要把讲文明、讲礼貌贯穿于整个工作中，包括待人接物要文明礼貌，举止大方，衣着整洁，谈吐文雅，面带微笑；不轻易打断对方谈话，不随便打扰别人工作；对来访者，不论是干部还是群众，要热情相待，言语得体，既不阿谀迎合，也不傲慢冷淡。

4. 对身心素质的要求

（1）行政秘书的身体素质。现代行政秘书学必须介绍行政秘书身体健康方面的保健知识。健康的体魄是从事工作的前提，一个行政秘书如果没有健康的体魄，其他任何素质和能力都是空谈。

①行政秘书身体健康的标准。作为行政秘书要清楚世界卫生组织确定的人群健康的十项标准：

第一，有充沛精力，能从容不迫地担负日常繁忙的工作；

第二，处世乐观，态度积极，乐于承担责任；

第三，充分休息，睡眠良好；

第四，应变能力强，能适应环境的各种变化；

第五，能抵抗一般的感冒和传染病；

第六，体重适中，身体匀称，站立时头、肩、臀位置协调；

第七，眼睛明亮，反应敏捷，眼和眼睑不发炎；

第八，牙齿清洁，无龋齿，不疼痛，牙龈颜色正常，无出血现象；

第九，头发有光泽，无头屑；

第十，肌肉丰满，皮肤有弹性。

②行政秘书精力恢复法。

一是椅子健美操。如果你无法离开你的办公桌，就快速上举双臂过头，然后回到腰部做出击动作，两臂轮换出击。接下来做数次脚趾轻叩，脚后跟轻抬，还可坐在椅子上抬放膝盖（如果担心打扰其他同事，可脱掉你的鞋子）。

二是上半身推/拉。坐在一张带轮子的椅子上，双手紧抓办公桌，与办公桌隔一个肩宽的距离，拇指放在办公桌下，其余手指放在桌上。双脚抬离地板，收紧腹部，然后向外推动办公桌直至将头垂至双臂间可看到地板为止。然后再慢慢把自己拉向办公桌直至腹部贴住书桌。动作重复12到15次，每次推拉持续3秒。

三是低身推/拉。坐在带轮椅子的边缘上，双脚前伸，双手放在大腿上。抬起脚趾离开地板，只让足跟着地。用足跟蹬地慢慢向后推，使椅子后移直至两腿全部伸开。上身要保持放松状态。然后用足跟钉住地板，再把椅子向前拉。重复动作12到15次，推拉各保持3秒钟。

四是交替蹲坐。离开椅子站起，双脚保持与肩等宽的距离，后背要挺直。像坐下一样弯曲膝盖与臀部，不要让你的膝盖向前弯曲超过你的脚趾，也不要贴近你的座椅，然后重新站好。动作重复4次。然后再次下蹲并保持这个姿态。短暂蹲起连做3次后站起。整个动作重复6次。

五是办公桌推起。站立，把双手以比两肩稍宽的距离轻放在办公桌上。向后移动双脚直至身体呈前推的姿势，双臂撑住但可活动自如。弯曲双臂使两肘朝外，慢慢朝办公桌降低胸部。头、背、臀及腿保持在一条线上。保持这个姿势2秒钟然后起身。重复动作12次。

行政秘书工作再忙，也不能忘记锻炼，只有保持良好的身体素质，才能真正提高工作效率。

（2）行政秘书的心理素质。

行政秘书的心理健康包括以下几个方面：

①保持乐观而稳定的情绪，在工作中充满活力。行政秘书工作头绪多，工作量大，常常要加班加点，超负荷运转，这容易引起身心疲惫。行政秘书要有心理承受力，充满自信，吃苦耐劳，任劳任怨，甘当无名英雄。

②能充分认识自己，公正地评价他人。行政秘书处在一个涉及上下、左右、内外等各种人际关系的网络中，如果能正确处理这些关系，就会心情舒畅，干劲十足；相反，如果人际关系紧张，相互猜忌怀疑，就会产生摩擦和内耗，引起心理冷漠，影响工作效率。

③有较强的事业心和目标意识。行政秘书工作具有一定的被动性，但同样需要有强烈的目标意识。特别是企业中的行政秘书，要根据商业环境的变化和不同阶段企业经营管理的不同要求，具有一定的主动性和灵活性。

④锐意进取，勇于探索，刻意创新。现代社会可谓"创新者存，守旧者亡"。市场经济的开放性、法治性和创新性，要求行政秘书应树立与之相适应的思维方式和工作方法，工作要有新思路、新举措。

⑤意志坚韧，善于自我克制。行政秘书要具备坚强、豁达的个性素质，有正确的人生

观,这样才能心有所恃、情有所依,经受得住各种失意和挫折,保持良好的精神状态。要提高情感修养的自觉性,掌握自我调节本领,善于自我克制。

⑥人格健全,有鲜明且较完善的性格。在工作中,不同气质类型的行政秘书具有不同的特征,应从提高效率、做好工作出发,予以认真研究和安排。众所周知,多血质气质类型的行政秘书表现为主动灵活,交际能力强,但缺乏持续性,兴趣易转移,在安排重要任务时不能不考虑到这一点;胆汁质气质类型的行政秘书表现为热情、认真、果断,但容易感情冲动,影响工作的开展;黏液质气质类型的行政秘书表现为遇事沉着冷静,长于实干,稳定性强,但往往反应较慢、动作迟缓;抑郁质气质类型的行政秘书敏感细心,一丝不苟,但性情孤僻、优柔寡断。当然,人的气质也会发生变化,无论哪种气质类型的行政秘书,只要品德高尚、意志力强,有强烈的事业心和责任感,都能通过不断提高修养而成为卓越的行政秘书人才。

⑦豁达宽容,自尊敬人,遵守诺言,言行一致。行政秘书要有包容意识,要学会宽容,与同事寻求一致,不能脱离群众,要尊重同事的隐私。

⑧乐于交往,建立并保持和谐的人际关系。成功的行政秘书大都拥有以下几个特点:其一,他们大部分在行为上倾向合群,能投入群体活动和跟随、遵守社会价值观念与规范;其二,在与人沟通的问题上,他们总能容易而清楚地表达自己的见解,乐观谦和、积极向上;其三,能与他人紧密联系与合作。其四,对人态度较友善和蔼,尊重人,关心人,踏踏实实,能适宜地表现自己。

⑨能够做到个人行为同组织行为和公众利益协调一致。行政秘书的行为要与组织行为协调一致,不能我行我素,必须以公共利益为重,维护组织的良好形象。

⑩在变化的社会环境中能保持良好的心理状态。这是说行政秘书要有健全的心理,并能适应环境的变化。

☞本章小结

　　行政秘书在我国是政府机关、企事业单位普遍设置的一种职位,在世界范围乃是最广泛的社会职业之一,对社会发展起着不可忽视的作用。研究行政秘书工作的规律和行政秘书人员的任职要求,已经成为一门新的学科——行政秘书学。本章通过对行政秘书概念界定与岗位特征的介绍,对行政秘书历史沿革与发展趋向的厘清,以及对行政秘书角色定位与素质要求的概述,从理论层面对行政秘书学做了综论。通过本章的学习,读者应当对行政秘书的核心概念以及全书的脉络有一个整体的认知。

☞关键术语

　　行政秘书　　行政秘书机构　　行政秘书的角色定位

☞思考题

　　1. 如何理解行政秘书的概念内涵?

2. 行政秘书机构设置的原则有哪些？
3. 行政秘书工作的属性是什么？
4. 如何把握行政秘书的发展趋向？
5. 行政秘书正确的角色定位是什么？
6. 行政秘书应该具备哪些基本素质？

☞阅读材料

做秘书先学会做人

  D先生毕业于秘书专业，干过秘书工作，做过秘书学教学与研究，现在又是在领导岗位上工作的年轻干部。走近D先生，昔日的一身书卷气已被几分干练冲淡。他思维敏捷，有一种文静儒雅而又平易可亲的气质。我们的话题转到了有关秘书的心理素质教育问题。D先生认为，做一个成功的秘书首先要有良好的心理素质，一是面对领导和同事要有正确、健康的心态，既不自卑，也不张狂；二是对自己，要学会超脱，要耐得住寂寞。面对成功与挫折，面对表扬与批评，要学会通过自我调节，达到自我平衡，有了这样一个基础，加之比较丰富的知识和应有的工作技能，就一定会成为一个比较出色的秘书，也一定能够使领导满意。

  听着他娓娓道来，看着桌上散发出浓浓香气的咖啡，我不由端起杯子喝了一口，一股苦苦的味道直冲咽喉。我想干秘书工作的滋味也许就像这咖啡，闻起来香喝起来却苦。D先生看到我品咖啡的模样，似乎领悟到了什么，他会意地接着说，由心理素质延伸出来就是秘书的政治素质或者说思想素质，即如何与领导保持一种比较正常的工作关系。秘书与领导朝夕相处，物理空间近，日常交流多，必然有一种亲近感，秘书工作主要为领导服务的特性，决定了他的工作在很大程度上取决于领导的满意度，这就犹如服务性行业的重要衡量标准是顾客的满意度一样，这是毋庸置疑的。但是作为秘书一定要正确把握好这种关系，避免在与他人接触中产生一种莫名的优越感。因为这种优越感对秘书的成长是很有害的。为领导服务的过程，其实也是为部门服务的过程，只有处理好这些关系，才会得到领导的赏识，得到部门与同事的认可。如果得到了这些赏识，可以说秘书工作成功了一大半。说到这里，D先生稍微停顿了一下，回忆起他原来的秘书。他说，原来的秘书在我面前表现一贯很好，但偶然被我发现，他在与下属讲话时，有一种颐指气使的感觉，使我对他产生了不信任感，我感到他没有把自己的位置摆正。从D先生的脸上看得出他很为这位秘书惋惜。

  刚做秘书时一般相对比较年轻，处于接触社会的初始阶段。这段时间是适应社会的过程，如果在这一过程中心理调节不好、思想素质培养不好，那么对今后的成长会带来很多不利。D先生认为，在选拔秘书或者在培养秘书过程中应该有所遴选，不是文字功底好、知识比较丰富的人就能适合做秘书。秘书工作对人的心理素质与思想素质的要求可能比技能方面的要求更高，一个秘书成功与否，他的思想与心理因素所起的决定性作用比知识与技能更为重要。听了D先生的一番话，我深深地感到，内强素质、外树形象对一个秘书工作者来说太重要了。这不仅是个人的形象问题，而且也关涉领导的形象。

在知识经济时代，秘书还应掌握哪些知识呢？D先生认为，做好秘书工作，对基础知识的要求是比较高的，除了必须了解国家的国情、历史之外，还应掌握哲学、自然科学常识以及一些文理交叉的知识，因为这不仅是培养秘书如何看世界、如何看社会的能力的基础，也是与今后怎样做人密不可分的。

望着滔滔不绝的D先生，回味着他所说的话，我真真实实感受到了一种饱满有力的内涵，我从心里赞慕他，我想他之所以有今天的成就，与他懂得怎样做人是有一定关联的。

（资料来源：陆娴琴：《做秘书先学会做人》，《秘书》2001年第7期，有删节。）

第二编

办文：行政秘书的文字工作

第 2 章 行政秘书公文撰写

行政秘书大量的时间和精力是在与各种各样的公文材料打交道,起草公文是其日常工作中的一项重要内容。是否具备丰富的公文起草知识,能否掌握过硬的公文写作技巧,是衡量行政秘书职业能力高低的重要尺度。要想胜任行政秘书岗位,就必须学好用好公文写作知识,切实掌握公文写作的特有规律及方法,不断提高公文写作水平,不辜负"笔杆子"的职业形象。

2.1 公文写作的基础知识

2.1.1 公文写作的含义、特点与原则

1. 公文写作的含义

公文写作是指行政秘书在本职工作范围内撰写的各类公务文书以及事务文书,包括中央办公厅、国务院办公厅印发的《党政机关公文处理工作条例》中规定的决议、决定、命令等公文和常用的事务类应用文书,如工作计划、工作总结、调查报告等。

2. 行政秘书公文写作的特点

(1) 行政秘书写作是受命写作。行政秘书按上级"需要"起草公文,其动机体现外在因素的强制性"需要"。行政秘书不能根据自己的好恶、兴趣决定如何进行公文写作,必须遵循领导的决策意见和实际工作的需要。当然,也要能够把受命性与主动性统一起来,将发现的新情况、新问题及时汇报给领导。

(2) 行政秘书写作是应用写作。工作的性质决定了行政秘书所选择的写作题材范围是应用写作而不是文学写作。应用写作在基本的思维形式方面,属逻辑思维的范畴;在反映生活方面,需反映生活的本来面目;在社会功用方面,是为解决实际问题而撰写的,强调实用性;在表现形式方面,强调格式化和规约性;在语言方面,追求的是实用美。所以,行政秘

书写作在思维方式、文种选择、材料运用、结构安排、格式体例等方面都要突出应用写作的一般规律性。

（3）行政秘书写作是时效写作。行政秘书写作是为了满足现实工作的实际需要，解决现实环境中的实际问题，以及为决策工作的实际效果服务。可以说，行政秘书写作往往是要解决相对紧迫的、具体的、务实的问题。这些问题大都受到现实制约，有着严格的时间限制，比如领导临时决定的讲话、汇报、请示、批复等通常需在几天甚至几小时内完成。

3. 公文写作的原则

（1）符合党和国家的方针政策。公文撰拟的实质，是用文字将党和国家的方针、政策、部署在本机关的具体化，系统而简明地表述于书面文字。这就决定了公文撰拟要符合党和国家的方针政策。

（2）忠实机关制文的基本意图。公文属于机关管理意志的显性物化形态，是机关的书面代表。行政秘书撰拟公文，是通过自己的加工劳动，用文字来表达机关管理意向。因而，公文撰拟受制于机关制文的基本意图。

（3）坚持实事求是的务实精神。公文是法定权威，是机关管理活动的依据。机关要通过下级公文掌握情况进行决策，针对其内容进行处理，也要执行上级公文精神，组织推动工作。

（4）具备严谨迅捷的撰拟风格。所谓严谨，是指行政秘书要严格精细、谨慎认真地对待具体撰拟工作。要恰当选用公文文种，遵循行文制度和文本格式规范，在严明制文规程的基础上，既要对行文内容斟字酌句，又要在限定的时间之内完稿，具备"倚马可待"的撰拟能力。

2.1.2 公文写作的表达、格式与结构

1. 公文写作的表达

（1）准确严密。公文是为了解决实际问题而写的，在语言表达方面特别注重准确严密。这要求行政秘书在运用修辞手法时以说明事物而使人理解为目的，以实现语言表达准确、缜密、简洁为标准，一般不追求形象的描述和情感的抒发，采取概念的、抽象的、理性的表达方式。公文写作多使用引用、比喻、借代、排比、层递等修辞手法，一般不用"比拟""设问""反复"等修辞方法，禁止运用"夸张""反语""双关"等修辞方法。

（2）简练明了。要在准确表达思想内容的前提下，尽量用较少的语言表达丰富的内容。实现言简意赅可从两方面着手：一是语言精练，将空洞无物的字、词、句删掉，多用短句或使用约定俗成、表意清楚的简缩词语。二是层次分明，适当划分层次和段落，做到条理清晰。根据实际需要，可以采用分条列项的表达方式，还可以利用附件、表格等形式，缩减公文篇幅，突出关键信息。

（3）得体规范。行政秘书要根据收发文双方各自的地位、职能及其相互关系，选用恰当的语气和词语来行文，做到对上级行文恭而不卑，对平级行文谦而有度，对下级行文

严而不酷。要根据不同的公文文种，确定相应的语言表达形式，例如，命令的语言要威严庄重，一语千钧；通知的语言要平和稳重，具体可行；报告的语言要诚实谦虚，质朴平实；请示的语言要恭敬温婉，态度恳切；公函的语言要委婉谦和，明快商洽；简报的语言要朴实客观，鲜活简洁。

2. 公文写作的格式

公文格式的要素可划分为版头、主体、版记三部分。公文首页红色分隔线以上的部分称为版头；公文首页红色分隔线（不含）以下、公文末页首条分隔线（不含）以上的部分称为主体；公文末页首条分隔线以下、末条分隔线以上的部分称为版记。

（1）版头。

份号。如需标注份号，一般用6位3号阿拉伯数字，顶格编排在版心左上角第一行。

密级和保密期限。如需标注密级和保密期限，一般用3号黑体字，顶格编排在版心左上角第二行；保密期限中的数字用阿拉伯数字标注。

紧急程度。如需标注紧急程度，一般用3号黑体字，顶格编排在版心左上角；如需同时标注份号、密级和保密期限、紧急程度，按照份号、密级和保密期限、紧急程度的顺序自上而下分行排列。

发文机关标志。由发文机关全称或者规范化简称加"文件"二字组成，也可以使用发文机关全称或者规范化简称。发文机关标志居中排布，上边缘至版心上边缘为35mm，推荐使用小标宋体字，颜色为红色，以醒目、美观、庄重为原则。联合行文时，如需同时标注联署发文机关名称，一般应当将主办机关名称排列在前；如有"文件"二字，应当置于发文机关名称右侧，以联署发文机关名称为准上下居中排布。

发文字号。编排在发文机关标志下空二行位置，居中排布。年份、发文顺序号用阿拉伯数字标注；年份应标全称，用六角括号"〔〕"括入；发文顺序号不加"第"字，不编虚位（即1不编为01），在阿拉伯数字后加"号"字。上行文的发文字号居左空一字编排，与最后一个签发人姓名处在同一行。

签发人。由"签发人"三字加全角冒号和签发人姓名组成，居右空一字，编排在发文机关标志下空二行位置。"签发人"三字用3号仿宋体字，签发人姓名用3号楷体字。如有多个签发人，签发人姓名按照发文机关的排列顺序从左到右、自上而下依次均匀编排，一般每行排两个姓名，回行时与上一行第一个签发人姓名对齐。

版头中的分隔线。发文字号之下4mm处居中印一条与版心等宽的红色分隔线。

（2）主体。

标题。一般用2号小标宋体字，编排于红色分隔线下空二行位置，分一行或多行居中排布；回行时，要做到词意完整、排列对称、长短适宜、间距恰当，标题排列应当使用梯形或菱形。

主送机关。编排于标题下空一行位置，居左顶格，回行时仍顶格，最后一个机关名称后标全角冒号。

正文。公文首页必须显示正文。一般用3号仿宋体字，编排于主送机关名称下一行，每个自然段左空二字，回行顶格。文中结构层次序数依次可以用"一、""（一）""1."

"（1）"标注；一般第一层用黑体字、第二层用楷体字、第三层和第四层用仿宋体字标注。

附件说明。如有附件，在正文下空一行左空二字编排"附件"二字，后标全角冒号和附件名称。如有多个附件，使用阿拉伯数字标注附件顺序号（如"附件：1.××××"）；附件名称后不加标点符号。附件名称较长需回行时，应当与上一行附件名称的首字对齐。

发文机关署名、成文日期和印章。

加盖印章的公文。成文日期一般右空四字编排，印章用红色，不得出现空白印章。单一机关行文时，一般在成文日期之上、以成文日期为准居中编排发文机关署名，印章端正、居中下压发文机关署名和成文日期，使发文机关署名和成文日期居印章中心偏下位置，印章顶端应当上距正文（或附件说明）一行之内。联合行文时，一般将各发文机关署名按照发文机关顺序整齐排列在相应位置，并将印章一一对应、端正、居中下压发文机关署名，最后一个印章端正、居中下压发文机关署名和成文日期，印章之间排列整齐、互不相交或相切，每排印章两端不得超出版心，首排印章顶端应当上距正文（或附件说明）一行之内。

不加盖印章的公文。单一机关行文时，在正文（或附件说明）下空一行右空二字编排发文机关署名，在发文机关署名下一行编排成文日期，首字比发文机关署名首字右移二字，如成文日期长于发文机关署名，应当使成文日期右空二字编排，并相应增加发文机关署名右空字数。联合行文时，应当先编排主办机关署名，其余发文机关署名依次向下编排。

加盖签发人签名章的公文。单一机关制发的公文加盖签发人签名章时，在正文（或附件说明）下空二行右空四字加盖签发人签名章，签名章左空二字标注签发人职务，以签名章为准上下居中排布。在签发人签名章下空一行右空四字编排成文日期。联合行文时，应当先编排主办机关签发人职务、签名章，其余机关签发人职务、签名章依次向下编排，与主办机关签发人职务、签名章上下对齐；每行只编排一个机关的签发人职务、签名章；签发人职务应当标注全称。签名章一般用红色。

成文日期中的数字。用阿拉伯数字将年、月、日标全，年份应标全称，月、日不编虚位（即1不编为01）。

特殊情况说明。当公文排版后所剩空白处不能容下印章或签发人签名章、成文日期时，可以采取调整行距、字距的措施解决。

附注。如有附注，居左空二字加圆括号编排在成文日期下一行。

附件。附件应当另面编排，并在版记之前，与公文正文一起装订。"附件"二字及附件顺序号用3号黑体字顶格编排在版心左上角第一行。附件标题居中编排在版心第三行。附件顺序号和附件标题应当与附件说明的表述一致。附件格式要求同正文。如附件与正文不能一起装订，应当在附件左上角第一行顶格编排公文的发文字号并在其后标注"附件"二字及附件顺序号。

（3）版记。

版记中的分隔线。版记中的分隔线与版心等宽，首条分隔线和末条分隔线用粗线

（推荐高度为 0.35mm），中间的分隔线用细线（推荐高度为 0.25mm）。首条分隔线位于版记中第一个要素之上，末条分隔线与公文最后一面的版心下边缘重合。

抄送机关。如有抄送机关，一般用 4 号仿宋体字，在印发机关和印发日期之上一行、左右各空一字编排。"抄送"二字后加全角冒号和抄送机关名称，回行时与冒号后的首字对齐，最后一个抄送机关名称后标句号。如需把主送机关移至版记，除将"抄送"二字改为"主送"外，编排方法同抄送机关。既有主送机关又有抄送机关时，应当将主送机关置于抄送机关之上一行，之间不加分隔线。

印发机关和印发日期。一般用 4 号仿宋体字，编排在末条分隔线之上，印发机关左空一字，印发日期右空一字，用阿拉伯数字将年、月、日标全，年份应标全称，月、日不编虚位（即 1 不编为 01），后加"印发"二字。版记中如有其他要素，应当将其与印发机关和印发日期用一条细分隔线隔开。

3. 公文写作的结构

公文结构主要包括开头、结尾、层次、过渡、照应。

（1）开头也称为"导语"或"引言"，一般就说明针对什么情况、为了什么目的、要干什么而展开，多用"根据……""遵照……"等短语开头。告知类、规范类文种常见以"为……"等介词短语开头。报告、总结等文件开头要概括行文针对事实的现状，或交代工作进程。批复、复函等答复性文件多通过引出来文的日期、标题、文号等线索，有针对性地对行文回复进行开头。调查报告等公文多见于以提出问题的方式开头，然后引起下文，并在行文中不留痕迹地回答开头提问。

（2）结尾是指公文的收束段落，它是公文内容发展的必然结果。公文结尾的主要方式有：使用鼓舞人心的语言，号召受文者为实现既定目标而努力进取的号召式结尾；对全文的主要内容和基本思想进行概括归纳，使受文者深刻把握行文意图的总结式结尾；对全文的中心思想或主要内容给予强调说明，借以引起受文者的重视，以便贯彻执行的强调式结尾；在结尾之处，说明一些与文件内容有关的注意事项，以提醒受文者注意的说明式结尾；对受文者提出明确的请求，如"以上请示如无不当，请批准""特提请审议"等的请求式结尾。

（3）层次是文稿逻辑思维顺序的反映。公文层次的安排有以下几种方式：并列式，即公文各个层次之间是互不所属的并列关系，各层次不能存在交叉或包容关系，各层次的体例要大体一致；递进式，即按照逐层深入的方式推进公文的内容。采用递进式结构，各层次之间具有严密的逻辑关系，不能随意变换次序；因果式，即以事情形成和发展的原因、结果为线索安排层次的方法。可以先因后果，也可以先果后因；总分式，即在公文的开头先作总的概括，然后进行分别叙述，分别叙述的层次之间是并列关系，或先提出总的观点、主张，再具体展开论述。在总和分的关系当中，总述统领分述，分述是对总述的演绎与阐释。

（4）过渡是指上下文之间的衔接和转换，过渡在公文结构中发挥着承上启下的作用。公文的层次与段落之间，往往会出现论述方式、论述内容、论述角度的多种转变。过渡部分就成为连接不同层次、段落之间的纽带。公文常以词语、句子或段落三种形式过渡：在需要转换的层次、段落之间，加入表示转折的词语，如"总之""因此""诚然""综上所述""由此可见"等，可以起到明显的过渡作用；在上段末尾或下段开头，采用提示性或设问性的句子，如"为此，特制定以下条例""现将有关情况通知如下""应当怎样看待这一年的工作呢"等；在较长篇幅的公文中，当出现层次转换时，通常安排一个简短的自然段承上启下，以示过渡。

（5）照应是指公文内容的前后关照和互相呼应。前面提出或交代了某项内容，后面要对其作出补充、强调或说明，以强化公文的内部联系。行政秘书公文写作要遵循题文照应、前后照应、首尾照应：公文的开头要与标题相照应，突出标题所表达的意思；前面提到的，后面要有着落，后面说到的，前面应有所暗示；开头处提出的问题，结尾要作出回应，以加强公文的整体性，首尾和谐一体。

2.2　行政公务文书的写作

2.2.1　决议、决定和批复的写作

1. 决议的写作

（1）决议的适用范围。

《党政机关公文处理工作条例》规定：决议适用于会议讨论通过的重大决复事项，决议是记录和反映会议议决意见的一种指导性公文。

（2）决议的基本特征。

①决策性与指导性。决议是针对重大问题和重要事项所作出的决策，一经形成，就会在较大范围内产生重大影响，决议中表述的观点和对某一事项的评价具有很强的指导意义。

②权威性与约束力。决议必须经过特定的会议进行讨论，并按照法定的程序表决通过才能生效，这本身就具有权威性。决议反映的是领导机关的意志，一经发布，必须遵守并贯彻落实。

（3）决议的类型。

根据涉及内容及范围的不同，决议可分为以下三种类型。

①批准式决议，即用来审议、批准会议有关重要文件的决议。一些重要会议，如党代会、人代会、团代会等，需以决议的方式对提交会议讨论、修改并通过的文件进行评价，并批准发布。

②涉及重大问题的决议，即对某些重大问题经过会议讨论研究后所作出的决议。这类决议涉及的内容往往是原则性的、非事件性的，其影响范围大，影响时间久远且意义重大。

③安排某项工作的决议，即对某些重要的、长期的工作进行布置安排的决议。

（4）决议的写作要领。

决议的标题主要有两种写法：一是由"单位名称（会议名称）+主要内容+决议"组

成,如《中国共产党第十九次全国代表大会关于十八届中央委员会报告的决议》。二是由"发文机关+主要内容+决议"组成,如《中国共产党中央委员会关于建国以来党的若干历史问题的决议》。

通过决议的会议名称和通过时间,写于决议标题之下居中位置,并用括号括住,如"×××第×次会议×年×月×日通过"。如果决议标题中有会议名称,括号内只需写明"×年×月×日通过"即可。

决议的正文一般包括三项内容:决议的缘由、决议事项、结尾号召。决议的开头部分主要写决议的缘由、依据或背景、概况。要写清楚会议听取了什么、学习讨论了什么、审议了什么、批准或通过了什么,自何时生效等。主体部分写决议的事项,主要指审议通过而形成的意见。可以分条分项叙述,即把决议通过的内容按"一""二""三"的顺序依次表述清楚。一般用"会议批准""会议同意""会议强调""会议要求""会议建议"等词组引出内容。结尾部分内容较为灵活,有时主体部分结束,全文也就自然结束;有时则以希望、号召来鼓舞人心,振奋精神,收束全文。

2. 决定的写作

(1) 决定的适用范围。

《党政机关公文处理工作条例》规定:决定适用于对重要事项作出决策和部署、奖惩有关单位和人员、变更或者撤销下级机关不适当的决定事项。

(2) 决定的基本特征。

①指挥性。决定是经重要会议或领导班子研究通过后,提出重要的指导性意见,确定具体措施及实施方案,要求下级单位机关遵照执行。

②权威性。决定一经作出,在所属下级工作中或所辖系统内具有强制约束力,受文单位包括个人都必须严格执行。

③单纯性。决定的内容要符合一文一事的要求,以便贯彻执行,不能杂陈多种事项。

④决断性。发文机关根据有关方针政策以及形势需要,在法定的范围内,有权对有关事项、问题、行动作出决策和安排,不受其他因素和条件的限制。

(3) 决定的类型。

①部署性决定,也叫指挥性决定,用于党和国家行政机关部署全局工作,或采取某种重大举措,或对重要事项作出安排。决定中所涉及的"重要事项"往往是带有全局意义或深远影响的事项。部署性决定有时也由会议直接发出,或经某次会议讨论后发出。

②知照性决定是指当上级机关就某一事项或者行动要告知下级机关或者人民群众时,有时会以决定行文,这类决定即为知照性决定。常见的知照性决定有奖惩决定、任免决定、机构设置决定等。

③变更或撤销性决定是指对下级机关不适当的决定事项作出变更或撤销处理的决定。

(4) 决定的写作要领。

决定一般由标题、主送单位、正文、发文机关和成文日期组成。

决定的标题由发文单位、事由和文种三部分构成。如果决定需经会议讨论通过,则应在标题之下居中用小括号注明批准或通过该决定的会议名称及通过时间。

决定为下行文，主送单位可为一个或多个，写明全称或规范简称，也可写统称，如"各有关单位："，普发性下行文可以省略主送机关。

决定正文内容主要包括发文背景、发文目的、决定事项和结束语等部分。发文背景的介绍有助于理解发文目的和事项，一般应用简洁的语言概括相关情况、成绩或问题。发文目的即决定制发意图，是理解决定的关键环节之一。如果涉及有关法律法规或工作中的具体情况，所引条文必须准确。发文目的语句后面一般以"作出如下决定："引出下文。决定事项一般包括具体实施的原则、步骤、方法等，关于事件处理、人员表彰、处分的决定，则应写明事实及组织处理的结果。

全文结束后，应在右下方注明发文机关和成文日期。发文机关名称采用全称或规范简称，正式制发文件应加盖印章。成文日期在发文机关名称下一行，用汉字注明时间，要求年、月、日齐全。若为会议通过的决定，则日期用圆括号置于标题之下。

3. 批复的写作

（1）批复的适用范围。

《党政机关公文处理工作条例》规定：批复适用于答复下级机关请示事项。

（2）批复的基本特征。

①被动性。批复是用于答复下级机关请求事项的公文，其起草以下级的请示为前提，对上级机关来说，批复是被动行文。

②针对性。批复必须针对请示机关行文，而对非请示机关不产生直接影响。批复的内容必须针对请示事项，不涉及请示事项以外的内容。

③权威性。批复属于指挥性公文，它提出的处理意见和办法，代表上级机关对问题的决策意见，对下级机关具有行政约束力。

（3）批复的类型。

根据内容、性质的不同，批复可分为表态性批复和指示性批复两类。

①表态性批复是针对下级机关请求批准的事宜进行答复，主要表明上级机关对下级机关请示内容的同意或不同意。

②指示性批复主要是针对方针政策性问题进行答复。这一类批复，不仅仅是对请示机关提出请示事项的答复，而且在审批某一问题的同时，还要进一步提出指示性意见，要求下级机关执行，指示性意见在其管辖范围内具有普遍的指导和规范作用。另外，授权政府职能部门发布或修改行政法规和规章的批复，也属于指示性批复。

（4）批复的写作要领。

批复的标题一般有三种组成方式：发文机关+事由+文种；事由+文种；发文机关+事由+行文对象+文种。

批复标题中的事由常见的有两种写法：一种是用表示关联范围的介词"关于"加上请示或批复的事项来表述；另一种是在"关于"和请示或批复事项中间再插入表态动词"同意"或"不同意"等来表述。

主送机关，即批复所针对的请示的行文机关。授权性的批复，主送机关应当是被授权发布施行行政法规和规章的下级机关。

正文是批复的主体，其内容比较具体单一，层次构成相对固定。除授权性批复外，其他批复的正文一般由批复引语、批复事项、批复结语三部分组成。批复引语即通过在开头引述下级来文的主要内容，引述的方法一般有三种：第一种是引述下级来文的日期和请示事项，如"×年×月×日关于×问题的请示收悉"；第二种是引述下级来文日期和来文标题，如"×年×月×日《关于×的请示》收悉"；第三种是引述下级来文标题和来文的发文字号，如"《×关于×的请示》（×发［×］×号）收悉"，发文字号放在请示标题之后，并用圆括号括入。批复事项即批复意见，要根据党和国家的有关方针政策、法律、法规和实际情况等，针对下级机关请示的问题或事项予以明确的答复或具体的指示，有时还要提出处理意见、希望或要求，以进一步强调批复的主旨。批复结语一般用"此复""特此批复"等惯用语收尾，也可自然收尾。授权性批复正文部分的写法比较简单，一般只写授权内容。

发文机关名称采用全称或规范简称。

成文日期在发文机关名称下一行，用汉字注明，要求年、月、日齐全。

2.2.2　通告、通知和通报的写作

1. 通告的写作

（1）通告的适用范围。

《党政机关公文处理工作条例》规定：通告适用于在一定范围内公布应当遵守或者周知的事项。

（2）通告的基本特征。

通告除具有公开的告知性这一特点外，还具有使用的广泛性和内容的强制性。通告不仅可以在一定范围内公布重大事项，还可用来公布社会生活中的一些具体事务。通告的使用单位也很广泛，不仅国家机关可以使用，地方各级人民政府乃至基层单位，都可在职权范围内使用。通告中所提出的规定、要求，带有法规性质，各单位和个人都必须认真遵照执行，如有违反，将受到严肃查处。

（3）通告的类型。

周知性通告是在一定范围内公布应当周知事项的通告。此类通告不在于作出具有约束力的要求，其重点是让一定范围内的单位、公众知道重要事项；规定性通告是在一定范围内公布应当遵守事项的通告。这类通告的重点在于依据某种法规，让一定范围内的单位、公众知道必须遵守的规定。此类通告应由具有相应职权的机关、企事业单位发布。

（4）通告的写作要领。

通告的标题由发文单位、事由、文种组成。

通告的正文主要是针对某些事项作出明确规定，要求告知对象严格遵循。正文可分为三部分来写。第一部分，简要交代通告的根据或目的，增强发文的权威性和针对性。第二部分，准确说明通告的具体事项。内容较多时，为使条理清晰，可采用分条列项的方式表达。第三部分，提出贯彻通告的明确要求，如使用"请认真遵照执行"，也可以使用"特此通告"等习惯用语来结尾。

落款部分在正文之后写明发文机关名称。

发文日期在发文机关之下标明。

2. 通知的写作

（1）通知的适用范围。

《党政机关公文处理工作条例》规定：通知适用于发布、传达要求下级机关执行和有关单位周知或者执行的事项，批转、转发公文。

（2）通知的基本特征。

①功能多样。通知可以用来发布规章、传达指示、布置工作、晓谕事项、批转和转发文件等。通知作下行文使用时具有指挥、指导作用，作平行文可在平级机关和不相隶属机关之间起知照作用。

②使用广泛。通知是机关使用最频繁的公文文种，适用范围相当广泛。从发文机关级别来看，上至国家党政机关，下至基层企事业单位，都可以发布通知；从内容来看，大到传达全国性重大事项、发布重要法规、规章，小至单位内部告知一般事项，都可用通知行文。

③讲究时效。通知是一种制发比较快捷、运用比较灵便的公文文种，它所要求办理的事项，都有比较明确的时间限制，受文机关要在规定的时间内办理完成或遵照执行，不容拖延。

（3）通知的类型。

根据所起作用的不同，通知主要分为事项性通知、批转转发性通知和任免性通知。

①事项性通知是工作中经常使用的一类通知，主要是向下级或有关对象告知事项或布置工作，即"传达要求下级机关办理和有关单位周知或者执行的事项"。

②批转转发性通知用于"批转下级机关的公文，转发上级和不相隶属机关的公文"。批转转发性通知是复合体公文，这类公文由通知本身和被批转、转发、印发（颁发、发布）的文件组合而成。

③任免性通知用于单位任免和聘用本单位内部岗位的工作人员。

（4）通知的写作要领。

事项性通知一般由标题、主送单位、正文、附件、落款、成文日期构成。

完整式标题由发文单位名称、发文事由和文种构成，这种形式常用于内容比较重要的通知。省略式标题由事由和文种构成，这种形式比较适用于单位内部，常用于一般性事务的通知。直接以"通知"作标题的形式只能用于单位内部，正式发文不应采用这种形式。

通知是下行文，主送单位可以是一个，也可为多个，需根据发文单位管辖权限及发文需要确定。主送单位较多时，可采用概括的方法，依次标明单位的规范化简称或同类单位的统称。

事项性通知的正文内容主要包括发文缘由、通知事项、结束语。发文缘由即说明通知发文的目的、根据、意义等，通常用"为……根据……"引出缘由，再用"现将有关事项通知如下""特作如下通知"等语句过渡到下面的内容。通知事项是通知的主体部分，如果内容较复杂，可采用条款的形式来拟写，如会议通知的正文，一般应写明会议时间、地点、参加对象、会议主要内容等要素，比较复杂的会议通知，还需告知会议要求、接待安排、食宿交通、联系方式、会议回执等。指导和布置工作的通知正文，应写明工作的步骤、完成的要求等。通知结尾可根据工作需要考虑是否写明执行要求，具体形式有两种：一是提出希望，强调执行事项的要求，如"希望各部门按照通知要求，认真及时地做好各项工作"；二是采用特定结束语，如"特此通知"；三是有些通知事项写完正文就结束。

内容复杂的通知有附件，如会议通知中的会议回执、交通路线图等可作为附件。回执是拟参加会议的人员填写并返回会议主办方的表格，可以为主办方的会议安排提供依据，回执表格中应根据需要设计姓名、性别、单位、职务职称、民族、能否赴会，是否预订返程车票等栏目。

落款即发文单位全称或规范化简称，位于正文右下方，成文日期之上。在正式发文时，如果文章标题上已注明发文单位名称，或者使用了规范的红头文件格式，那么落款可以省略，只需加盖印章。

成文日期应年、月、日齐全，采用汉字书写。

3. 通报的写作

（1）通报的适用范围。

《党政机关公文处理工作条例》规定：通报适用于表彰先进、批评错误、传达重要精神和告知重要情况。

（2）通报的基本特征。

①典型性。通报的内容一般是在工作中普遍存在却具有典型性的事件，往往能够反映、揭示事物的本质规律，具有广泛的代表性。

②教育性。无论是表彰先进，还是批评错误，或是传达重要精神、告知重要情况，通报的目的不仅是让人们知晓其内容，而且还要从典型事件中受到启迪，得到教益；或学习经验，弘扬正气；或警戒错误，吸取教训；或了解情况，引起重视。

③时效性。通报是针对当前工作中存在的情况和问题而制发的，具有极强的时效性。随着客观情况的变化，一件在当时看来具有典型意义的事件，时过境迁，未必仍然具有典型性。

（3）通报的类型。

根据性质和内容来划分，通报可以分为以下三种类型。

①表彰性通报。主要用于表彰先进人物或先进集体，介绍先进事迹，推广典型经验，号召人们向先进学习。

②批评性通报。主要用于对工作中发生的错误或重大事故以及违法违纪案件等进行批评、揭露、处理，告诫人们从中吸取教训，以避免类似错误的再次发生。

③情况通报。主要用于在一定范围内传达重要精神、发布重要信息、沟通重要情况，以达到上情下达、统一认识、沟通协调并推动工作的目的。

（4）通报的写作要领。

通报标题可以按照公文完整式标题拟写。表彰性通报在标题中应注明"关于表彰……"的字样，批评性通报在其标题中一般会使用带有贬义色彩的词汇，如"擅自"

"违反"等。

通报作为内部正式发文，应写明主送机关。普发性通报或是在单位公布的通报，其受文对象是全体部门和人员，省略主送机关名称。

表彰性通报前言一般概述事实经过，说明通报缘由，表述事实情况要求简明扼要，注意详略主次；主体内容针对所述事实进行分析评价，阐明其性质、意义，写清楚表彰的决定事项，可以授予荣誉称号，也可以进行物质奖励；结尾明确提出希望和要求，号召大家向先进学习。

批评性通报正文写法与表彰性通报类似，先概述事实，然后分析评价事件的性质、后果，写明批评决定，最后提出希望和要求，让大家引以为戒。这里要注意的是，通报有时也是一种行政处罚手段。因此，批评决定一定要有充分的依据。

传达性通报正文主要包括两项内容：概述相关情况、分析并作出结论。重大事件的通报一般包括叙述事实、分析原因及提出要求和措施等内容。

需要指出的是，无论哪种通报，都需提出原则性的要求、希望或号召，以增强通报的教育警示作用。通报的结尾可以用"特此通报"结束，也可以自然结束。

发文机关名称采用全称或规范简称。

成文日期在发文机关名称下一行，要求年、月、日齐全。

2.2.3 议案、报告和请示的写作

1. 议案的写作

（1）议案的适用范围。

《党政机关公文处理工作条例》规定：议案适用于各级人民政府按照法律程序向同级人民代表大会或者人民代表大会常务委员会提请审议事项。

（2）议案的基本特征。

①制发机关的法定性。议案的制发机关只能是各级人民政府，其他各级人民政府的职能部门无权提出议案，因而也不使用议案这一文种。

②内容的特定性。各级人民政府提出的议案内容必须是人民代表大会或者人民代表大会常务委员会职权范围内的问题，超出其职权范围的不能作为议案提出。

③严格的时限性。议案必须在人民代表大会或者人民代表大会常务委员会举行会议期间提出，会议后提出的，不能列为议案。

④建议的可行性。议案必须言之有理，持之有据，所提建议必须具有可行性，才有获得批准的可能。

⑤语言的简洁性。议案一般都要附有提请审议的事项草案和说明材料，所以议案的正文要求简洁明确，语言高度精练，写明提请审议的事项即可。

（3）议案的类型。

①立法案。这是指国家行政机关制定行政法规时，提请国家权力机关审议的送审议案，或者请求国家权力机关制定或修改某项法律、法规时所提出的议案。

②重大事项案。这是指国家行政机关就本行政区域内重大事项，如财政预、决算，发

展规划以及政治、经济、文化、教育、科技、卫生、体育等方面工作的重大事项,需要提请国家权力机关进行审议并做出决议、决定的议案。

③机构变动案。这是指国家行政机关工作机构的增加、撤销或合并,需要提请审议的议案。

④批准条约案。这是指国家领导人和外国领导人根据发展两国关系的需要,草签发展双边关系的条约。按照法律程序,须经双方议会批准,方可生效。

⑤人事任免案。这是指国家行政机关就任免国家机关工作人员问题,提请国家权力机关审议批准的议案。

(4) 议案的写作要领。

议案一般由标题、主送机关、正文、发文机关、发文时间、成文日期、附件等部分组成。

议案的标题必须采用完整结构,即发文机关名称+事由+文种。

议案的主送机关是与政府同级的人民代表大会及其常务委员会。主送机关要在正文前面顶格写。

议案的正文通常包括提出议案的缘由、议案具体事项和审议请求三部分。立案理由即阐述提出议案的原因、根据和目的,要充分客观、简洁明了。议案事项即议案所提出的请求审议的具体事项,主要包括重大事项案、立法案、选举案、罢免案、预决算案等。一般议案都将提请审议事项以附件形式附在正文之后,以备审议。审议请求是议案的结语部分,一般用"以上议案,请审议"或"现提请审议"等结语来表述。

发文机关的署名,可署发文机关行政首长姓名。

成文日期即按照规范标明发文的年、月、日。

议案正文之下通常注明需要审议的法规草案文本或其他有关文件。

2. 报告的写作

(1) 报告的适用范围。

《党政机关公文处理工作条例》规定:报告适用于向上级机关汇报工作、反映情况,回复上级机关的询问。

(2) 报告的基本特征。

①行文的单向性。报告的行文目的是使上级机关了解和掌握下级机关的工作进展或基本情况,通常不要求上级机关给予回复,而上级机关在处理公文时一般也将其作为传阅类文件处理,不予回复。

②内容的一旨性。报告应做到一文一旨,尤其是综合报告,反映的是各方面的情况,虽然写进去多个情况,但必须围绕一个问题去展开,即只能表达一个中心思想。

③表达的陈述性。报告在汇报工作、反映情况时,所陈述的内容,使用的语言都是陈述性的。下级单位遵照上级的指示,做了哪些工作、怎样做的、取得了哪些成绩、存在哪些不足等,必须要向上级逐一陈述,提供准确的信息。

(3) 报告的类型。

①工作报告,即用于向上级汇报工作进程、反映工作中的成绩与问题,总结工作中的

经验和教训，以及提出今后开展工作的相关打算。

②情况报告，即用于向上级及时反映重大、特殊情况或新发、突发的重要情况。

③建议报告，即有关职能部门就开展、改进或加强某项工作，针对某些问题、现象向上级机关或有关单位提出的相关意见、建议。

④答复报告，即用于答复上级机关的查询、提问，或按要求汇报执行、落实上级某些指示、意见的结果，以及回复所提质询及所交提案、议案的处理意见或处理结果。

⑤报送报告，即用于向上级机关说明报送的有关文件、材料或物品的情况。

（4）报告的写作要领。

报告的写作主要由标题、主送机关、正文、发文机关署名、成文日期五个部分组成。

标题一般采用发文机关名称+事由+文种的形式。

主送机关顶格标写在正文前第一行，只能主送一个直接上级机关。

报告的正文按照三个部分安排为好。一是说明报告的缘由，例如，为什么要写报告，是遵照领导的明确要求，还是认为有必要让领导机关了解有关工作情况，或是为了答复上级机关的询问。二是陈述报告的主要内容，即反映主要工作进展情况，要突出重点，抓住核心问题，既要有主要成绩、基本经验，又要有存在的不足和改进意见。三是采用结语结束全文，一般使用"特此报告，请审阅"或"特此报告"等。结语不宜用"以上报告如无不妥，批转……执行"，因为报告与请示不同，如果有请上级批转的要求，应当使用"请示"或"意见"。

在公文落款处加盖发文机关印章。

按照要求标写发文的年、月、日。

3. 请示的写作

（1）请示的适用范围。《党政机关公文处理工作条例》规定：请示适用于向上级机关请求指示、批准。

（2）请示的基本特征。

①成文的条件性。请示应确属本机关权限内无法解决的困难与问题。下级机关既要积极争取上级机关的领导与指导，也要尽职尽责，努力办好职责范围内的事情。

②行文的超前性。请示必须在事前行文，不能"先斩后奏"。事前行文有助于上级机关及时了解情况，帮助审核把关，减少和避免出现重大失误。

③内容的单纯性。请示的内容必须主题单一，严格执行一文一事制度，以便上级机关及时处理，缩短公文办理周期，提高行文效率。

④结果的期复性。上级机关收到下级机关的请示后，无论同意与否，都有责任尽快予以办理和答复，避免贻误下级机关工作。有请必复是上级机关处理请示与报告两种文件的重要区别。

（3）请示的类型。

①政策性请示。对党和国家的方针、政策、法律、法规和上级的指示等有不明确或不同的理解，在工作中遇到无章可循的新情况、新问题，需要上级机关加以指导，要向上级机关请示。

②事务性请示。按规定需要上级机关批准方能办理的事项，或者需要得到上级机关帮助的事项，事先要向上级机关请示。

（4）请示的写作要领。

请示需要具备标题、主送机关、正文、生效标识、成文日期等部分。此外，在眉首部分要标明签发人，在附注处注明联系人的姓名和电话。

请示的标题一般包括三要素，即发文机关名称、事由、文种。要注意事由部分为避免歧义，还要规范使用文种，勿将"请示"写成"请求"或"申请"，也不能写成"报告"或"请示报告"。

请示通常只能选择一个直接上级机关作为主送机关。受双重领导的单位向上级请示时，应根据公文内容，主送一个负责答复的上级机关，抄送另一个需要了解情况的上级机关。单位内部行文，主送机关位置可以标写分管领导人姓名，视同分管部门。

请示的正文，一般分为以下三个部分。

①说明请示原因。主要包括行文的依据、目的，必要时说明请示的背景，有时需要阐明解决问题的必要性、紧迫性，为了便于上级机关尽快批复，还要写明请示事项的条件和办理的可行性，为上级机关提供有说服力的事实、数据或依据。讲清原因后，常用"为此，特请示如下"，或"现……事项请示如下"等，引出请示的主体内容。

②提出请示事项。这是请示的主体部分，主要说明请示什么事项，重点在于对解决本有关问题提出具体的建议或意见，以及对具体要求的说明。有时还需要提出解决问题的初步方案，供上级机关定夺。若有可供选择的多个方案，则应提出倾向性意见。提倡积极帮助上级机关出谋划策，不能简单消极地上交矛盾。

③提出行文要求。用简短的语言，明确提出请上级机关指示、批准或批转的肯定要求。通常以"以上请示当否，请批示""以上请示如无不当，请批准""特此请示，请予审批""以上请示如无不当，请批转各有关单位执行"等惯用结语，表达行文要求。

在公文正文下方加盖发文机关印章。

在生效标识下面标写发文日期，汉字书写年、月、日。

2.3　行政事务文书的写作

2.3.1　计划的写作

1. 计划的概念

计划是企事业单位、社会团体或者个人对未来一段时间内要完成的工作预先作出安排时所使用的一种事务文书。

2. 计划的特点

（1）内容的预见性。计划是面向未来工作所制定的奋斗目标、工作步骤和实施要求，是一种预想性部署和安排。参与制定计划的人员须高瞻远瞩，善于科学合理地预测事物发展的趋势，对各种可能出现的情况，作出准确分析与科学预见。

（2）目标的现实性。计划不是假想的空中楼阁，计划的目标应立足本地区、本单位的实际情况，具有现实性。

（3）措施的可行性。一份完善的计划，必须有可行的措施和办法。因为计划是要下达落实的，计划中所包括的各项措施、办法和要求必须具体可行。这与目标的现实性同等重要，是圆满实现计划目标的重要保障。

3. 计划的类型

（1）按照计划内容分，有学习计划、工作计划、生产计划、教学计划、营销计划等。
（2）按照计划性质分，有综合性计划、专题性计划等。
（3）按照计划功能分，有战术性计划、战略性计划。
（4）按照计划范围分，有国家计划、地区计划、单位计划、部门计划等。
（5）按照计划时间分，有远景规划、五年计划以及年度、季度、月份计划等。

4. 计划的写法

计划一般由"标题+正文+署名+成文日期"组成。

（1）计划的标题形式比较灵活，常见的"计划制定者（单位）名称+时限+事由+文种"是最规范的标题，通常高级别的或涉及重大事务、涉及范围广的计划多采用这种标题。"计划制定者（单位）名称+事由+文种"不针对某一个特定时段，所以可以不标示时限。"时限+事由+文种"这种标题一般在单位内部使用时省略单位名称，而突出计划的时限和内容。"关于+事由+文种"这种公文式标题，因为事由突出醒目，又比较简捷方便，在单位内部也很常用。

（2）条文式计划的正文结构是"引语+主体+结尾"。引语需简要说明制定计划的背景、依据或指导思想、工作目的。主体部分要包括目标、措施、步骤三要素：目标应具体明确地指出需要完成的任务要求、预期效果、工作原则等，这部分主要解决"做什么"的问题；措施是指要采取的方式方法、手段以及可利用的条件，有时还写明在某项工作中具体的人员安排和责任人，这部分是解决"怎样做"的问题；步骤是指进程、阶段或时限，这部分是解决"何时做"的问题。措施和步骤都应周全细致、切实可行。有时这两项是融为一体的。条文式计划的主体部分常采用条款式，用序列号标明措施和步骤。当文件较长、层次较多时，就要使用多层序列号，显得条理清晰。结尾通常用富于号召性、鼓动性的语言，简洁有力地提出希望和要求。有时可省略结尾。

表格式计划在企事业单位的常规性工作中被大量使用，甚至有的一份表格就是一篇文书的全部，如行政秘书为领导设计一天或一周的工作安排就常用表格的形式体现，还有如教学部门、培训机构每学期安排的课程表等。表格式文书由于其制作便捷，内容项目非常直观明了，因而在有序有效地指挥指导工作方面发挥了巨大作用。设计表格的项目时应注意全面、准确，便于填写、归类和检查，能够正确反映任务要求。设计的表格还要注意美观大方，同一栏的内容最好集中在同一页纸上，不要任意割断为两页。表格式计划可以只有表格，也可以加上少量的文字说明。条文表格结合式计划是以条文为主、表格为辅，两者结合使用，往往可以使计划简明直观、准确清晰。

（3）计划的署名应写在正文之下、成文日期之上。有的在标题中写明计划的制定者，则文末就不必再署名了。

（4）计划的成文日期位置比较灵活。级别较高的计划，成文日期常写在标题之下、正文之上，居中位置。也可直接写在正文之后，居右落款的位置。如果文末有署名，则应写在署名之下。上报或下发的计划就在署名和日期上加盖公章。内部计划则不盖公章，只作为部门资料建设的一部分用以存档，如科室工作计划等。

2.3.2 总结的写作

1. 总结的概念

总结是对以往工作进行回顾、检查、分析研究，从中提炼出规律性的东西，用以指导今后工作的一种机关常用事务文书。

2. 总结的特点

（1）客观性。总结是主观对客观事物认识的结果，总结的对象是客观实践，总结的材料源于客观实践，总结的观点和结论是从客观实践中归纳和提炼的。行政秘书撰写总结时必须做到主客观相符合，尊重客观事实，反对弄虚作假。

（2）过程性。总结工作时，必须对工作过程进行系统回顾，回顾工作内容是在什么背景下安排的、完成任务的过程有哪些有利条件、遇到了什么困难、如何克服这些困难、工作成效如何等。

（3）理论性。总结不是简单地再现实践活动，更不是机械地罗列事实，而是建立在事实基础上的一种理论升华，旨在对以往的经验教训进行分析研究，从中提炼出规律性的认识。总结不仅要有材料、有观点，还要寻求材料与观点之间合乎逻辑的内在联系。

3. 总结的类型

（1）按照内容分，有工作总结、生产总结、学习总结、活动总结等。
（2）按照范围分，有行业总结、单位总结、部门总结、个人总结等。
（3）按照时间分，有年度总结、半年总结、季度总结、月份总结等。

4. 总结的写法

总结的标题有两大类：一类是由"总结者（单位）名称+时限+事由+文种"四要素组成的形式。在这一基本结构形式基础上根据实际情况可省略前面两项；二类是由"正标题+副标题"构成。这类标题有较强的文学色彩，比较有吸引力，因而通过新闻媒体发布的总结常选择这种标题。

总结的正文结构是：引语+主体+结尾。引语即文章开头应简单概括说明工作、活动或任务的全貌及总体情况，点明总结的内容和目的。主要有以下几种开头方式：概括介绍基本情况（工作背景、时间、地点等）；提出总结的结论，使读者明白总结的核心所在；

对工作的主要内容进行提示性的简要概括；开头提出问题以引起读者对该文的关注，明确总结的重点。

主体包括三个要素：基本情况、经验、不足。"基本情况"包括总结对象涉及的环境背景、具体任务、实施步骤等，即介绍"做了什么"和"做得怎样"；"经验"指工作成效和带规律性的、有指导意义的体会；除了所取得的成就之外，对工作中的不足也应实事求是地说明。主体部分的结构形式通常可采用"情况、经验、不足"的顺序，分三大部分进行总结，这是传统方法。根据需要还可用其他形式，如用于对周期长、阶段性显著的工作进行总结，把整个工作按时间划分为若干阶段进行总结；以具体的工作项目为顺序，把要总结的内容按性质逐条排列，夹叙夹议，这种形式较适用于专题性总结。

总结的结尾用简短、坚定的语言，表明工作信心和努力方向，也可提出希望或号召来收束全文。

2.3.3 调查报告的写作

1. 调查报告的概念

调查报告是通过对典型问题、情况、事件的深入调查，获取材料并对所获材料进行系统整理、分析研究后，以书面报告的形式向组织和领导汇报调查情况的一种文书。

2. 调查报告的特点

（1）针对性。调查报告要围绕一个时期党和国家的中心任务，根据客观实际需要，有针对性地对某一具体事件或具体问题进行调查研究，分析总结出鲜活经验，回答广大群众所关心和迫切要求解决的问题。

（2）真实性。调查报告是客观现实的如实反映，不论是总结经验、研究新事物，还是揭示事实真相，必须以充分、确凿的事实为依据，必须是确有其人、实有其事、确在其时，既不能增加，也不能减少，更不能歪曲，否则，就失去调查报告的科学价值了。

（3）典型性。调查报告要求被调查对象本身必须具有典型意义，体现"典型"的时代精神。这就要求在分析典型时，与调查时的形势、任务、要求和现实存在的倾向性问题结合起来，使调查报告反映的问题更具有现实意义和指导作用。

（4）较强的时效性。调查报告回答的是现实生活中迫切需要解决的问题，它有较强的时效性，否则，时过境迁，就失去了现实的指导作用。因此，调查要迅速、深入，报告要及时写出。

3. 调查报告的类型

（1）基本情况调查报告。基本情况调查报告是对某一领域、某一单位或社会某一方面基本情况的调查报告。这类调查报告篇幅一般较长，内容比较详尽，能够较全面地反映某一地区、某一领域、某一阶级或阶层的全貌，为决策者正确地制定方针政策提供参考。

（2）新生事物调查报告。新生事物调查报告是及时向社会比较全面地介绍某一新生事物的调查报告。通过对新生事物的调查，发现其中规律，预测发展趋势进而指导工作。

（3）典型经验调查报告。典型经验调查报告是以某一地区、某一单位的典型经验为调查对象所作的调查报告，目的在于树立典型、表彰先进、推广经验。

（4）揭露问题调查报告。揭露问题调查报告是以工作中发生的重大事故或重大失误为调查对象所作的调查报告。

4. 调查报告的写法

调查报告一般由标题、前言、主体、结语、署名五部分组成。

常见的调查报告的标题有以下四种形式：一般文章标题，即直接写明调查的对象，归纳出主要内容，或直述主旨；公文式标题，即明确标出调查对象、主要事由和文种；提问式标题，即以提问的形式提示调查报告的基本内容；正副标题结合式标题，即正标题揭示报告的主旨或表明主要观点，副标题表明调查的对象和内容。

调查报告的前言，或是概括全文主要内容，或是交代调查意图，或是说明调查时间地点，或是先提问题后作结论，或是先作结论后摆问题，都要求简洁明快、直截了当，抓住要害、揭示本质。前言的作用主要是为主体部分的展开做准备。前言的文字要洗练、概括性要强。

调查报告的主体是前言的延伸和发展，也是结语产生的依据。主体部分必须通过具体事例、确凿无误的数据，针对文中提出的问题加以阐述分析，并作出明确回答。主体部分内容较多，应根据观点将材料分类，恰当地体现出报告的层次性，有次序、有步骤地将主旨表达出来。根据调查的目的和写作意图的不同，常见的结构方式有以下几种。

①纵式结构，即按事物产生、发展和变化过程的先后次序安排层次。这种结构方式有助于读者对事物的发展作出全面深入的了解，适用于反映新生事物、揭露问题、内容单一的调查报告。②横式结构，即按照事物的内在逻辑关系，进行分类归纳，将主体分成几个并列部分，分别冠以小标题或次序语，从不同方面进行叙述和说明。这种结构方式适用于事物发展过程复杂、牵涉面广，而且前后经历时间较长的调查报告。③综合式结构，即指在一篇调查报告中纵式、横式交错使用的一种结构方式。纵式、横式交错使用，往往用于大型的调查报告。它对于反映和表述某些头绪繁杂的事物，可以起到纲目并举、条理清晰的作用。它既有一条纵的时间先后的线索，又有按问题分门别类的立目。

调查报告的结语是通过周密的调查和科学的分析而得出的对事物规律性的认识。结语的写法应视调查报告的内容来定，或总结全文、深化主题，引出科学的结论；或由点到面、由远而近，从更高的角度、更广阔的背景上阐明普遍意义；或针对调查所得，提出解决问题的办法、措施、建议和意见。

调查报告的署名，可以放在标题下方，写明调查单位的名称或个人的姓名，也可以放在报告的末尾，并在署名下方注明年、月、日。

☞ 本章小结

本章由公文写作的基础知识、行政公务文书的写作、行政事务文书的写作三部分构成，介绍了行政秘书公文写作的相关理论知识及技巧方法。通过系统阐述决议、决定、批复、通告、通知、通报、议案、报告、请示、计划、总结和调查报告等常用文体的内涵、特征、类型及写法，使行政秘书认识到文字表达能力的重要性，并将文种选用规范、公文格式规范、内容结构规范、语言运用规范、行文程序规范内化为公文写作素养。总之，公文作为一种特殊的文体，有其固定、严格的行文范式，但同时也具有较强的实践性与创新性，需要行政秘书在长期的工作实践的潜移默化中去不断感悟和提升写作水平。

☞关键术语

公文写作　决议　决定　批复　通知　通报　通告　议案　报告　请示　计划　总结　调查报告

☞思考题

1. 公文写作的特点是什么？
2. 公文写作的原则有哪些？
3. 决定与决议有什么区别？
4. 通告、通知、通报各有哪些基本特征？
5. 请示的正文一般由哪些部分构成？
6. 表格式计划在设计时应注意哪些问题？
7. 调查报告有哪些主要类型？

☞阅读材料

400字公文4处错字：怎能如此"马大哈"？

2020年8月20日，四川仪陇县人力资源和社会保障局的一份公文火了。在这一本是官方用来表达歉意、对外公布整改情况的400字回复中，竟出现了4个极为扎眼的错别字："我局康即针对您反映的问题进行调查核实"中，"康即"应为"赓即"，为立即之意；最后收尾处的"祝您生活愉协江作顺心"，把"愉快"写成了"愉协"，"工作"写成"江作"；连公文落款的"仪陇县人为资源和社会保障局"，也将"人力"写成"人为"，落款错得离谱的文字，与印章中鲜红的文字形成鲜明对比。

短短的篇幅中，却出现如此高密度的低级错误，自然令人瞠目。更重要的是，该部门发布公文是为回应局内工作人员迟到、态度不好等现象。看到如此让人哭笑不得的"操作"，不知反映此情况的群众看到后会做何感想？至少，瞥见"愉协"二字，群众是"愉快"不起来了。

公文错误固然低级，但类似问题屡见报端，肯定不是好现象。此前，山东莘县某局一份公文甚至将县委书记"王峰"写成"汪峰",被县委书记批示"我不是歌星",成为一时笑谈。而近些年针对部分政府网站存在的错别字现象,中国政府网曾发布《关于"严重错别字"指标的说明》,通过人工抽查、系统监测、公众媒体举报等方式对网站信息内容进行检测,目的也是减少公文中的低级错误,维护政府形象。

对公文错字问题,不可轻拿轻放,否则轻则导致行政服务低效,严重的可能危及生产生活秩序。尽管国家在大力破除形式主义积弊,摒弃案牍主义,但从基本行政要求看,过硬的公文案牍处置能力,依旧是机关单位工作人员的必备能力,它关乎单位基本的行政效能。因此,虽说不宜过度追求公文形式,但涉及公文书写,仍要落笔有方、严谨晓畅。

如今,在仪陇县隶属的南充市,当地人社系统正把"建设群众满意的人社公共服务体系"作为"一号工程"。这样的"头等大事",显然不应只是一句口号。接下来,公众希望看到当地对"整改回复"的严肃整改。当然,千万别再闹出错别字的笑话,因为这个事情一点也不好笑。

(资料来源:白毅鹏:《400字公文4处错字:怎能如此"马大哈"?》,中青在线,见http://news.cyol.com/situo/2020-08/27/content_18753697.htm,2020年8月27日,有删节。)

第 3 章 行政秘书公文处理

公文处理是指对公文的撰写、传递与管理，它是使公文得以形成并产生实际效用的全部活动，是机关实现其管理职能的重要形式。《党政机关公文处理工作条例》规定："公文处理工作是指公文拟制、办理、管理等一系列相互关联、衔接有序的工作。公文处理工作应当坚持实事求是、准确规范、精简高效、安全保密的原则。"公文是开展公务活动的重要工具，而公文处理便是重要的公务活动，在公文处理的各个环节上，行政秘书都要参与。只有成为公文处理的"能手""快手""高手"，才能当好领导的参谋和助手。

3.1 公文拟制

3.1.1 公文起草

公文起草指的是公文的撰拟工作，这是公文拟制的第一道程序，没有公文的起草，也就没有公文的处理工作。

1. 公文起草的步骤

公文起草一般分为交拟、拟议、撰拟三个步骤。

（1）交拟，指领导或者机关向撰拟人员交代制文意图和撰拟任务的过程，即立意明题。交拟是公文撰写的起点，也是按照领导意图撰写好公文的前提，只有在交拟过程中理解好领导的意图或者机关的任务，才能撰写好公文。交拟是必须经过领导者深思熟虑、反复讨论后才实施的行为，那些有关全局性和机密性的重要文件往往不得交付他人撰拟。

（2）拟议，即公文撰稿人在下笔之前，对撰写文件的酝酿构思过程。拟议包括明确发文的目的、确定文件的主题、抓住文件的中心内容、选择恰当的文种、确定发送对象和阅读范围等。这是撰稿的准备工作，该环节如果做得好，文稿的质量就有了保证。拟议，既是进一步理解领导或机关的思想意图，也是全面勾画公文内容轮廓的过程，是撰写好公文的基础。

（3）撰拟，即写出文件初稿，是公文撰写人员下笔撰写公文文稿的过程，也是形成文件的首要环节。文件撰写是否及时以及质量高低直接关系到处理公务的质量和效率。在撰写时要注意搞好调查研究，合理分析有关材料。成交时注意结构层次的安排、语言文字的切题达意、标点符号的准确运用。公文撰拟是公文形成的核心，从某种程度来说，公文交拟与拟议都是为准确、完整、清晰地撰拟公文做好准备。

2. 公文起草的特征

公文起草有如下特征。

（1）公文起草是一项知识性、专业性的工作。

（2）公文起草是一个动态的制造决策产品的复杂劳动过程：①学习的过程；②调查研究的过程；③协调的过程；④提高的过程；⑤制定决策预案的过程；⑥完善决策和政策的过程；⑦开拓创新的过程；⑧奉献的过程。

（3）公文起草是公文处理工作的基础。公文起草的质量好坏，影响和决定公文处理的其他环节。

（4）公文起草是一项重要的辅助决策活动。公文起草既是服务工作，也是辅助领导决策的工作，其性质是给机关及机关领导人提供决策预案，是领导活动的延伸。

（5）公文起草是一种代言行为。公文起草必须站在领导机关的高度，从大局、全局出发思考问题、分析问题，探索解决问题的办法。

3. 公文起草的原则

（1）符合党的理论、路线、方针、政策和国家法律法规，完整准确体现发文机关意图，并同现行有关公文相衔接。

（2）一切从实际出发，分析问题实事求是，所提政策措施和办法切实可行。

（3）内容简洁、主题突出，观点鲜明、结构严谨，表述准确、文字精练。

（4）文种正确、格式规范。

（5）深入调查研究，充分进行论证，广泛听取意见。

（6）公文涉及其他地区或者部门职权范围内的事项，起草单位必须征求相关地区或者部门意见，力求达成一致。

（7）机关负责人应当主持、指导重要公文起草工作。

3.1.2 公文审核

公文审核又称核稿，是撰拟的文稿在送交领导签发之前，对其所作的全面审核和修改。审核是公文处理的关键环节之一，一般应由办公部门的行政秘书或办公室负责人对公文的内容及形式等方面进行全面审核和检查，所以审核也称作"审核把关"。审核的目的是保证公文质量，节省领导人在审阅、修改公文上花费的时间和精力。这一过程是领导或部门对公文撰写人员是否正确完整理解领导或机关的意图，并清晰、准确、真实地表达出来进行审核，保证公文质量的重要一步。

1. 公文审核的程序

公文审核主要有接受文稿、初步审核、补充完善、呈请报批四个程序。

（1）接收文稿。

审核的公文文稿有三类：第一类是经会议集体决定的，部门报送代拟稿时必须附有报告，说明文稿已经什么会议审议通过，部门根据会议精神作了哪些修改等；第二类是领导同志指示有关部门代拟文稿并作了批示，这类公文文稿必须附有领导同志的批示；第三类是部门代拟后请求以发文机关名义印发或者转发的，这类公文文稿必须附有部门的请示。

接收公文文稿时，收件人要查对清点文稿，将文稿名称、来文单位、收文时间、联系人及联系方式等登记在案。需要发文机关审议的重要公文文稿，审议前由发文机关办公厅（室）进行初核。接收此类文稿的流程是相同的。

（2）初步审核。

准备工作：了解文稿起草的过程及起草部门的意图、有关领导同志的指示和意见、现行有关公文的规定、相关法律法规、相关部门的意见及协调情况等。

提出拟办意见：根据收集的材料和文稿情况，提出是否行文、提请有关会议审议、退回起草部门修改完善的建议等。

确定发文的正式审核：严格按照公文文稿审核的原则、重点、有关规定和要求，一丝不苟地认真审核。

公文审核应当实行"三审制"，即由三个人依次审核，知识互补，拾遗补阙。也可由几个人分别审核，然后汇总；还可以通过起草组成员集体讨论后形成一个修改稿。对于较复杂的文稿，审核和集体讨论的过程也可能反复多次。

（3）补充完善。

经初步审核发现的问题，对文稿逐一补充完善。

程序上的问题：没有征求意见、听证、论证调研；

政治上的问题：不符合党的基本路线、基本理论和中国特色社会主义；

法律方面的问题：违法、与法律有抵触；

政策方面的问题：不符合党和国家的政策；

内容上的问题：内容不完整、文不对题；

文本方面的问题：文字、语法、逻辑、标点符号、数字等问题；

体式上的问题：文种不当、格式不规范、文体不对。

（4）呈请报批。

办公厅（室）应当向机关负责同志报送拟办意见（或请示），说明文稿的由来、有关领导同志的意见、会议审议情况、主要问题处理意见、审核情况、征求意见情况、协调情况、听证论证情况、对签发人的建议等，报批的请示连同公文文稿清样一并报请发文机关负责同志审批。负责同志在审批过程中还有可能对公文文稿作出修改，或者提出询问，办公厅（室）要及时准确地回答询问和认真落实负责同志的指示，达到领导满意的要求。

2. 公文审核的原则

（1）依据原则，是指公文文稿审核工作中提出的意见要有法可依、有据可查，而不是主观随意、凭空臆测。

（2）质量原则，是指公文文稿审核的全部工作都以保证和提升公文质量为出发点与落脚点。

（3）效率原则，是指公文文稿审核工作中要优化流程、科学组织、加快节奏、缩短时间，保证公文的时效性。

（4）精简原则，是指既要精简公文制发的数量，又要精简每一篇公文的篇幅，实现少发文、发短文。

此外，还有实事求是、党政分开、高效三个原则。

3. 公文审核的重点

公文审核的重点包括以下几点。

（1）行文理由是否充分，行文依据是否准确。

（2）内容是否符合党的理论、路线、方针、政策和国家法律法规；是否完整准确体现发文机关意图；是否同现行有关公文相衔接；所提政策措施和办法是否切实可行。

（3）涉及有关地区或者部门职权范围内的事项是否经过充分协商并达成一致意见。

（4）文种是否正确，格式是否规范；人名、地名、时间、数字、段落顺序、引文等是否准确；文字、数字、计量单位和标点符号等用法是否规范。

（5）其他内容是否符合公文起草的有关要求。

需要发文机关审议的重要公文文稿，审议前由发文机关办公厅（室）进行初核。经审核不宜发文的，应当退回起草单位并说明理由；符合发文条件但内容需作进一步研究和修改的，由起草单位修改后重新报送。

总之，文稿审核是一项十分严肃而重要的工作，必须认真对待。在公文处理过程中，公文文稿都是核后改、改后再核，直至确认文稿完全合乎要求，是一个循环往复的过程。

3.1.3 公文签发

公文签发，即机关领导参照审核意见，对文稿进行最后审定、签字发出，是机关领导审阅定稿并签署发表意见的过程。公文签发是发文过程中最关键的程序，是文件定稿形成的最后环节，是领导对公文进行严格把关的一项决策性程序，也是领导行使职权的重要形式。

1. 公文签发的种类

公文签发的种类有正签、代签、核签和会签四种。

（1）正签，指签发人在自身职权范围内签发公文。

（2）代签，指根据授权代他人签发公文。

（3）核签，又称加签，指上级机关负责人签发下级机关的重要公文，即以某一部门名义制发的文件，由于文件涉及的问题比较重要，部门负责人签批后再经本级党委或政府分管负责人审核后加签。

（4）会签，指两个或两个以上机关联合行文时，由各机关的负责人共同签发公文。

2. 公文签发的要求

（1）依权限签发。

机关负责人只能对自己职权范围内的公文负责，只能签发自己权限范围内的公文。根据有关规定，以机关名义制发的公文，由机关负责人签发。其中内容重要、涉及面广、对全局工作有指导意见的普发性公文，以机关名义报上级机关的"请示""报告""意见"等，由主要负责人或主持工作的负责人签发。属某一方面工作的公文，由机关主要负责人或经授权的其他负责人签发。党委、政府办公厅（室）根据党委、政府的授权制发的公文，可由秘书长或办公厅（室）主持签发，或按有关规定由党委、政府分管负责人核签。会议决议、纪要等可由会议主持人签发。如为代签应标注"代""代签"等字样。

（2）负责任签发。

签发人应充分认识签发公文所承担的责任，在签批之前，应该对文稿进行全面审核，确认无误后再明确签署明确意见，并写上姓名和日期。签批意见应明确具体，从制度上保证做到谁签发谁负责。

（3）按程序签发。

坚持"先核后签"。公文必须审核完毕后再签发，而不是先签发再审核，以提高工作效率，确保公文质量。部门不应将代拟稿直接送本级党委或政府负责人签批。未经发文机关行政秘书部门审核的文稿，机关负责人原则上不予受理签发。

（4）联合会签。

联合行文时，必须做好会签工作，使各联署机关或部门负责人均履行签发手续，以使公文真正有效。

（5）按规范格式签发。

签发人应当在发文处理单签发栏内签批明确的意见（非主办机关负责人会签应在会签栏），并签注完整的姓名和日期。签发公文应当使用钢笔、毛笔、签字笔和耐久的碳素墨水、墨汁，以符合存档要求。

3. 公文签发的原则

公文应当经本机关负责人审批签发。重要公文和上行文由机关主要负责人签发。党委、政府的办公厅（室）根据党委、政府授权制发的公文，由授权机关主要负责人签发或者按照有关规定签发。签发人签发公文，应当签署意见、姓名和完整日期，圈阅或者签名的，视为同意。联合发文由所有联署机关的负责人会签。

3.2 公文办理

3.2.1 收文办理

收文办理是行政秘书对收到的公文及由其他机关制发并传递到本机关的公文的办理过程。外来公文从踏入收文机关大门，在收文登记簿上"落户"之时起，便启动了落实性运转流程，以某机关为例，其收文办理流程详情参见图3-1。收文办理不仅是公务机关履行职责的过程，也是公文发挥具体效应的过程。

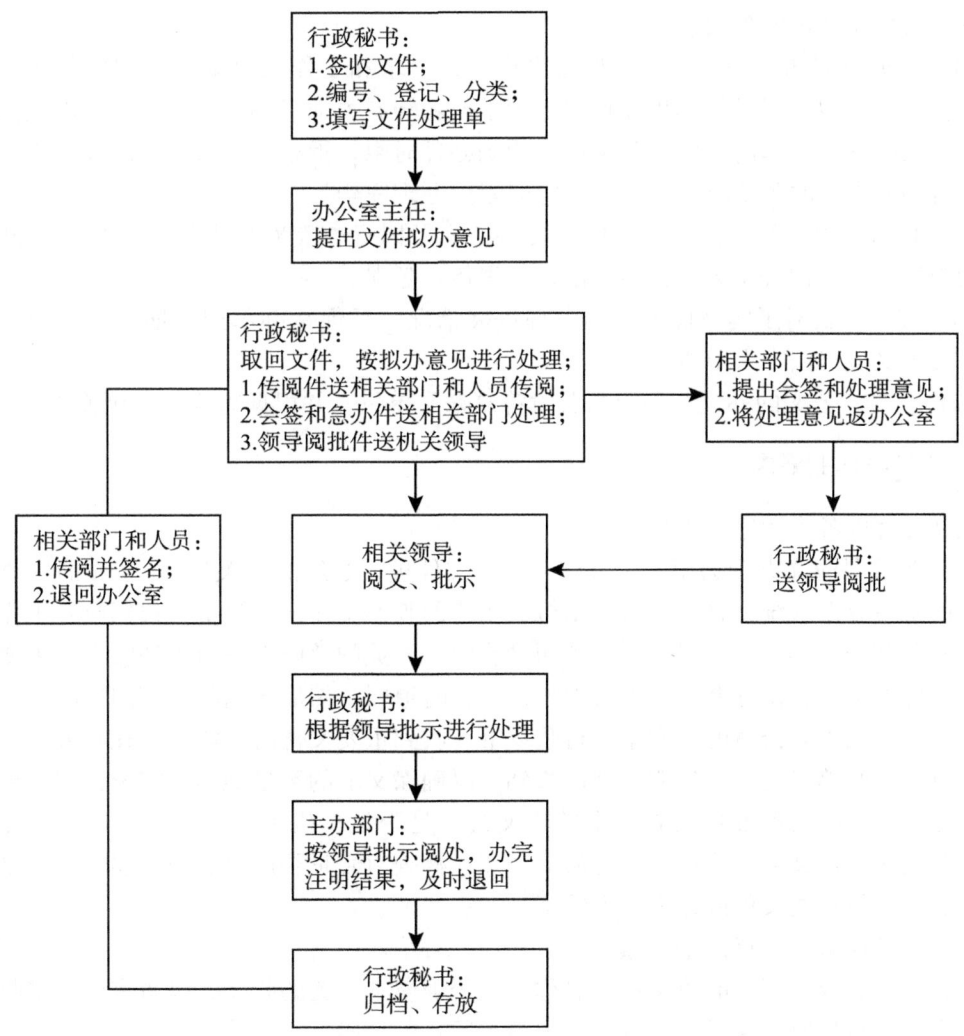

图3-1 收文办理的基本流程

1. 收文办理的程序

在收到公文后，行政秘书部门要按照要求认真对公文进行办理，收文办理的主要程序如下。

（1）签收。对收到的公文应当逐件清点，核对无误后签字或者盖章，并注明签收时间。

（2）登记。对公文的主要信息和办理情况应当详细记载。

（3）初审。对收到的公文应当进行初审。初审的重点是：是否应当由本机关办理；是否符合行文规则；文种、格式是否符合要求；涉及其他地区或者部门职权范围内的事项是否已经协商、会签；是否符合公文起草的其他要求。经初审不符合规定的公文，应当及时退回来文单位并说明理由。

（4）承办。阅知性公文应当根据公文内容、要求和工作需要确定范围后分送；批办性公文应当提出拟办意见报本机关负责人批示或者转有关部门办理。需要两个以上部门办理的，应当明确主办部门。紧急公文应当明确办理时限。承办部门对交办的公文应当及时办理，有明确办理时限要求的应当在规定时限内办理完毕。

（5）传阅。根据领导批示和工作需要将公文及时送传阅对象阅知或者批示。办理公文传阅应当随时掌握公文去向，不得漏传、误传、延误。

（6）催办。及时了解掌握公文的办理进展情况，督促承办部门按期办结。紧急公文或者重要公文应当由专人负责催办。

（7）答复。公文的办理结果应当及时答复来文单位，并根据需要告知相关单位。

2. 收文办理的要求

收文办理的各个程序要求如下。

（1）签收是收文办理的第一个环节，也是文件进入必经的"关口"。公文的签收须实行严格的统一收发、统一管理，通常由机关指定的收发工作人员负责。根据收发工作人员工作的范围和分工形式，一般有内、外两种收发。机关的总收发室负责外收发，主要负责清点好文件的数量，做好登记。如有误投，应及时退回，然后转送相关部门签收；负责内收发的一般是机关办公室的收发室或行政秘书。收到重要文件时，收件人在对方的送文登记簿或发文通知单上签字，证明文件已收到，以确保文书的数量准确与安全，明确交接双方的责任。在签收之前要核对封套上的收文机关是否是本机关，以免误收。点清文件件数，核对是否与送文清单或送文登记簿上一致，检查封套是否严重破损或损毁。经以上检查无误后，方可在送文单或送文簿上签字。

签收文件通常应注意四个"查清"。

①查清信封或封筒上的收文机关名称，是否确属本机关的收文，以防错投、错收；

②查清信封号码与递送人在签收登记簿上所登的号码是否一致；

③查清文件封口是否破损，包装是否牢固；

④查清文件的登记件数与实有件数是否相符。

行政秘书只是对写明由本机关或本部门收起的封件进行拆封；写明某某领导人"亲

收""亲启"的封件,则应由领导人本人拆封或由其他委托的人代拆。拆封文件要细心,不要撕毁封内文件,要将封内的文件取干净,然后检查文件是否齐全。对重要作者的亲笔信封,应予以保存。对封内文件的发文机关、发文日期不详的,应根据封皮上的发文机关和邮戳日期予以注明。

签收工作绝非一件单纯的手续性活动,它是关乎公文能否迅速进入有效过程的重要步骤。签收人员必须以严肃认真的态度,一丝不苟地进行签收工作,发现问题要及时申明,分清责任,妥善处置。

(2) 收文登记是公文处理的重要环节,它有利于公文的办理、查找、统计、归卷。凡是重要的来文必须登记。根据机关文件管理要求,收文登记应采取一定形式与方法。在长期实践过程中,各个机关单位的收文登记形成了簿式登记、活页式登记和电子表格登记等有效登记形式;簿式登记采用装订成册的专用收文登记簿;活页式登记是未装订的单页收文登记表;电子表格登记是通过计算机登录并储存的表格登记。三种不同登记形式所登记的内容基本一致,主要包括收文号、收文日期、来文单位、来文封号、密级、送往部门、签收人、备注等(见表3-1)。不管采用簿式、活页式还是电子表格登记形式,登记项目不能过简也不能烦琐复杂,应力求既简明清晰,又方便实用。

表 3-1 收文登记表样式

收文号	收文日期	来文单位	来文封号	密级	送往部门	签收人	备注

一般来说,登记需分两个步骤:第一,对签收后的公文情况作简要记载,目的是保留公文交接的凭证。第二,机关保密室或有关部门将公文启封后,对公文的内容进行登记。登记的主要作用有四项:一是有利于管理和保护文件,以防积压、丢失等;二是便于查找和检索文件;三是便于文件的统计和催办工作;四是可以成为核对接收文件的依据。因此登记时要注意根据领导授权,将违背行文规则、不合规范、上报不符合要求的文件审查并退回;将文件的收文时间、来文单位、来文封号、密级、发文字号、缓急时限、份数以及处理情况等登记清楚,以备查询。

收文编号是收文登记的重要环节。收文只要登记就需要编号,每一件来文编一个收文号,多份的同一文件只编一个收文号,但每份文件要注明是第几份,如图3-2中"8-1"表示第8号收文的第1份。收文编号之后,每份正式文件都要在版头右上角加盖收文戳记。

来文不必有文必录。具体地说,应从以下三个方面考虑:第一,对本机关单位的工作是否有指导或参考作用;第二,对本机关单位的总体或部分形象的树立和宣传是否有直接的或间接的作用;第三,对本机关单位人员的培养教育是否有作用。

下列情况应予以登记:第一,出版物中有本机关或本单位人员撰写的讲话稿、通讯稿、论文、诗文,或刊载有涉及本机关、单位形象的各种文章(如通讯报道、总结、调

第二编 办文：行政秘书的文字工作

图 3-2 收文戳记样式

查报告、被表扬或被批评的各种稿件、被评价或提出建议看法的各类文稿）及图片等；第二，社会来信中的重要批评、揭发材料（尤其是匿名信）和重大、重要的表扬、评估、建议等材料；第三，有保存价值的国内外来函来电以及请柬、贺信等。

行政秘书在进行收文登记的实际操作过程中还应特别注意以下事项。

①在启封来文函件前要区分拆封的范围。行政秘书只能开拆注明本机关收的公文，领导的亲启件要交给领导本人或其委托人拆封，误送到本机关的公文，也不能拆。拆封时不能把封皮撕坏，更不能让里面的文件受损。拆封后要检查是否有缺页现象，核对公文的收文机关与封套的收文机关是否一致，如果有差错要及时追询。对于重要作者的亲笔信封，应予以保存。对封内文件的发文机关、发文日期不详的，应根据封皮上的发文机关和邮戳日期予以注明。

②严格按照登记项目逐项登记，不得遗漏。来文标题不能删减，无标题来文，需要登记内容摘要。

③登记编号不得出现重号或跳号，手写登记字迹工整清晰。

④登记完毕后要在文件前附上文件处理单，并随文件运转。文件处理单前三行由负责登记的行政秘书填写，然后将文件交给办公室主任或专门人员处理。

（3）初审是保障登记不出现失误的一个程序，其目的是确保登记的收文符合要求。初审不符合规定的公文，要及时退回来文单位并说明理由，可以在退文时附退文单注明退文原因，或将退文原因电话告知来文单位。对于下级机关上报需要办理的文件，行政秘书要进行初审。对于上级机关来文，一般不存在初审的程序。

（4）承办就是执行公文的指令或解决公文内容所涉及的问题或事项，也是公文发生实质性效用的环节。各个机关公文承办分以下两类情形。

一类是阅知性公文。由行政秘书根据文件内容、要求和工作需要，确定阅知范围后分送。例如，通报情况类公文不需要其他职能部门办理，仅需要在一定范围内传阅。经领导批示后，由行政秘书按照批示将文件分送给有关人员传阅。

二类是批办性公文。承办批办性公文应分为拟办、批示、办理等工作环节，各环节的具体要求如下。

①拟办，是指部门负责人或有关具体工作人员对来文进行认真的阅读分析，按照其内容、性质和办理要求提出初步的处理意见，供有关领导在批示时参考。拟办实际上是一种

辅助决策活动，目的在于为决策者提供选择方案。并非所有的公文都需经过拟办，属于拟办范围的是那些其内容所涉及的问题最终处置权属领导，而其下属人员对此类问题又比较熟悉，有一定发言权的公文，或有领导明确指示代其提供决策方案的公文。对行政秘书部门来说，拟办既是一项重要的工作，又是一项高要求的工作，是行政秘书部门在文书工作中发挥参谋作用的主要环节，一般由办公室（厅）主任或领导指定有经验的行政秘书负责。拟办意见合理就能减少领导花在文件处理上的时间，加快公文运转速度，提高工作效率。在从事拟办活动时，因其质量直接关系文件的处理和运转，所以拟办前必须注意：一要认真阅读来文，研究文件所反映的内容、问题和发文的具体要求，以及需采取的处理办法；二要审查原文内容的真实性、可行性、必要性；三要审查有关政策规定，以便提出处理意见；四要在深思熟虑的基础上提出拟办意见，应当简洁明了，抓住关键。另外，如果来文与本机关、有关机关或来文机关以前发来的某份文件有关，需将原件找出一并附上送批，以便领导参阅。对不符合规定的公文，经办公厅（室）负责人批示后，可以退回呈报单位，并说明理由。说明可能涉及的工作或问题，过去办理的简要情况，提出由哪个部门办理、如何办理、办理时限、由谁归档等。对一份文件有两种以上的处理方案应一并提出，同时提出倾向性意见和理由。

②批示，这是机关单位领导对行政秘书部门提出拟办意见的收来公文进行批签处理意见的过程。批示是收文处理的关键环节，是领导权力的直接体现，是工作效率的反映。批示可以使机关或有关部门的领导者能及时阅读重要文件，掌握有关文件精神和发生的事情，加强对行政秘书工作的领导，便于向行政秘书及时交代意图和要求，也是决定收文承办责任、原则、方法的关键。对批示公文的要求有三点：一是形成明确意见。批示者要认真阅读来文，研究并适当汲取拟办意见，对具体操作指示要明确；二是选准承办部门。将承办任务与部门职责准确对应，办理事项涉及两个和两个以上部门的，要确立主办部门，有主有从，分工明确；三是要求确切及时，回答"如何办"的问题。也就是要规定办法、讲程度，规定期限、讲进度。如果行政秘书部门的拟办意见合理可行，批示领导也可以批示"按拟办意见处理"，这样"拟办意见"就成为"领导意见"。领导批示文件一定要及时，批示好的文件也要及时退还行政秘书部门，转送有关部门办理。一般来说，批示也有分工。一般性文件交行政秘书部门负责人直接批示；重要文件须由机关、单位负责人批示办理；特别重要的文件，可由机关正职领导组织集体讨论之后再行批示。但是，并非所有公文均需批示，只有确需领导处置、决断的重要或非常规的公文才需批示。审批公文时，对有具体请求事项的，主批人应当明确签署意见、姓名和审批日期，其他审批人圈阅视为同意；没有请示事项的圈阅表示为阅知。批示表态用语有同意、原则同意和拟同意三种类型。

③办理，就是根据批示意见去处理问题或者办理复文，是整个处理过程中最重要的一个环节。制发公文的目的就是要解决问题，因此做好承办工作尤其重要。办理公文的方式有很多种，如召集会议、面谈讨论、电话沟通、实地调查指导、现场协调布置、制发公文等均可有效应用于处置各具特点的事务，使性质、作用各不相同的公文分别得以阅知、贯彻执行或回复，使公文涉及的问题得到解决。办理过程往往需要拟制新文件，针对来文发出复函、批复，或批转、转发来文等，因而办理也往往是发文程序的开始。办理应注重时

效，分清主办与协办，分清复文与不复文。阅知性公文应当根据公文内容、要求和工作需要确定范围后分送；批办性公文应当提出拟办意见报本机关负责人批示，或者转有关部门办理。需要两个以上部门办理的，应当明确主办部门。紧急公文应当明确办理时限。承办部门对交办的公文应当及时办理，有明确办理时限要求的应当在规定时限内办理完毕。

（5）传阅是行政秘书组织多位领导轮流阅读同一份文件的过程。传阅文件是机关内部公文处理的重要手段，是领导办理公务的方法，也是领导之间沟通信息的平台。操作者要迅速、有序、灵活地组织公文传阅工作。秘密文件不易复印的只能轮流传阅，非保密文件可以复印多份同时送阅，不管哪种传阅方式，都应在传阅文件前附上文件传阅单。

在文件的传阅中，要解决好以下四个问题：第一，控制范围。凡应该看到文件的领导或部门均是传阅范围，凡与此无关或者关系不大者，无需组织传阅，以做到"不多不少"。第二，确定顺序。文件传阅的顺序关系到办文的效率和质量。一般来说，应该先上级后下级，先主管后承办，即机关主要领导先阅，主管业务部门先阅，承办人先阅。第三，加强催阅。催阅是传阅工作的关键环节，直接影响传阅的效果和效率。它能有效地防止和纠正传阅中的积压、漏缺、丢失、倒流和不负责任的现象，以保证快速、准确、安全地传阅。第四，注意保密。行政秘书所接触到的传阅文件大多属于保密文件，稍有不慎就会造成泄密。行政秘书传阅文件的形式有两种：一是由领导自行传阅；二是由行政秘书将文件逐一传送给领导阅读。在这一过程中，行政秘书应该注意保密，防止不相关人员接触文件。

（6）催办是行政秘书根据机关领导的指示精神，对承办部门或者承办人员办理的收进文件进行查询督促，使其得到及时处理的过程。公文的催办可以引起承办者重视，防止收文积压，有利于加快文件运转，提高办文效率。催办的方式有：电话催办、凭卡催办、发函催办、简报催办、登门催办、会议催办、汇报催办、列表催办和电脑催办等。公文催办要做到：建立制度、加强领导、专人负责、坚持登记，认真检查，讲究方法。

催办不是公文运转的一个独立环节，它存在于公文办理的全过程中，是提高公文运转效率的重要手段。催办的主要范围如下。

①需要限期办复或限期答复的承办文件；
②领导批示的由本机关单位自用的或报送上级机关审批的承办文件；
③下级的请示或报告件中提出的应复文的承办文件；
④与其他部门或机关会办的承办文件；
⑤准备出差或外出工作人员承办的文件。

催办工作还必须有专人负责，包括两种形式：一是内催办。由本机关行政秘书对内部各承办单位或承办人进行的对收文处理情况的催询办理；二是外催办。它指由发文机关的行政秘书对发出的公文向收文机关催询办理和答复。无论是内催办还是外催办，都只是针对那些要求限期办复的文件或有关负责人指定催办的文件。

（7）答复是收文机关做出的回复。公文办理完毕，承办部门应将办理结果送回行政秘书部门。由行政秘书部门将公文的办理结果及时答复来文单位，并根据需要告知相关单位，同时要在文件处理单的"办理结果"栏内注明详细信息。例如，需办复的公文，要注明复文的字号、日期、承办单位；需传达的文件要注明传达日期、传达范围；需传阅的文件要注明传阅人及传阅日期等。

公文的答复体现了有问必答的工作原则,是考察责任的重要方式,也是来文处理的最终结果。在收文办理系列过程中,答复为最后一个程序。答复的方式有很多种,常见的有:行文答复、口头答复、复印批示、形成纪要、统筹安排、实际操作等。对答复的要求是:注重程序、严谨勤勉、当复必复、难题预告。

3.2.2 发文办理

发文办理是对业经领导签发的公文文稿进入具体制作、运转等相关工作的过程。行政秘书根据单位需要向外或向内发文,包括两种情况:一是向外单位或者本单位的各部门发出文件,称为制发;二是将收到的文件转送至有关部门,称为转发。

(1) 复核。指公文正式印刷前,行政秘书部门对签发过的文稿再进行一次审核,以防止出现工作上的疏漏。复核的重点是:审批、签发的手续是否完备;附件材料是否齐全;格式是否统一、规范等。已经发文机关负责人签批的公文,印发前应当对公文的审批手续、内容、文种、格式等进行复核。需做实质性修改的,应当报原签批人复审。

(2) 登记。对复核后的公文,应当确定发文字号、分送范围和印制份数并详细记载。凡是由本机关制作发出的一切文件均应进行登记。主要是为了便于管理、查找和统计,同时还能给收文单位提供方便。复核后的定稿由行政秘书部门统一编排发文字号。发文字号的机关代字是统一编制且长期稳定的。由领导签署的公布性公文可按领导的任职期限连续编号,其他公文一般按年度编排序号。此外还要确定并详细记载分送范围和印制份数。登记的方式有三种:第一种是按流水次序,分年度登记。这种方式适合于发文数量不多、种类较单纯的机关单位;第二种是以文件为中心,即同一文种,无论多少收文单位都登记在一起。这要求按文种预备若干簿册,其优点是便于了解某种文件的所有去向;第三种是以单位为中心,把发往某一单位的所有文件都登记在一起,其优点是便于收文单位查询(如某一时期的收文总量或某领导人的收文数量)。后两种适合发文量多的机关。

(3) 印制。公文印制必须确保质量和时效。涉密公文应当在符合保密要求的场所印制。经过签发的定稿复核后须尽快印制。现在一般公文印制方法主要通过计算机及输出设备打印,印制份数少的,直接用电脑出样后复印。数量特别多的,要送印刷厂胶印。需要注意的是,涉密公文应当在具有国家秘密载体印制资质的单位或机关内部非经营性印刷厂、文印中心印制。公文印制必须以经过机关负责人签发的定稿为依据,在正式印制前必须校对,校对是以定稿为基准对印制的文件进行文字核对,是最后一道把关手续。校对人员必须认真负责,做到准确无误。印制正式文件的最后一道校对必须打出校样,以便校对人员在校样上签名,以示负责。最后,在印制好的文件(除纪要外)上加盖机关印章。

(4) 核发。公文印制完毕,应当对公文的文字、格式和印刷质量进行检查后分发。公文在核发时应注意:分装之前先要看发文稿纸注明的发送单位、密级、有无附件等。入封文件要折叠平整,并略短于信封长度。邮政编码、地址、名称要在发送文件的信封上写准确。机关的名称,要写全称或者通用的简称。发文如系密件、急件、亲启件必须分别注明,文件的封口要用糨糊或胶水封实,不要用书钉封口,绝密文件应盖专用密封章或贴密封签。文件装封后应及时发送。

在发文办理结束后，要进行文件的传递。传递是将封发完毕的公文通过一定的方式、手段从发文机关送达收文机关的运行过程。传递是公文制发的最后环节，是公文运行的重要措施，也是公文显效的关键举措。传递的方式主要有直达式、中转式、交换式三种，传递的工作人员要做到：现实运作、确保安全，严格手续、线路科学。涉密公文应当通过机要交通、邮政机要通信、城市机要文件交换站或者收发件机关机要收发人员进行传递，通过密码电报或者符合国家保密规定的计算机信息系统进行传输。

3.2.3 整理归档

公文经过收文办理和发文办理，完成其效用后，便进入公文办理的最后一个环节——整理归档。需要归档的公文及有关材料，应当根据有关档案法律法规以及机关档案管理规定，及时收集齐全，整理归档。两个以上机关联合办理的公文，原件由主办机关归档，相关机关保存复制件。机关负责人兼任其他机关职务的，在履行所兼职务过程中形成的公文，由其兼职机关归档。

1. 整理归档的意义

公文是国家、政党及企事业单位、人民团体等活动的原始记录。它在忠实地记录历史的同时，也储存了信息，积累了知识。当公文办理完毕后，其价值并没有因时效性的结束而消失，它对日后工作仍有凭证、参与的作用。所以，公文处理完结后要整理归档，这对于促进事业的发展具有十分重要的意义。

第一，经过整理，公文保持了互相之间的历史联系，将材料分门别类进行系统有序的整理，方便查找和利用。各级机关和组织在行使职权的同时形成了内容丰富、种类繁多、数量浩大、形式多种多样的文件材料，每份文件材料都有其特定的使命与作用，在内容、时间、形式等多方面都保持着密切的联系。

第二，经过整理，维护了文件材料的齐全完整与安全，便于保管。整理是在公文处理程序完结之后进行的，整理前还要对文件材料进行检查，重点放在文件材料是否收集齐全、完整上。在检查的过程中，还要进行适当的调整，这就改变了单份文件的无序状态，形成了具有事实上特征的文件组合体。再经过一系列的技术加工，形成一个个保管单位，避免了文件的散失和磨损，有效地保证了文件材料的完整，维护了文件的安全，从而有利于文件的保管。

第三，经过整理，为国家积累了档案，为档案工作奠定了基础。公文是档案的前身，将已办理完毕的文件材料整理成案卷，定期向档案部门移交，使公文实现了向档案的转化。若各单位的文件材料都收集齐全并整理归档，就为国家积累了档案。因此整理归档工作做得好，就为档案部门的工作创造了条件，为档案工作奠定了基础。

可见，公文整理归档工作是各级党政机关、事业单位等的一项重要工作，是功在当代、利在千秋的大事，必须认真抓好。

2. 整理归档的要求

整理归档，是指立档单位把需要归档的文件及有关材料及时收集齐全，并根据有关档案管理的法律法规以及本机关档案管理规定归入档案的过程。

（1）整理。

整理是将归档文件以件为单位进行装订、分类、排列、编号、编目、装盒，使之有序化的过程。不论纸质还是电子文件材料，归档整理应遵循文件形成规律，保持文件之间的有机联系，区分不同价值，便于保管和利用。

①文件收集。归档文件整理的基础是归档文件收集，就是根据党和国家的相关规定，通过一定的方式和手续，把散存在机关内部和个人手中的归档文件材料加以清交、收集。由于各机关单位绝大多数的公文及相关文件材料保存在行政秘书部门，行政秘书要及时收集公文及相关材料，否则有可能散失，从而造成文件收集困难。要使机关归档文件收集齐全完整，行政秘书应主要做好以下两个方面的工作。

第一，归档文件的平时收集。行政秘书要及时收集需要归档的文件材料，包括机关收发各类公文的文件正本、文件底稿、文件清样、文稿附件、领导批示（如文件处理单、文件传阅单、文件送审单）等。有关组织建设、生产经营、科研活动、项目建设等归档文件材料则由相关业务部门负责收集。

第二，区分文件归档范围与保管期限。各机关、企事业单位及城市社区的归档文件材料范围与保管期限，要根据国家档案部门有关规章制度，结合各单位实际情况确定，比如机关文件材料归档范围是：反映本机关主要职能活动和基本历史面貌的，对本机关工作、国家建设和历史研究具有利用价值的文件材料等；企业文件材料归档范围：企业在筹备、建设、生产、经营、管理活动及产权变动过程中形成的具有保存价值的各种载体形式的文件；城市社区文件材料归档范围：社区在建设、管理、服务、治安等工作中形成的具有保存价值的各种载体形式的文件材料。同时，据各类文件材料的保存价值，将保管期限划分为永久与定期，定期分30年、10年。在实际工作中，可分别参照《机关文件材料归档范围和文书档案保管期限规定》《企业文件材料归档范围和档案保管期限规定》《城市社区档案管理办法》及附件《城市社区文件归档范围和保管期限表》等相关规定执行。

②归档文件的整理。

其一，组件。确定件及件内文件排序。

其二，分类。归档文件一般采用年度——机构（问题）——保管期限的方法进行三级分类。

其三，排列。归档文件在分类方案的最低一级类目内，按时间结合事由排列，会议文件、统计报表等成套性文件可集中排列。

其四，编号。对归档文件依分类方案和排列顺序编写档号。档号编制应遵循唯一性、合理性、稳定性、扩充性、简单性原则。档号的结构宜为：全宗号-档案门类代码·年度-保管期限-机构（问题）代码-件号。

其五，编目。依据档号顺序编制归档文件目录，编目应准确、详细，便于检索。

其六，装订与装盒。归档文件一般以件为单位装订，根据保管期限确定装订方式与装订材料。纸质归档文件的装订前，应对不符合要求的文件材料进行修整。一般应以件为单位逐页编制页码，按顺序装入档案盒，并填写档案盒盒脊及备考表项目。不同年度、机构（问题）、保管期限的归档文件不能装入同一个档案盒。归档文件整理完毕装盒后上架，排列方法应与本单位归档文件分类方案一致，排架方法应避免频繁倒架。在实际工作过程中请参阅国家档案行业相关标准。

（2）归档。

归档是指行政秘书部门或业务部门将办理完毕且具有保存价值的文件经系统整理交档案室或档案馆保存的过程。简而言之，就是把整理好的归档文件移交给档案部门集中保存。《档案法》第十条规定："对国家规定应当立卷归档的材料，必须按照规定，定期向本单位档案机构或档案工作人员移交，任何人不得据为己有。"行政秘书部门或相关的业务部门应将归档文件材料整理妥当后如期归档。

①归档时间与要求。根据归档文件整理的相关规定，文书文件材料一般在次年的6月底前归档；科技文件材料在科技活动结束后1个月内归档；会计材料由会计部门在会计年度终了后保管1年，于次年3月底前归档；声像材料在活动结束或者办理完毕后随时归档；实物材料也应及时向本机关单位的档案室或档案馆全部移交，一并移交归档文件目录至少一式两份，交接方各保存一份。档案室在接收案卷时要根据归档文件目录检查案卷。交接双方经过清点案卷，检查完毕确定无误后双方签字。

②不归档文件处置。经过整理归档，各机关单位每年都要清理出许多不必归档的文件，对这些文件的处置也需按规定执行。不具备归档和保存价值的公文，经批准后可以销毁。销毁涉密公文必须严格按照有关规定履行审批登记手续，确保不丢失、不漏销。个人不得私自销毁、留存涉密公文。对清理出来不必归档的文件要加强保管，不能随便堆放以免泄密，更不能自行销毁或作废纸变卖。销毁一般不归档文件，报主管领导批准后，少量文件可用碎纸机切碎，销毁文件量大可直接送到造纸厂，禁止把文件卖给废品收购单位。销毁绝密文件要列出清单，由主管领导批准后方可销毁，销毁时要有两人监销，防止无关人员介入，同时保证每份公文都销毁得毫无痕迹，然后销毁人和监销人在销毁文件清单上签名并注明销毁日期。

对于一些归档文件的复本或者虽不需要归档但对具体工作有参考价值的文件，行政秘书部门可以有选择地留存备查。当这些历史文件转化为可用资料，其中涉密的文件依然要按照保密要求妥善保管。

3. 整理归档的原则

第一，归档范围内的公文，应当根据其相互联系、特征和保存价值等整理（立卷）。要保证归档公文的齐全、完整，能正确反映本机关的主要工作情况，便于保管和利用。

第二，联合办理的公文，原件由主办机关整理（立卷）、归档，其他机关保存复制件或其他形式的公文复本。

第三，本机关负责人兼任其他机关职务，在履行所兼职务、职责过程中所形成的公文，由其兼职机关整理（立卷）、归档。

第四，归档范围内的公文应当确定保管期限，按照有关规定定期向档案部门移交。

第五，拟制、修改和签批公文，书写及所用纸张和字迹材料必须符合存档要求。

3.3 公文管理

公文管理是指通过建立健全的公文管理制度,对公文的整个生命周期进行严格规范的监管和控制,以充分发挥公文的效用。作为公文处理工作的重要组成部分,其基本功能是确保公文使用规范、效用与安全。

3.3.1 公文管理的要求

(1) 各级党政机关应当建立健全本机关公文管理制度。

(2) 党政机关公文由行政秘书部门或者专人统一管理。设立党委(党组)的县级以上单位应当建立机要保密室和机要阅文室,并按照有关保密规定配备工作人员和必要的安全保密设施设备。

(3) 公文确定密级前,应当按照拟定的密级先行采取保密措施。确定密级后,应当按照所定密级严格管理。绝密级公文应当由专人管理。公文的密级需要变更或者解除的,由原确定密级的机关或者上级机关决定。

(4) 公文的印发传达范围应当按照发文机关的要求执行。需要变更的,应当经发文机关批准。涉密公文公开发布前应当履行解密程序,公开发布的时间、形式和渠道,由发文机关确定。经批准公开发布的公文,同发文机关正式印发的公文具有同等效力。

(5) 复制、汇编机密级、秘密级公文,应当符合有关规定并经本机关负责人批准。绝密级公文一般不得复制、汇编,确有工作需要的,应当经发文机关或者上级机关批准。复制、汇编的公文视同原件管理。复制件应当加盖复制机关戳记。翻印件应当注明翻印的机关名称、日期。汇编本的密级按照编入公文的最高密级标注。

(6) 公文的撤销和废止,由发文机关、上级机关或者权力机关根据职权范围和有关法律法规决定。公文被撤销的,视为自始无效;公文被废止的,视为自废止之日起失效。

(7) 涉密公文应当按照发文机关的要求和有关规定进行清退或者销毁。

(8) 不具备归档和保存价值的公文,经批准后可以销毁。销毁涉密公文必须严格按照有关规定履行审批登记手续,确保不丢失、不漏销。个人不得私自销毁、留存涉密公文。

(9) 机关合并时,全部公文应当随之合并管理;机关撤销时,需要归档的公文经整理后按照有关规定移交档案管理部门。工作人员离岗离职时,所在机关应当督促其将暂存、借用的公文按照有关规定移交、清退。

(10) 新设立的机关应当向本级党委、政府的办公厅(室)提出发文立户申请。经审查符合条件的,列为发文单位,机关合并或者撤销时,相应进行调整。

3.3.2 公文管理的常见问题及应对策略

1. 常见问题

公文管理是一个文件处理的全过程,需要各部门沟通与合作,才能更好地保证单位正常运行。公文管理规范化能够有效推动单位的信息流通、监督、检查，例如开会时的会议记录、布置工作的批示文件等，这些管理过程都是通过公文的形式完成信息的传达。但在管理过程中，难免也会遇到一些难题。

（1）意识模糊。在日常工作中，行政秘书对公文的概念缺乏清晰的定位和认知，很多时候看见盖上红色章印的都会认为是"公文"，在这样的概念意识下，公文管理根本谈不上规范。从机关角度来说，公文是指党政机关组织管理工作中所形成的规范性文件，具有一定的法律效力。从企业角度来说，公文是企业进行规范管理的有效途径和手段，高效的公文管理是高工作效率的体现，有利于单位提升内部的管理水平与质量。

（2）分发混乱。由于行政秘书对公文的困惑，在下发文件的时候，根本不知道公文的行文关系和发放程序，导致公文管理混乱。公文发放一般需要经过拟稿、审稿、核稿、会签、签发、编号等程序，但是行政秘书却认为盖个章就可以了，导致分发流程比较松散。公文分发从表面上看感觉比较简单，但实际上公文分发也会间接影响到单位的正常运作。

（3）缺乏整理。由于行政秘书日常工作量较大，没有对公文进行归档及整理。而公文是对工作指示或通知进行规范说明的文书文件，行政秘书没有进行归档整理，很有可能导致公文内容得不到有效的传达以及传阅，管理工作显得比较被动，甚至因为信息的不及时，造成更为严重的后果。而且公文一般都是一些很正式的文件，在缺乏整理的情况下，很容易出现文件丢失或泄密的现象。

（4）书写不当。由于行政秘书对公文的认知模糊，对公文的文种及行文关系的不清，导致在书写公文的时候出现混淆、乱用、误用等情况，例如"通知"写成"通告"，"请示"写成"报告"，"决议"写成"决定"。除了公文性质不分之外，有时候还会出现一些用语不当的情况，拟稿人员使用口语化的字眼进行书写，导致公文的严谨性降低，直接影响管理的效率及权威。

2. 应对策略

（1）重视行政秘书队伍建设，提升公文管理水平。随着信息时代的到来，办公自动化已在大多数单位中应用。为此，要求行政秘书具备良好的信息管理能力，熟练掌握信息技术与知识、公文处理技术等。可从下列几点加以改善：首先，改善办公环境让行政秘书在工作过程中保持身心愉悦，从而提高办文效率；其次，为行政秘书制定职业规划与未来发展规划，提高其薪资福利待遇，激发他们从事文书工作的热情。同时，在制定办公室规章制度时可设立相应的奖励措施，以激发行政秘书的工作积极性；再次，根据办公室工作要求，遵循公开、公平、公正的招聘原则，从社会上招聘专业文书人才，选拔责任心强、专业能力好的行政秘书加入办公室管理队伍中；最后，提供业务培训机会，将文书培训工作常态化，定期组织行政秘书学习写作知识、办公软件操作程序、公文处理技巧等，不断提高行政秘书的办文能力。

（2）健全办公室管理制度，创新公文管理方式。各机关、单位应结合实际，进一步完善办公室规章制度，明确相关流程与事项。就公文处理而言，必须注意两点：第一，明确责任人。在公文管理过程中必须明确具体的责任人，保证发生问题时及时追责和解决，防止由于责任不明而导致的推诿与扯皮现象。这样,管理人员所负责的区域是清晰明了的,更方便相关工作的开展。第二,明确分工。分工明确能够让行政秘书明白自己的职责所在,行政管理层也能更清楚每个工作人员负责的具体区域和领域,这可以增强行政秘书在公文处理中的责任感与细心度,减少人为失误。即便出现问题也能找到责任人,不至于牵连到无关人员,避免挫伤相关工作人员的积极性。通过对办公室公文处理工作的改革与创新,促使公文管理规范化,从而提高办文效率。

(3) 对公文运转管理进行优化。公文运转属于比较重要的一项内容,在一定程度上影响到全局工作的高效组织与开展。因此要注重对公文运转工作的优化:一是明确公文来源与分配方向。行政秘书应根据上、中、下三层公文行文对公文进行分类与整理,为后续的运转工作做好准备。然后,仔细做好公文登记与审核工作。待确定公文内容与规格满足相关标准后方可开展下一步运转工作。行政秘书在对公文进行运转处理的过程中,要注意对特急公文的运转,防止公文数量积压过多,影响到单位工作的有效开展。最好的解决办法是对全部公文进行归纳整理后,有序将其呈递给上级领导或相关部门。在运转周期内,行政秘书应密切留意公文运转的信息,确保第一时间掌握公文状态,同时,利用电话或电子邮件等方式提醒相关人员进行审批。这不仅确保了运转效率,也进一步提高了公文运转的时效性与准确性。二是对公文运转中生成的基础数据进行保留与备案。行政秘书对公文资料进行建档处理时,必须登记清楚公文的基本信息。除了有公文的行文单位与标题外,更关键的是在档案中应记录下运转时间、运转对象、登记等信息。可充分利用信息技术的优势,建立电子化的公文档案管理系统,将公文运转信息及时准确录入计算机中。通过加密处理能确保公文信息的安全性与完整性,而且也极大提高了公文管理的效率。与文书管理相同,将办公自动化系统运用到公文运转工作中,能获得很好的效果。

(4) 加强沟通协调,提升公文管理的服务效能。办公室作为上传下达、为单位服务的重要部门,必须增强相关工作人员的服务意识。在日常工作中,行政秘书必须严格落实岗位责任制,明确工作职责与业务流程,确保公文管理工作合规、合法,有序进行。同时,办公室负责公文处理的人员要注意与其他部门及单位沟通协调,就公文收发、登记、审核中遇到的问题及时与相关人员和部门沟通协调,争取第一时间解决,确保公文的质量。针对领导的批示件及其他部门的来函,应及时分配到相应部门并做好信息收集工作,最后汇总行文。办公室应定期召开工作会议,每月底汇总当月的工作事项,总结存在的问题以及经验做法,让行政秘书各抒己见,共同探讨解决对策,以期进一步提升公文管理的服务效能。

☞ 本章小结

本章结合行政秘书公文处理工作实际,主要对行政秘书公文处理工作的相关理论知识及实务进行了较为详细而系统的介绍和阐述。公文处理是对公文的撰写、传递与管理,它是使公文得以形成并产生实际效用的活动,也是机关实现其管理职能的重要形式。行政秘书作为公文处理过程的直接参与者,日常工作与公文处理息息相关。这就要求行政秘书要熟练掌握公文处理的业务，做好公文处理工作。本章从公文拟制、公文办理以及公文管理三个维度展开，能使读者对公文处理有一个全面的认识，并更好运用于实际工作之中。

☞关键术语

公文处理　　公文拟制　　公文办理　　公文管理

☞思考题

1. 公文审核的重点是什么？
2. 发文办理工作的程序是什么？
3. 整理归档的要求是什么？
4. 公文管理的常见问题有哪些？如何应对？

☞阅读材料

秘书上书公开信，领导办文请守规

几年前，某市政府办公厅的秘书人员曾联名给该市党政领导同志写过一封公开信。信中希望各位领导支持和理解他们的工作，恳请领导按照公文处理的有关规定，在某些办文程序中不要"这样"而要"那样"，在行文规则的执行中应该"如此"而不应该"如彼"……秘书人员人微言轻，为了自己的工作居然向顶头上司集体"上书"，其用心何其良苦，其作为何其无奈。近年来，大批的中青年干部走上了各级领导岗位，他们当中相当一部分人并没有接受过公文处理专门知识的教育，不了解机关文书和档案工作中一些特殊的规定和要求，甚至对其中一些属于 abc 的常识性问题也是似是而非。因此在他们每天大量的批阅、处理和撰写公文时就或多或少有一些"先天不足"，不但不能给行政秘书部门或秘书人员开展工作以应有的理解和支持，有个别的甚至因所处特殊地位，还会给公文处理造成些不可避免的被动和失误。如果排除现行体制、领导作风、个人能力素质等方面的因素，仅仅针对公文处理来说，这些"先天不足"当前主要表现在以下几个方面。

其一，不了解文种使用规范。最常见的问题是，久禁不绝的"请示"与"报告"的混用，从某种角度说症结在于有的领导对"请示"与"报告"长期混用，在向有关主管部门请求批准时要求秘书人员一律"打报告"；有的领导授意将内部使用的文种"汇报""措施""方案"等直接用于对外行文；有的领导对于乱用法规文种置若罔闻，甚至出现县政府和县人大联合制发"条例"等所谓地方性法规的咄咄怪事。错用文种，误了公事，各方均习惯将"板子"打在承办人员、秘书人员身上。

其二，不了解公文格式规范。一些机关单位领导对于现行公文格式规范一知半解，又耻于向下级行政秘书部门及人员请教，以致在工作中造成失误。如某中央企业的领导指示，本企业所有正式发文文头上全部要加印"签发人"标志，但后来在行文中出现了问题，企业领导又匆匆作出决定，在所有发文上一律取消"签发人"标志。至于违反规定在公文文面包括装订线外随处批字，签发公文像在私人物件上随意划个符号标个姓，漏签日期让文印人员随意添加，以及对格式不规范不完整的文稿也签发放行等做法并不鲜见。

其三，不了解行文规则。当前行文中最常见的"犯规"动作，如一文多事、多头主送、越级行文、滥抄滥发；公文直接送给领导个人；不相隶属的机关单位之间滥行"请示"与"报告"；对涉及其他部门、机关职权范围的公文未经协商一致上报下发，难以执行实施等，多是经各级领导审批签发过关的，甚至有的还是个别单位的领导出于某种目的授意做的，比如办文中有的领导交代经办人："这个事情重要，多印几份多送几个部门（送某某领导）"等等。

其四，不了解公文处理流程的要求。具体体现在：（1）处理公文忽视集中统一原则，对不经行政秘书部门或越级收取、递进的公文开放处理"绿灯"，或只图个人利用方便从传阅夹中截留公文，造成管理上的漏洞，公文丢失；（2）审批公文不讲究科学的工作方法和领导艺术，无轻重缓急之分，无阅件办件之别，一律事必躬亲，层层拟办、件件批办，造成公文"旅行"，阅文"横传"，效率低下；（3）签发公文违反"先核后签"规则，将缺乏必要的沟通协调、未经办公室复核的公文签发，造成"顶牛"公文出台或公文"逆向"运转。或经不起下级部门的反复请求，或碍于上级某位分管领导的指示和"面子"，或出于本地区本单位的局部利益，匆匆签发，使不少低质公文、"关系"公文出台，或批办签发意见模棱两可，使承办者不知所云，甚至随意批示，扩大公文阅读处理范围，降低办文效率；（4）办文缺乏时间观念，外出公干不做交代，使传阅、处理中的公文积压，延误办理时机；（5）忽视国家保密法律法规及有关规定，造成涉密公文的失密泄密。

其五，不了解公文立卷归档要求。有的领导在本单位立卷的组织工作中，不根据机关实际情况和立卷工作规律，对于本单位立卷点的选择、立卷范围的确定、分工立卷的组织等搞"一言堂"，自己说了算，缺乏科学性。如某单位建立后几十年从未立过卷，零散积存公文堆积了半间屋，为应付达标检查，雇请临时工突击立卷。当问及立卷范围如何掌握时，该单位领导居然信口开河，语惊四座："见到红头文件就装订"，这个单位的立卷质量也就可想而知了。有的领导不重视、不了解或不理睬国家统一规定的立卷归档制度，平时将大批重要公文滞留在自己手边，待退休时，才将塞了一柜子的文件移交出去，个别的甚至将手中案头长年积累的公文私下销毁、带走。最值得一提的是，有的领导习惯用"三笔"（普通铅笔、圆珠笔、彩色笔）签阅、批示和签发公文，审批公文时也少有注意其书写材料是否符合归档要求，给日后的档案管理留下隐患。早在20世纪60年代，有关主管部门就规定，"在起草、修收公文或批注时，一律要使用毛笔或钢笔"，但遗憾的是就在这一文件中，却又作出了对领导另眼相待的规定，"如果有的领导同志习惯于用铅笔，则应为他们准备质量较好的铅笔"。近年来，为了保存档案，关于公文书写材料的规定屡被重申和强调。既然要依法行文，确保相关工作具有科学性和规范性，就不应该"一文两制"，只管群众不管领导。

（资料来源：杨戎，《公文处理案例精选》，四川人民出版社2010年版，有删节。）

第4章 行政秘书档案管理

所谓档案，是指政府部门和其他组织以及个人在社会中直接形成的，用以保存备查的文字、图表、音像等历史记录。档案管理又称档案工作，是档案馆（室）直接对档案实体和档案信息进行管理并提供利用服务的各项业务工作的总称，是国家档案事业最基本的组成部分。作为档案管理的直接参与者，行政秘书需要掌握档案的收集、整理、保管、利用等管理工作，提高档案的利用效率。

4.1 档案管理概述

4.1.1 档案的定义

我国档案学界从 20 世纪 50 年代起就一直探讨档案的定义，直到 1988 年《中华人民共和国档案法》对其概念有了比较准确的认识，档案被界定为：过去和现在的国家机构、社会组织以及个人从事政治、军事、经济、科学、技术、文化等活动直接形成的对国家和社会有保存价值的各种文字、图像、声像等不同形式的历史记录。这一界定包括以下基本内涵：

其一，档案的形成者。档案并非是机构特有的，它可以是由官方机构、半官方机构、非官方机构以及特定的个人、家庭或家族形成的。

其二，档案来源于文件。档案都是由文件有条件地转化而来的，这里的"文件"指的是广义概念，即由文字、图像、声像等形式形成的各种材料。档案与文件是同一事物在不同阶段的不同形态，不仅具有同源性和阶段性，也包含实效、功用、离合等方面的差异性。可以说，档案的前身是文件，文件的归宿是档案；档案的基础是文件，文件的精华是档案；档案的素材是文件，文件的组合是档案。

其三，档案的本质属性是历史再现性。档案具有知识性、信息性、政治性、机密性、文化性、社会性、教育性、价值性等特点，其本质属性为历史再现性，其余特点均为一般属性，因而，从这个意义上看，档案是再现历史真实面貌的原始文献。

其四，档案是直接形成的历史记录。这里的"直接形成"说明文件的原始性由档案继承。档案不仅继承了文件的原始性，还继承了文件的记录性。正是因为档案有再现历史的特性，所以具有凭证的重要作用，并且以此把它与图书情报资料和文物区分开来。

其五，档案的形式多种多样。档案的形式包括保存载体、制作手段、表现方式等。从保存载体的角度，有甲骨、金石、缣帛、简册、纸质等；从制作手段的角度，有刀刻、笔写、印刷、复制、摄影、录音、摄像等；从表现方式的角度，有文字、图像、声像等。

4.1.2 档案的种类划分

1. 按形成时间划分

按形成时间，国家全部档案可分为中华人民共和国成立前与成立后的档案两大部分。

（1）中华人民共和国成立前的档案。

中华人民共和国成立之前各个历史时期中形成的各种内容和形式的档案，又称"历史档案"，这部分档案可具体划分以下两类。

①旧政权档案。即指历代封建王朝、民国时期、北洋军阀和日伪政权统治时期形成的统治阶层、反动团体和私营企业、私立学校及被国家机关接收的外国在华机关、团体、企事业单位的档案和一些著名人物、家庭、家族的档案等。

②革命历史档案。即指新民主主义革命时期档案，主要包括从1919年五四运动到中华人民共和国成立以前整个新民主主义革命时期中国共产党及其领导的人民政权、革命团体、企事业单位和革命活动家的档案。

（2）中华人民共和国成立后的档案。

中华人民共和国成立以后各机关、团体、企事业单位形成的档案，又称"建国后档案"，是我国国家档案中数量最多、内容最丰富、保存最完整的档案，并将随着时间的推移和社会主义事业的发展继续增加。

2. 按内容性质划分

根据内容性质划分，各单位、各部门形成的档案可分为文书档案、科技档案和专门档案三类。

（1）文书档案。文书档案又称"普通档案"或"一般档案"，是由各机关、团体、企事业单位等在党务和行政管理活动中直接形成的文件材料转化而来，其主要包括党务档案和行政档案两类。

（2）科技档案。科技档案主要指工农业生产、基本建设、科学研究和仪器设备管理等活动中形成的大量图纸、图表、文字材料、计算数据、照片、录音、样品等科技文件资料转化而来的档案，其具有较强的科学性和成套性特点。

（3）专门档案。专门档案又称"专业档案"或"业务档案"，主要指某些从事专门领域工作的部门在其业务活动中形成的有保存价值的档案，例如：诉讼档案、教学档案、艺术档案、水文档案、气象档案等。此外，还有一些各单位普遍都会形成的档案，如会计档案、人事档案和声像档案等，因其专业性强，管理方式有别于普通档案，被视为专门档案。

4.1.3 档案管理的内容

一是档案收集工作。行政秘书按照有关规定,把分散在各机关、各单位和个人手中的档案材料,有计划地分别集中到机关档案室和各级各类档案馆,实现对档案的集中统一管理。

二是档案整理工作。行政秘书对接收的案卷进行系统科学的分类,把档案组成一个体系,通过编目使其固定下来。

三是档案鉴定工作。行政秘书按一定的原则、标准和方法,鉴别档案的价值,据以确定档案的保管期限,并对不需要保存以及保管期满的档案材料进行销毁处理前的一项基础工作。

四是档案检索工作。行政秘书对档案信息进行加工和存储,并根据需要进行查找。档案检索是由档案信息存储和档案查找两部分构成的。档案信息存储是档案查找的基础与前提,而档案查找则是档案信息存储的起因与目的。

五是档案统计工作。行政秘书对档案的收进、移交、保管、利用、销毁等情况及时以表册、数字等形式进行登记、分析,并将统计分析资料存档,必要时报送业务管理部门。

六是档案保管工作。行政秘书采用适当的措施,克服导致档案损毁的不利因素,维护档案的完善和安全,延长档案的寿命。

七是档案利用工作。单位和社会建立档案的最终目的是利用档案。行政秘书要通过阅览、复制和摘录等形式对档案发掘利用,从而为各项工作服务。

4.1.4 档案管理工作的原则

1. 统一领导、分级管理是我国档案管理工作的组织原则

统一领导是要求对我国档案事业统筹规划,制定统一的制度,各级档案行政管理部门对本地区的机关、团体、企事业单位和其他组织的档案工作实行监督和领导;分级管理要求各级机关建立档案工作制度,成立相应的档案机构,配备专职或兼职的档案工作人员。机关内各部门对国家规定应当立卷归档的文件材料,必须由行政秘书定期向本机关档案机构或档案工作人员移交,集中管理,个人不得私存档案。

2. 维护档案的完整与安全是档案管理工作的基本要求

确保档案的完整,首先是保证档案数量齐全,其次是保证档案质量,同时应当反映出档案主体的历史活动轨迹。档案的安全包括档案的物质安全和政治安全。档案不能遭受损害,要尽可能地采用先进的保管技术延长档案的使用寿命;档案不得随意堆放,做到不失密、不泄密,不任意涂改,免遭人为破坏,维护档案内容的安全。

3. 便于社会各方面的利用是档案管理工作的根本

档案管理工作最终目的是为社会各方面提供服务,这是档案管理工作的出发点和落脚点。行政秘书要做好档案的利用就必须学会管理好档案,编制好档案目录,做好档案的开发利用等工作。如果档案不提供利用价值,而只是为收集而收集、为保管而保管,那么就无法体现出档案管理的价值。

4.1.5 档案管理的意义

档案作为一种信息资源,其质量和完整程度影响整个社会记忆的留存,鉴于此,做好档案管理工作非常重要。对档案进行管理是政府、企事业单位等组织乃至整个社会管理中的一个重要组成部分,它虽然不是所属机构和社会的核心工作,而是从属和服务于其他各项工作的,但是档案是社会、经济、政治、科学、文化等各项实践活动延续的依据。

对政府来说,档案是行政管理的依据、领导决策的参考。虽然行政秘书的档案管理一般不直接产生效益,但是搞好档案管理工作,可以为其他行政管理活动产生正向效益,以便更好地开展工作,帮助政府提高规范化水平。

对企业来说,档案管理可以融入企业的信息管理过程及现代管理系统中,通过提供档案信息服务,方便各项经营管理活动,以维持企业正常运转,进而宣传企业形象,提高企业的竞争力。

对整个社会来讲,档案管理可以为人类保存文化遗产,为社会提供集体记忆,既满足当代人的利用需要,还保持人类社会和历史的整体性和延续性,从而为子孙后代造福。

4.1.6 档案机构

1. 档案行政管理机构

①性质。档案行政管理机构是党和国家监督、指导、检查档案工作的行政管理部门。根据党政档案及其工作统一管理的原则,档案行政管理机构既是党的机构,又是国家机构,具有双重性。它属于档案工作组织体系中的行政系统,而不是档案实体管理的具体部门。

②地位。档案行政管理机构是我国档案事业的组织指挥中心,在统一管理党政档案的原则下,分级负责对全国的档案事业进行监督、检查和指导。

③职责。各级档案行政管理机构的具体任务主要有以下几个方面。

一是研究制定档案事业发展规划和计划;

二是研究解决档案工作中重大问题,组织拟写档案工作的法律、法令和规范,建立档案工作规章制度和技术标准;

三是对各机关、团体和企事业单位的档案工作和各级各类档案馆的工作进行监督、检查和指导,依法查处违反《中华人民共和国档案法》的行为;

四是组织指导档案理论和科学技术研究;

五是开展档案宣传教育与档案专业教育;

六是组织档案人员专业技术职务资格评审工作;

七是组织开展国内外的档案学术交流与合作。

2. 档案实体管理机构

（1）档案室。

①性质。档案室是各机关、团体、企事业单位为统一保存、管理和提供利用本单位形成的各类档案而设置的内部机构，是各单位管理工作的组成部分，主要为本单位各项工作提供档案信息服务。

②地位。档案室是我国档案工作机构体系中数量最多、最普遍、最基层的业务机构，承担着积累、保存和输送档案的重任，是国家档案事业的基础。

③职责。各类机关档案室的具体任务主要有以下几个方面。

一是贯彻落实国家和上级主管部门制定的各项档案工作法律、法规和方针政策，建立健全本单位档案工作的规章制度和档案工作网络；

二是对本单位文书部门和业务部门文件材料的形成、积累和归档进行指导和监督；

三是接收和保管本单位各部门形成的有保存价值的档案资料；

四是积极开展档案利用工作，为本单位和社会利用档案提供服务；

五是定期将具有长远保存价值的档案移交指定的档案馆集中保存；

六是对所属机构的档案工作实行监督和指导。

（2）档案馆。

①性质。档案馆是党和国家的科学文化事业机构，也是集中保存和管理档案史料、开展爱国主义教育的基地，是提供政府公开信息集中查询服务的窗口、公民享受档案文化的场所和社会各方面利用档案史料的中心，其具有很强的文化性、社会性和科学性。

②地位。档案馆在国家档案事业中始终占有主体地位，被誉为反映档案事业发展水平的窗口，原因如下。

其一，作为国家财政拨款单位，档案馆是具有长远保存价值的档案的保管基地和利用中心，人、财、物资源比档案室更为丰富。档案馆积聚了丰富的档案资源，并通过各种更为先进的方式和手段有效地组织档案信息的利用与交流，为社会各项活动提供多种形式的档案信息服务。档案馆内聚集着许多档案与史学领域的专家、学者，其学术研究的成果代表了档案领域的科研水平。

其二，档案馆的馆藏是档案室工作成果的展示。一般而言，档案馆的档案来自各级各类档案室，其馆藏档案的质量高低，直接反映了属于其接受范围内的所有档案室的工作水平。比如，收集是否齐全、整理是否规范、检索工具是否科学等。

其三，档案馆工作的水平是同级档案行政管理机构行政监督与业务指导效果的体现。档案馆在档案行政管理机构的监督、指导下开展工作，其工作水平从某种层面上说，可以折射出档案行政管理的整体水平。比如，档案馆是否依法向社会开放档案、是否依法及时接收属于进馆范围的档案等。

③职责。档案馆的具体任务包括下几个方面。

一是接收和征集本级机关、团体及其所属单位具有长远保存价值的档案以及有关资料；

二是科学管理所接收的各类档案；

三是通过多种方式积极开展档案资料的利用工作；

四是参与史料研究和编史修志工作。

（3）新型档案管理机构。

①文件中心。文件中心也是档案实体保管机构，是介于文件形成部门和档案馆之间的一种中间性、过渡性机构。其主要职责是接收、存储各单位的半现行文件，即办理完毕、尚未移交档案馆保存的文件材料；提供快速、准确的文件借阅服务；根据形成单位和档案馆批准的文件处置表，对所保管的文件进行处置，包括销毁不需要继续保存的文件和向档案馆移交具有永久保存价值的文件。其特点是：保管成本低、工作效率高、管理专门化、利用方便快捷。

文件中心分为政府性和商业性两种：一是政府性文件中心，即由政府拨款、为政府机关服务的非营利性文件管理机构；二是商业性文件中心，即由有关机构或个人创办的营利性文件管理机构，以提供文件管理服务收取服务费用来维持服务机构的生存与发展。

②档案寄存中心。档案寄存中心是指在国家综合档案馆设立的、为各类需要寄存档案的单位提供档案寄存有偿服务的机构，是适应市场经济体制下企业、社会团体与个人需要而建立的一种新型的档案管理模式。

档案寄存中心的服务对象主要是一些不具备专门库房与专业人员等档案保管条件的，或需要降低保管成本的档案形成单位。要强调的是，寄存的档案所有权仍属于寄存单位，未经寄存单位同意，任何人不得擅自提供利用。

4.2 档案收集与整理

4.2.1 档案的收集

1. 档案收集的定义

档案的收集是指接收、征集档案及有关文献的活动。具体讲，就是按照相关规定，通过例行的接收制度和专门的征集办法，将分散在各机关、单位、个人手中和散失在社会其他地方的档案材料，有组织有计划地分别集中到各有关机关的档案室和各级各类档案馆，实现档案的统一和分级管理。

2. 档案收集的范围

档案收集的范围是指各类组织在业务活动中形成或使用的文案、图表、簿册、音像、光盘和磁盘等各种载体的文件材料。

（1）档案接收：行政秘书要重点收集反映组织主要业务活动的文件材料。

（2）档案征集：行政秘书要按照上级和领导的要求征收与组织业务有关的档案、文献，这是收集档案的主要渠道。

3. 档案收集的方式

（1）平时收集：行政秘书对一般的文件材料要随时收集。
（2）定期收集：行政秘书对平时收集有困难的文件材料要定期收集，以防散失。
（3）年终收集：行政秘书年终时收集应归档的各类文件材料。

4. 档案收集的途径

（1）行政秘书根据收、发文登记簿进行核对、收集。
（2）行政秘书根据文件中提供的线索进行跟踪式收集。
（3）行政秘书根据文种的对应关系进行收集。
（4）行政秘书根据收文的文号、图纸的编号进行收集。
（5）行政秘书根据文件处理单进行收集。
（6）行政秘书根据业务开展的实际情况，深入现场进行收集。
（7）行政秘书通过领导、承办人或当事人提供的线索进行收集。

5. 档案收集的主要工作

简言之，档案收集的主要工作是立卷归档。

所谓立卷，是指行政秘书对办理完毕的、有查考保存价值的文件，按照它们在形成过程中的联系和一定规律组成案卷的过程；所谓归档，则是指办理完毕的文件经系统整理移交给本机关档案室保存的过程。有些单位没有档案室，文件立卷后由行政秘书统一管理。为了保证文件能够及时准确归档，我国制定了归档制度，其内容主要包括：归档范围、归档时间和归档要求三个方面。

①归档范围。即指办理完毕的文件，哪些需要归档，哪些不需要归档。在归档时应注意，并不是有文必归，以防止文件过于庞杂。同时也不要遗漏重要文件，以保证归档的文件能够全面反映本机关的职能活动和基本情况，便于今后各项工作的开展。

国家档案局于2006年审议通过了《机关文件材料归档范围和文书档案保管期限规定》。一般情况下，下列文件材料应立卷归档：对本机关工作、国家建设和历史研究具有利用价值的文件材料；机关工作活动形成的在维护国家、集体和公民权益等方面具有凭证价值的文件材料；本机关需要贯彻执行的上级机关、同级机关的文件材料；下级机关报送的重要文件材料以及其他对本机关工作具有查考价值的文件材料等。除上述文件材料以外，重份文件、无查考利用价值的事务性文件、临时性文件、参考性文件和无用文件等都不应归档。

②归档时间。即指根据机关及其形成档案的特点，确定何时归档较为合适，一般情况下，办理完毕的文件材料，应该在第二年内向档案室归档。对于某些专门文件，或驻地分散在外的个别业务单位的文件，为了方便日常工作，归档时间可以根据实际情况适当延长。

③归档要求。即指对需要归档的文件提出完整性、系统性等质量上的要求，以便档案室工作的顺利进行，这有利于档案的安全保管和及时提供利用。凡属于归档范围内的文

件，应该符合下列要求：归档的文件材料应根据规定分类立卷，保证案卷正确反映机关活动的基本面貌。此外，为便于保管和利用归档文件，应按一定次序排列、编号、注明保管期限并编制归档文件目录。

6. 档案收集工作的基本要求

（1）及时全面优选档案。

一个档案馆越丰富、越珍贵，它就越能为社会做出更多的贡献，更加受到社会的重视。《中华人民共和国档案法》明确规定："应该归档的材料，按照国家有关规定定期向本单位档案机构或者档案工作人员移交，集中管理，任何个人不得拒绝归档或者据为己有。国家规定不得归档的材料，禁止擅自归档。"

行政秘书应根据有关规定，采取多种有效措施，及时全面地将属于收集范围的档案收集到档案馆（室）中，杜绝档案的私人占有和分散保存，实现收集工作的制度化、法制化。在强调丰富馆藏的同时，还必须注意优选。丰富馆藏的标准，不仅是数量而应是数量充分、质量上乘、成分充分、结构合理。既要考虑档案的数量，又要考虑档案的质量。

（2）加强档案来源的调查研究。

档案的来源与形成渠道是比较分散的，而档案的提供利用则要求档案集中管理。档案的收集工作主要是解决"分散"与"集中"的矛盾。因此掌握档案分散、流动、保管和使用等情况，处理好局部和整体、当前和长远需要之间的关系，是档案收集工作的关键所在。加强调查研究，了解有关机关部门的历史、工作、活动情况，研究和掌握档案形成及发挥作用的规律性，有助于从全局出发、统筹安排和宏观指导。

（3）保证归档文件的齐全完整。

在日常的收集工作中，行政秘书不仅要通过归档工作把已经形成的文件收集齐全，而且要关心文件的形成及办理情况。一个单位即使建立了归档制度，也会出现有些文件不能按规定及时归档的情况，特别是未经收发室登记的文件和内部文件，往往分散在个人手中，再加上机构调整、人员变动等原因，就可能使归档文件不齐全、不完整，这些都影响完整档案的形成。因此在正常的归档工作以外，行政秘书还需要采取某些补救措施，做好平时收集工作，例如，准确了解领导人、工作人员的业务动态，及时将形成的文件收集起来。结合保密检查、节日等时机清理文件，或在人员变动、机构调整时，把应该归档的文件集中起来，以补充归档制度的不足等等。

在许多基层单位，档案数量不多，但档案种类齐全、成分复杂，很有参考价值。由于平时其他工作较多，行政秘书就更需要见缝插针，充分利用各种方便时机，及时将文件立卷归档。注意对档案收集工作的宣传，让大家理解档案不是私人的财产，是国家和机关单位的宝贵财富，应当集中管理。档案集中起来必须由专人管理，有较好的保管条件，只有通过科学的管理方法，档案使用起来才更方便，能够充分发挥作用。

（4）保持全宗的不可分散性。

全宗是一个机关档案的有机整体。保持全宗的不可分散性，是档案管理的一个重要原则，应使之贯穿于档案管理的全过程中。因此在收集工作中行政秘书要把一个机关的档案作为一个全宗集中在一个机关档案室或一个档案馆中，不能把一个全宗的档案人为地分割开来。

7. 档案收集工作的意义

档案收集工作是整个档案工作中极为重要的一个环节,从档案业务工作的内容上看,主要包括:档案的收集、整理、鉴定、保管、统计、检索、利用与编研。档案收集工作是档案工作的起点。通过档案收集,把单位部门的全部档案分别保管于各机关档案室和各级档案馆,可以实现档案的集中统一管理,为整个档案管理工作提供实际的物质对象;档案收集工作是决定档案工作存在和发展的重要条件。档案工作的对象是档案,没有收集工作,就没有档案。同样,没有档案,收集工作将是无米之炊,同时也将影响档案业务工作的其他环节。收集工作搞好了,档案工作才能得到高质量发展;档案收集工作是衡量档案工作的重要尺度。档案工作做得如何,在很大程度上取决于馆藏是否丰富、档案是否齐全完整。馆藏的数量多少与齐全完整程度取决于收集工作的效果。所以,没有档案的收集工作,就没有健全的档案工作,也就不会有完整的档案。

4.2.2　档案的整理工作

1. 档案整理的定义

档案整理就是对零散的、需要进一步条理化的档案进行基本的分类、组合、排列和编目,并组成有序体系的过程。档案整理是档案管理所有业务活动的关键环节,它揭示了文件之间的有机联系,为发挥档案的作用创造了有利条件。

2. 档案整理的类型

档案整理工作的具体内容包括:区分全宗、全宗内档案的分类、组卷、编目、排列和目录的编制。档案整理工作的上述内容,并不是每一次整理档案时都要进行,这要视档案的具体情况来决定。从范围上的差异来区分不同整理内容,大致有如下三种情况。

(1) 系统排列编目。行政秘书整理档案主要是检查案卷质量,制定档案分类排列方案,进行案卷加工和案卷目录排列。

(2) 局部整理。行政秘书对已接收但不完全符合存档要求的案卷,要进行加工整理,对由于缺失、销毁、移出等各种原因致使体系发生重大变化的档案,要进行系统化调整。

(3) 全过程整理。行政秘书要对接收和征集的零散档案进行整理、编目,使全部档案系统化。

3. 档案整理工作的步骤

(1) 区分全宗。全宗是机关、组织及个人在社会活动中形成的全部档案。行政秘书区分全宗时要对容易引起混乱或歧义的全宗界限问题进行处理。

(2) 进行分类。行政秘书对全宗内档案进行分类,要把立档单位的档案按其来源、时间、内容和形式分成若干层次及类别,使全宗内档案构成一套完整的体系。

（3）立卷。绝密文件要单独立卷，与之有联系的普通文件可随同立卷。不同年度的文件不得放在一起立卷，但跨年度请示与批复要随同复文立卷。每份文件的正件与附件、印件与定稿、请示与批复、转发文件与原件、多种文字形成的同一文件不得分开立卷。跨年度的会议文件放在会议开幕年立卷，其他文件的立卷按照有关规定执行。

（4）编制案卷封面。行政秘书在编制案卷封面时要按规定用毛笔或钢笔书写，做到字迹工整、清晰。案卷封面可采用案卷外封面和案卷内封面两种形式。案卷外封面印制在卷皮的正表面，案卷内封面排列在卷内目录之前。

（5）排列案卷。

①同一事由的归档文件按文件形成的时间顺序或按文件的重要程度排列。

②不同事由归档文件的排列有以下三种顺序：按文件形成时间的先后顺序排列、按事由的重要程度排列、按事由具有的共同属性分别集中排列。

（6）编制案卷目录。主要内容包括：封面和扉页、目次、序言或说明、简称表、案卷目录表、备考表。

4. 档案整理工作的原则

（1）按照档案形成的特点整理档案。

①档案是由文件转化来的，文件形成的特点也会成为档案形成的特点。党政机关、企事业单位、人民团体以及机关内部组织机构在开展工作时都会分别形成一定数量的档案，而这些档案是一个有机的整体，在整理档案时不应随意分割这个整体。

②档案是历史活动的产物，具有鲜明的时间特点。档案记述和反映了各个历史时期政治、经济、科学、文化、教育等各个方面的活动情况，它们之间有密不可分的联系。行政秘书整理档案时要考虑到这个特点，把不同时期的档案分开进行管理。同时，还要注意到一个机关和组织的工作活动，无论计划或工作总结，无论检查或布置工作，基本上是逐年进行的，保持一个年度内档案的完整与安全，已被实践证明是行之有效的整理方法。

（2）整理档案必须保持文件之间的历史联系。

文件之间的历史联系就是文件之间在形成和处理过程中存在的相互关系。客观工作过程的联系决定了文件之间的联系，文件之间的联系又反映工作活动的联系。档案是历史活动的原始记录，要使整理后的档案能反映历史活动的真实面貌，就必须维护这种反映了机关活动面貌的文件之间的联系，即保持文件之间的历史联系。

文件之间的历史联系，主要表现在文件的来源、内容、时间和形式等几个方面。

①文件在来源方面的联系。主要是指文件是由各个机关及其内部组织机构或一定的个人在工作活动中形成的。形成文件的单位构成了文件来源方面不可分割的联系。行政秘书整理档案时要首先保持这种固有的联系，不能随意拆散这种联系。否则，会因破坏文件之间的有机联系而影响其作用发挥。

②文件在内容方面的联系。主要指文件的形成都是为了实现机关的职能，是在解决一定问题过程中产生的。一项工作、一起案件、一届会议等形成的文件在内容上都有密切的联系，行政秘书在整理档案时要考虑到这种密不可分的联系。

③文件在时间方面的联系。主要是指形成文件的机关、组织开展工作活动时都有一定的阶段性和时间性，如机关一般按年度筹划工作，学校按学年安排教学等，这就使文件之间具有一定的时间联系，行政秘书整理档案时应注意保持文件之间时间方面的联系。

④文件在形式方面的联系。主要是指每份文件都具有一定的形式，如文件的种类、名称、文字、方法、载体等。这些形式和文件产生的机关、时间及表达的内容有密切的关系。行政秘书根据需要，保持文件之间形式方面的联系，也是在一定程度上保持了文件的来源、内容和时间方面的联系。

总之，文件之间的联系是多种多样的，行政秘书在整理档案工作中应根据文件的具体情况，善于找出并保持文件相对紧密的联系。

（3）档案的整理要充分利用原有的整理基础。

行政秘书在整理档案时，对于档案原来整理的基础要予以充分重视，认真分析研究原整理方法的利弊，凡是合理的部分，都应该继承下来。事实证明，档案不能轻易打乱重整，如果存在明显错误，需作适当调整。否则把档案打乱重整，结果是越整越乱，浪费很大。已经初步整理过的档案，反映着不同时期档案整理工作的水平和特点，应该尊重它，而不要轻易否定它、改变它。

（4）档案的整理应达到便于保管和利用的目的。

整理档案的目的是便于档案的保管和查找利用。一般来讲，按照档案形成的特点和保持档案之间的历史联系来整理档案，基本上能达到便于保管和利用的目的。档案之间虽然存在一定的联系，但由于保管价值不同，要分开立卷，以便于档案的鉴定和保管。有些制成材料比较特殊的档案、涉密程度不同的档案等，应该根据情况分别整理和存放。整理档案不能解决保管和利用中的一切问题，要解决这些问题，则可以通过编制各种检索以及开展编研工作等来解决。

5. 档案整理工作的意义

在档案管理的诸环节中，收集工作只是起点，而提供利用是整个档案工作的目的，其中档案的整理是承上启下的关键所在。档案在整理过程中，往往是与档案价值的鉴定工作结合进行的，通过鉴定档案的价值、划分档案的保管期限等过程，使档案的保管统计和检查的具体工作得以顺利进行，编写参考资料也有了主要依据，因而档案的整理对于充分发挥档案的作用、奠定档案管理工作的基础，都具有十分重要的意义。

4.3 档案存查、保管与利用

4.3.1 档案存查

档案的存查包括两个方面内容：一是行政秘书要根据档案价值鉴定标准来确定文件材料的归档范围和保存时间，即所谓的"存"；二是行政秘书对档案信息进行加工和存储，并根据需要检索，即所谓的"查"。

1. 档案鉴定

档案的鉴定，广义上包括对档案真伪的鉴别和对档案价值的鉴定两个部分，而行政秘书在日常业务工作中通常进行的是档案价值的鉴定。

（1）决定档案价值的因素。

在哲学的意义上，价值就是客体自身属性对主体需要的满足，是主体需要对客体自身属性的肯定关系。由于价值是一个表征主客体关系的范畴，因而价值不由主客体任何一方单方面决定，它是主客体相互作用的产物，实践和认识则是主客体相互作用的形式。同样档案价值也是指档案主体与客体的关系，其决定了档案这一客观物是档案价值的物质承担者，它只有进入社会和人的活动领域，为人所共识，并同人的实际需要相联系、相统一时，才使档案及其属性进入价值化过程，与人的需要构成价值关系。故而档案的价值取决于档案客体的属性和主体的需要这两方面的统一，二者缺一不可，基于此，所谓档案价值鉴定，是指档案这一客观存在物对人们所具有的实用性或有益性。

更确切地说，鉴定档案价值是鉴定档案的保存价值。档案的保存价值是由档案的现实作用和长远的历史作用所决定的。某部分档案、某个案卷、某份文件的保存价值取决于以下两方面因素。

①档案自身的特点和状况是决定档案保存价值的基础。档案的内容、来源、时间、名称、可靠程度、有效性、外形特点、完整程度等，影响着档案是否具有保存价值，以及有什么样的保存价值。

②社会利用的需要是决定档案保存价值的社会因素。社会利用的需要不仅是档案发挥作用的必要条件，而且是决定档案保存价值的主要因素，即各种档案是否需要利用、如何利用；对它们是否具有保存价值、有什么样的保存价值。

上述决定档案保存价值的两个方面的因素，是相互作用、辩证统一的。鉴定档案的保存价值，就是通过鉴别、分析决定档案保存价值的客观因素，估计和预测每份文件、每个案卷、每部分档案是否有作用、能起什么样的作用及这种作用的时限，以确定它们是否需要继续保存，以及需要保存多长时间。

（2）档案价值鉴定的内容。

①制定档案价值鉴定的有关标准，包括单行规定和档案保管期限表等。

②具体判定档案的价值，确定其保管期限。

③拣出无保存价值和保管期限满的档案，按规定进行销毁或作相应的处理。

④围绕上述工作而展开的一系列鉴定组织工作。

概括上述内容，主要是确定哪些档案需要保存和保存多长时间（即所谓"存"），哪些档案无需保存即可销毁（即所谓"毁"）。对"存"与"毁"，行政秘书应有一个全面正确的认识。从表面上看，档案价值鉴定的结果，往往需要销毁一些档案。然而从实质上看，销毁不是主要目的，"毁"是为了更好地"存"，通过鉴定精简，以达到更好地保管有保存价值的档案的目的。行政秘书在档案价值鉴定工作中，切不可只简单地考虑如何"毁"，而应积极地着眼于如何"存"。

（3）档案价值鉴定的原则。

①全面的原则。在鉴定档案价值时,行政秘书不能仅从本单位的角度考虑问题,应从国家和单位的整体利益出发,十分慎重、认真地衡量档案价值。同时,档案的作用又是多方面的,对某项工作无价值的档案,可能对另外一项工作有用,因此,要全面考察档案的作用。档案的产生和形成不是孤立的,文件之间是互有联系的,这要求在考虑档案的价值时,不能孤立地去看某份文件,而要将有密切联系的一组文件作为一个整体来看待。

②历史的原则。档案是历史的记录和产物,是在一定的历史条件下形成的。行政秘书在鉴定档案价值时,必须运用历史唯物主义的观点和方法,根据档案产生的条件及在历史上的作用,并结合现实来考虑档案的价值。对待档案材料特别是历史档案,不运用历史的观点和方法是很难准确判定其价值的。

③发展的原则。社会是不断发展的,档案的作用也会发生变化。因此行政秘书在认识档案的价值和作用时,要用发展的观点,既看到现实又看到将来,要有远见卓识。当然,对未来的情况,只能做大体的预测,这种事前的估计很难完全正确,但又必须力求精确。

④效益的原则。即指分析档案价值时要考虑收入与付出之比,只有当档案发挥的作用超过因保存档案所付出的代价时,才能判断其具有保存价值。保存档案所产生的效益包括经济效益和社会效益两方面,行政秘书在判定价值时,应注意经济效益与社会效益并重。

(4)档案鉴定工作的程序和方法。

①程序。

第一阶段,在文件归档过程中,对文件进行"是否要保存"的鉴定,即鉴定文件是否属于归档范围,剔除没有保存价值的文件材料;

第二阶段,对列入归档范围的文件材料,根据其日后发挥作用的规律,对文件进行"存多久"的鉴定,即确定文件的保管期限。

上述两个阶段的鉴定工作主要由行政秘书具体实施,档案部门负责审核与指导;

第三阶段,对库藏档案保管价值的复审。

②方法。档案价值鉴定一般采用直接鉴定法,即要求行政秘书通过逐件、逐页地阅读档案内容来判定档案的价值。只看案卷文件的目录和文件的标题,可能会因为某些案卷和文件标题不能全面反映档案内容而遗漏重要信息,以至影响档案价值鉴定的准确性。

具体运用该方法时,一般以案卷为单位进行,通过直接、具体地审读档案,可以发现许多档案收集、整理中存在的问题,针对存在的问题对案卷做必要的调整。此外,在阅读档案内容的过程中,还会发现一些鲜为人知的重要档案,对档案信息的开发利用具有促进作用。行政秘书一定要认真审读档案内容,做好必要的记录,并在鉴定工作结束后,对有关信息进行补充著录,促进档案信息的开发与利用。

2. 档案检索

(1)档案检索的含义。

档案检索是指行政秘书对档案信息进行加工和存储,并根据需要进行查找的过程。档案检索工作的意义在于其是档案提供利用的先决条件。换言之,档案能否及时准确地提供给利用者,并充分发挥作用,在很大程度上取决于检索工作。

(2)档案检索的方法。

①案卷目录。案卷目录是以案卷为单位,按照档案整理顺序组织起来的档案检索工具,它是最基本的、使用较为频繁的一种检索工具,如表4-1所示。

表4-1　　　　　　　　　　　案卷目录样式

案卷号		题名	年度	页数	备注
档案室编	档案馆编				

②全引文件目录。全引文件目录又称案卷文件目录,是将全宗内文书档案或其一部分卷内文件目录按一定的排列方法(分年度或分保管期限)汇编在一起而成的检索工具,它是案卷目录与卷内文件目录"合二为一"的产物。其具体形式有下列两种:

一种是先列出案卷号、题名、年度、页数、期限,随之就在下面标出此卷内文件目录,如表4-2所示。

表4-2　　　　　　　　　　　全引文件目录样式

案卷号	题名			起止日期	卷内页数	保管期限
顺序号	文号	责任者	题名	日期	页号	备注

另一种是标明案卷号(在卷内文件目录的右上角),下面再列出这个案卷内的卷内文件目录,如表4-3所示。

表4-3　　　　　　　　　　　卷内文件目录样式

			××案卷号			
顺序号	文号	责任者	题名	日期	页号	备注

③人名索引。人名索引是揭示档案中所涉及的人物,并指明其档案出处的检索工具。人名索引一般由人名和档案号两部分组成,利用者借助人名索引,可以查到记载某一人物的材料。

人名索引从体例上可分为综合性人名索引和专题性人名索引:前者是将档案中所涉及的人名都编成索引;后者是根据所列专题范围(如任免、奖惩等),对涉及该专题的人名编制索引。

人名索引,一般按姓氏笔画、汉语拼音字母顺序或四角号码等方法排列。

4.3.2 档案保管

档案保管工作是指行政秘书对档案进行科学管理和安全防护的过程，是档案管理工作的重要环节之一。

1. 档案保管的定义

档案保管就是通过运用适当的设备和手段来保存和保护档案，避免人为因素和自然因素对档案的损害，以维护档案的完整和安全，延长档案的使用寿命。档案保管是一件日常性的管理工作，也是一项极为细致的工作，可以说，档案使用的寿命完全取决于其保管的好坏。

2. 档案保管的期限

根据《关于文书档案保管期限的规定》《文书档案保管期限表》，我国现行的文书档案保管期限分为永久、长期和短期三种。永久保管是将档案无限期地保管下去；长期保管，一般指保管16年至50年；短期保管，一般指保管15年（含15年）以下。保管期限的计算，通常是从文件产生和形成后的第二年算起。确定保管的期限应遵循以下原则。

（1）反映本单位主要职能活动和基本历史面貌，对本单位、国家建设和历史研究有长远利用价值的文件材料，应确定为永久保管。

（2）反映本单位一般工作活动，在较长时期内对本单位工作具有查考利用价值的文件材料，应确定为长期保管。

（3）在较短时期内对本单位工作具有查考利用价值和参考作用的文件材料，应确定为短期保管。

3. 档案保管的方法

（1）保护档案的政治安全。

①档案上架时，不能随意堆放，应根据已经编好的类号、案卷号排列；②行政秘书不能利用职务之便将档案内容泄密，更不能涂改、偷换档案；③相关人员或部门在查阅档案时需严格执行档案借阅制度，对于机密程度较高的档案要有针对性地提供利用，不能随意查阅。

（2）对档案库房进行编号管理。

给档案库房编号有两种方法，一是为所有的库房编制统一的顺序号；二是根据库房所在方位及建筑特征进行编号。例如，楼房内的库房自下而上分层编号，每层的房间从楼梯口入口处自左至右顺序编号；平房应先分院或排，然后从左至右按顺序编号。库房编号含楼号、层号、房间号。

（3）对档案柜架进行编号管理。

存放档案柜架往往要根据形状、规格、质地的不同进行分类集中；档案柜架的排放应最大限度地利用库房空间，柜架的两端应与墙壁保持一定的距离，与窗户呈垂直走向排列，避免阳光直射；柜架号自房间入口处计，从左到右依次编排；隔板号以一组档案柜架起编，从上到下依次编排，如五节柜的隔板号自上而下依次为1~5号。

（4）调节保管场所的温湿度。

档案库房的温、湿度与档案寿命有密切关系。国家档案局《档案库房技术管理暂行规定》要求档案库房（含胶片室、磁带室）的温度控制在14~24℃，有设备的库房日变化幅度不超过2℃，相对湿度控制在45%~60%RH，有设备的库房日变化幅度不超过±5%RH。

（5）进行卫生安全检查并做记录。

档案安全检查包括：检查档案有无遗失、泄密、破损的情况，查找安全隐患；检查档案有无发黄变脆、字迹褪色、潮湿发霉的情况；检查消防器械是否齐全，门窗是否牢固；检查保存档案数量是否与登记的数量相符；检查档案保管各项制度的执行情况等。

此外，行政秘书还需定期检查档案库房，及时解决发现的问题，及时纠正工作中出现的差错；在复印档案时，不能损坏档案；经常检查声像档案，防止因霉变而失去声音或图像，必要时定期翻录。

4. 档案毁损的防治

档案材料毁损的原因归结起来主要有内因和外因两种。内因包括档案本身制成材料的质量（即载体），如纸张、墨水、油墨等材料的质量，将直接影响档案材料的保管；外因则指自然环境、保管条件和人为因素，如不适宜的温度、湿度，各种有害生物、光线、灰尘、气体，借阅者不注意爱护而造成的揉折、撕裂、磨损、污染等。

针对档案毁损的原因，除了要在形成文件过程中加以防范，如：在印制文件时选用质量较好的纸张（含纤维素较多、颜色较白、表面平细、拉力强的纸）、墨水、墨汁、油墨汁；必须要有专门放置档案的处所和箱柜；应根据需要和可能，配置温度计、湿度计、防虫剂、吸水剂、防尘和除湿器械等；档案库房要严格控制温度、湿度，做到避光和密闭，最大限度地减少光线、有害气体、灰尘、微生物侵害档案材料；注意防虫、防鼠和防霉；注意防火、防盗，等等。

5. 档案的借阅

借阅档案要履行登记和交接手续，易损档案和特别珍贵档案一般提供复件，不宜借出档案室；未经整理的零散档案，不宜外借。接触档案应穿工作服，戴手套，轻拿轻放档案；档案存放方式要利于存取；存取档案应连同包装材料一同取出、放回；复制档案以不损毁档案为前提。在阅读档案时不得吸烟、喝水、吃食物，不得在档案上涂改、做标记等。

6. 档案的保密

行政秘书应树立极强的保密意识，采取有效措施保守档案秘密。档案保密措施主要有以下几个方面。

（1）贯彻执行国家档案管理、保密等相关法律法规，严格保守档案机密。

(2) 查、借阅档案要经主管领导批准,在规定的范围内进行查、借阅,严格履行手续,做好登记。

(3) 机密档案不得私自带出或外传,不得自行摘抄、拍照、翻印或复制。

(4) 不得将借阅的档案文件转借他人或携带外出,必须妥善保管,及时归还。

(5) 要定期销毁保管期满、失去保存价值的档案文件,不得以废纸出售。

(6) 发生失密、泄密和档案被盗事件,要立即报告主管领导并追究相关人员的责任。

4.3.3 档案利用

行政秘书收集、保存档案的最终目的是开发利用档案的信息资源,将档案提供使用,充分发挥档案的作用。管理档案不是为了管理而管理,而是为了实现档案自身价值而进行的管理。

1. 档案利用的含义

我们将开发和直接提供档案,为各项事业服务的工作称为档案利用。从严格意义上讲,档案利用工作又可分为"提供档案利用"和"利用档案"这两个既有密切联系又有区别的概念。

提供档案利用是针对档案管理者而言,指行政秘书以所藏信息资源为基础,通过一定的方式和途径,直接提供档案,为前来了解、查询问题的利用者提供服务的活动;利用档案是针对利用者而言,指行政秘书以阅览、复制、摘录等形式使用档案的活动。

2. 档案利用的几种常见方式

(1) 档案外借。

这里的档案外借是指行政秘书按照一定的制度和手续,将档案带出档案室阅览、使用。在机关内部,将档案原件外借给本单位的领导和有关业务部门的情况较多。在外借服务中,行政秘书要遵循外借服务的相关制度,做好登记工作,按时归还。

(2) 制发档案复制本。

行政秘书根据档案原件制发各种复制本,是开展档案利用的一种重要方式。这项工作通常又被称为"复制供应",它包括内供复制和外供复制。

档案复制本分为副本和摘录两种。其中副本反映档案原件的某些部分,复制方法主要有复印、手抄、打字、印刷和摄影等。这种服务方式有较多的优点,既可以提高档案利用率,缓和供需矛盾,又便于保护档案原件。

(3) 提供咨询服务。

这种服务是行政秘书以档案为依据,以自己所掌握的业务知识和专业技术为基础,对查询者提出的问题进行解答,或指导其获得相关方面档案的线索。近年来,档案利用工作规范化开展后,行政秘书会面对各种情况的咨询业务,有一般性咨询,也有专门性咨询;有事实性咨询,也有知识性咨询;有专题性咨询,也有情报性咨询。

(4) 印发目录。

这种方式多用于科技档案的利用服务，是行政秘书将档案目录印制并分发到相关部门的过程。印发目录包括内部印发（向内部各机构和下属单位印发）和外部交流两种，其目的都是交流情况、互通信息。

4.4 电子档案与特殊档案

随着科技的进步，党政机关、企业事业单位等组织的办公方式发生了深刻改变，文件和档案也由单一的纸质版发展为纸质版与电子版的结合。行政秘书的档案管理工作不再局限于纸质档案的管理，还应包括对电子档案及特殊档案的管理。

4.4.1 电子档案管理

1. 电子档案定义及特征

在全球信息一体化的推动下，互联网高速发展，大量公文通过互联网发布，高效流转，电子档案也随之形成。电子文件是指以磁、电、光等介质为信息载体的文件。

电子文件是在数字设备及环境中生成，以数码形式存储于磁带、磁盘或光盘等介质上，依赖计算机等数字设备阅读、处理，并可以进行网络传递的文件，也称机读文件或数字式文件。电子档案则是指经过鉴定的具有一定保存价值的归档电子文件。

电子文件以其无可争议的生命力成为人类社会记录信息、传达信息、留存信息的重要工具，其在办公领域和档案管理中甚至整个社会生活中都占据一席之地。特别是随着信息技术的飞速发展和深入应用，它更有成为未来文件主导形态的潜力与趋势。同以往各种形态的文件、档案相比，电子文件的主要特点包括以下方面。

（1）信息的非人工识读性。

电子文件第一次使用了人工不可识读的记录符号数字代码，人无法直接识读和理解经过复杂编码的"比特"。只有通过计算机特定的程序解码，使之还原为输入前的状态，人才能识读它。

（2）系统依赖性。

电子文件的制作和处理以至归档后全部管理活动都须借助于计算机系统来实现，不兼容的计算机和应用软件生成的文件在交换使用时会遇到很大困难。

（3）信息与特定载体之间的可分离性。

电子文件中的信息不再对原记录载体"从一而终"，不再具有物理意义上的固定实体状态，也不再具有固定的物理位置，而是可以在不同的载体上同时存在或相互转换。它可以根据需要随时改变或扩展、缩小存储空间，其信息是可流动的，具有相对独立性。

（4）信息的易变性。

造成电子文件信息发生变化的原因有：第一，在以往的文件中，载体不仅是信息的承载物，它一旦与特定信息结合为一体，就具有一种对信息的固化作用。信息的原有顺序、本来面貌都被凝固在特定的载体上，不能改变；第二，电子文件载体性能的不稳定性有可能造成文件中信息的改变；第三，电子信息技术的发展，新的信息编码方案、存储格式、系统软件的不断出现,更是对电子信息稳定性的巨大冲击,因为新的计算机系统和程序常常无法解开那些过了时的代码,要求将原文件迁移到新的技术环境中,迁移过程信息的缺失、变异也是不可避免的。

2. 电子档案的管理方法

(1) 电子档案的收集与积累。

①收集与积累要求。电子档案的收集按照 2011 年国家档案局会议审议通过的第 9 号《各级各类档案馆收集档案范围的规定》执行,有查考价值的电子档案应被保留。当正式文件是纸质时,如果保管部门已开始进行向计算机全文处理的转换工作,则与正式文件定稿内容相同的草稿性电子档案应当保留,否则可根据实际条件或需要,确定是否保留;

在"无纸化"办公或事务系统中产生的电子档案,应采取更严格的安全措施,保证电子档案不被非正常改动;

用计算机辅助设计或绘图等获得的图形文件,收集时应注意其对设备的依赖性,以及易修改性等问题,不可遗漏相关软件和各种数据;

用文字处理技术形成的电子档案,收集时应注明文件存储格式和属性;

用扫描仪等设备获得的图像文件,如果采用非标准压缩法,则应将相关软件一并收集;

保存与纸质等文件内容相同的电子档案时,要与纸质等文件之间相互建立准确可靠的标志关系;

用视频设备获得的动态图像文件,收集时应注意收集其压缩算法和软件;

用音频设备获得的文件,收集时应注意收集其属性标志和相关软件;

由计算机多媒体技术制作的文件,其中包含前面所示的两种以上的信息格式,收集时应注意参数准确、数据完整。

②收集与积累的方法。及时按照要求制作电子档案备份;每份电子档案均需在电子档案登记表中登记;电子档案登记表应与电子档案的备份一同保存;电子档案登记表如果制成电子表格,应与备份文件一同保存;编制电子档案性质代码,制定相关管理制度,并严格按照制度执行。

(2) 电子档案的管理方式。

对电子档案的形成、积累、鉴定、归档及保管实行全过程管理,应当由领导统一协调,指定专门机构或人员负责,保证管理工作的连续性;电子档案的形成部门负责电子档案的积累、保管和整理工作,领导进行指导和监督;电子档案的管理可由行政秘书负责,电子档案形成部门要提供协助和支持;应明确规定归档时间、归档范围、技术环境、相关软件、数据类型、检测数据等,以保证电子档案的质量;为保证电子档案的可利用性,从电子档案形成开始就应有严格的管理制度和技术措施,确保其信息的真实性、安全性和完整性;归档电子档案同时存在相应的纸质或其他载体形式的文件时,则应在内容、相关说明及描述上保持一致;具有保存价值的电子档案,必须适时生成纸质文件等硬拷贝。

(3) 电子档案的整理要求。

电子档案的整理,应按内容、保管期限、密级等因素相对集中管理;电子档案应按

《档案著录规则》著录，并制成机读目录；归档电子档案应填写完整的登记表。

（4）电子档案的归档。

①归档方式。电子档案的归档方式有物理归档和逻辑归档：物理归档是将计算机及其网络上的电子档案集中传输至独立或可脱机保存的载体（如U盘）上，再向档案部门移交的过程；逻辑归档是指文件形成部门将归档电子档案的逻辑地址通知档案部门，由档案部门通过网络接收、控制与管理电子档案的过程。

②归档时间。电子档案的归档时间分为实时归档和定期归档：实时归档是在电子档案形成后即时归档；定期归档是按规定的归档周期归档。采用逻辑归档的单位，应尽可能进行实时归档，以免发生失控。采用物理归档的单位，电子档案的归档则可参考纸质文件归档经验，按照有关规定定期完成。双套归档的电子档案和纸质档案，归档时间应统一。

③归档要求。归档的电子档案应完整齐全。凡属归档范围内的文件均应及时归档，不得分散保存。

归档的电子档案应真实有效。其中文本文件应是最后定稿；图形文件如经更改，应将最新版本连同更改记录一并归档；各种文件的草稿，根据需要决定是否归档。

在归档时要对归档的电子档案进行整理。文件形成部门应对文件载体进行整理，在其包装盒表面粘贴说明性标签，如注明编号、名称、密级、软硬件环境等，并填写《归档电子文件登记表》。

④归档手续。电子档案经检验合格后，形成部门和档案部门要履行归档手续，即形成部门与档案部门均应在《归档电子文件登记表》和《归档电子文件检验登记表》上签字或盖章，这两张表格均一式两份，移交双方各留存一份备查。

（5）电子档案的保管。

①保管要求。

一是真实性。电子档案由于天然具有的一些特点（如电子文件易于修改，改动后不留痕迹，且在网络上运行的电子文件也有可能被非法截获或更改），使得人们无法区分其中哪些是原件、哪些是复件。目前电子文件的签署技术尚未普及，还不能为每一份电子文件盖印或亲自签名，也就无法借助印章或签署的字迹来判断一份电子文件是否为原件。鉴于电子档案的以上特征，我们可以认为，只要它的内容确实由原作者撰写或制作出来，此后从未修改过，它就是原始的。在管理电子档案时，行政秘书要确保电子档案的真实性，使电子档案内容、结构和背景等信息经过传输、迁移处理后保持不变，与形成时的原始状态一致，即保障电子档案的原始性。

二是完整性。在管理电子档案时，行政秘书要确保电子档案的齐全完整，使与记录工作具有联系的电子档案及其他形式的相关档案数量齐全，每份电子档案的内容、结构、背景等信息没有缺损。

三是可读性。在管理长期保存的电子档案时，行政秘书要确保电子档案经过存储、传输、压缩、加密、迁移等处理后仍能正常显示，并被识读。

②保管要领。

其一，存放方式合理。电子档案的各种磁带、软硬磁盘和光盘应垂直放置，防止变形和受重物挤压。电子档案整理、保管和利用过程中，禁止用手直接触摸载体表面，禁止用其他物品捆绑、固定载体，防止划伤载体。

其二，控制库房温、湿度。国家档案局《档案库房技术管理暂行规定》要求存储电子档案各种磁性载体的库房的温度为 15~27℃，相对湿度为 40%~60%RH 范围内选定一组值，一旦选定，在 24 小时内温度变化不得超过 ±3℃，相对湿度变化不得超过 ±5%RH。环境温度选定范围通常为 17~20℃，相对湿度选定范围通常为 35%~45%RH。最佳环境温度是 18℃、相对湿度是 40%RH。电子光盘应放置在空气洁净的冷、干、暗的环境中，相对湿度变化范围为 20%~50%RH，温度变化范围为 4~20℃。禁止将光盘暴露在高温、高湿环境或温、湿度迅变的环境中。

其三，防止有害因素的影响。电子档案应放在一定的装具内，防尘、防光、防火、防磁、防有害气体。

其四，检查保存状况。每年应对电子档案的读取、处理设备的更新情况进行检查登记，发现问题及时采取恢复措施。

3. 电子档案管理原则

行政秘书要做好电子档案的管理，保证电子档案的原始性、真实性、完整性和安全性。电子档案信息本身具有一定的特殊性，即电子档案容易被复制，通过网络途径传播，容易造成电子档案信息的泄露。为了更好地确保电子档案的安全性，行政秘书的电子档案管理工作要遵循以下五个方面的原则。

第一，凡是封存的电子档案一律不得外借。

第二，如需复制电子档案，需经过上级主管机构批准。未经批准，任何人和单位均不得复制电子档案信息。

第三，经过批准查阅的电子档案查阅范围应当在权限限定的范围内，并且只能提供复制件。

第四，对于涉及保密性质的电子档案，一律不准保存在联网的设备中，防止档案信息的泄露。对于需要通过联网方式提供查阅服务的电子档案，需要采取一定的安全防护措施，例如采用密钥技术对于访问权限进行限定等，严格遵守国家有关部门对涉密电子档案信息的保密制度。

第五，电子档案销毁时要制作《销毁文件目录》。电子档案信息的销毁要区分涉密和非涉密两类电子档案。涉密电子档案要连同存储介质一同做物理删除，非涉密电子档案可仅做逻辑删除。在确保电子档案信息的保护措施十分到位的情况下，对于非涉密电子档案可以通过开设电子阅览室、复制以及网络服务等方式为单位或者个人提供查阅服务。

4.4.2 特殊档案管理

1. 音像档案的管理

音像档案是企业在生产经营活动中形成的有保存价值的音像资料，是以感光、磁质为载体，以声音、影像为主要反映形式的历史记录。行政秘书管理音像档案的内容主要包括以下几个方面：一是按载体形式对音像档案做好分类；二是以盘为单位，按时间顺序对音像档案排序；三是装具封面的标签、档号、内容、人员等要素要标注齐全；四是为最低一级分类目录编写序号时应按排列顺序编写；五是对音像档案要设立专库或专柜保管；六是将音像档案存放在温度、湿度适宜的环境中；七是对多次使用或污损的音像档案及时修整复制。

2. 照片档案的管理

照片档案直观、形象地记录了人们的生产、生活实践活动，它和文字档案一样具有查证与参考作用。行政秘书要建立健全照片档案管理制度，加强照片档案管理，利用照片档案的信息资源，更好地服务各项工作。具体来说，行政秘书管理照片档案的内容包括以下几个方面：一是按档案分类编号，将照片档案分类存放，填好装具号、序号及档号；二是将已分类的照片按时间顺序排列；三是把相同题材、同一事物的一组按时间顺序排列；四是可用双面胶或其他方法固定照片；五是对大照片要统一单独存放，填好装具号、序号及档号；六是照片档案要以组为单元分类，并做好相应的文字说明；七是照片说明主要包括照片号、参加者、文字说明、摄影间及摄影师；八是填写照片卷内目录时，以自然张数或有相关说明的一组为单元。

☞ 本章小结

本章旨在探讨行政秘书的档案管理工作，主要包括档案的收集、整理、存查、保管与利用以及对于电子档案和特殊档案的管理。档案管理工作是行政秘书文书工作中的重要组成部分，要求行政秘书具备相应的档案工作能力和处理技能。通过本章的学习，读者能够对行政秘书的档案管理从理论到实践有基本的把握，并不断转化为文书档案管理的行为指南。

☞ 关键术语

档案管理　　档案收集　　档案整理　　档案保管　　档案利用
电子档案　　特殊档案

☞ 思考题

1. 档案管理包括哪些内容？
2. 档案管理工作的原则有哪些？
3. 档案收集的途径有哪些？
4. 档案整理工作的原则是什么？
5. 档案检索的方法有哪些？
6. 如何防治档案毁损？
7. 档案的保密措施主要有哪些？
8. 如何保存电子档案？

阅读材料

加快人工智能技术在档案管理工作中的应用

近年来，人工智能技术呈井喷式发展，在诸多领域引发变革，成为各国政府、产业界、科研机构及消费市场竞相追逐的国家战略科技技术，并已深入人们工作、生活的方方面面，在提高生活质量、增强工作效率、推动社会发展等方面发挥着巨大作用。我国高度重视人工智能技术发展，从国家层面、行业层面、地方层面纷纷制定相关政策，推动人工智能技术发展及其落地应用。档案行业在战略转型过程中，也积极拥抱人工智能技术。

一是档案数据化工作领域。"数据化"是近年来在档案行业被反复提及的热门词汇。档案数据化旨在将图像、声像等档案中的内容识别成计算机可编辑、处理、分析、检索的信息。档案数据化工作又可具体分为纸质档案数字化副本OCR（光学字符识别）、照片档案数据化、录音档案数据化、录像档案数据化等场景。

在国家档案局大力实施"存量数字化、增量电子化"战略的背景下，全国各级档案馆（室）存量档案数字化工作成效显著。截至2019年底，各级综合档案馆馆藏档案数字化副本量已达1407.8万GB。部分地区档案部门在完成纸质档案数字化工作的基础上，纷纷启动了档案OCR全文识别工作。国家档案局因势利导，于2019年12月出台《纸质档案数字复制件光学字符识别（OCR）工作规范》，标志着该项工作在档案行业已全面启动。基于人工智能技术的OCR在简体印刷文字方面的识别率已达98%以上，这为持续开展OCR工作提供了技术保障。

近年来，语音识别技术发展迅速，基于标准普通话的语音识别率已达97%以上。人脸识别技术也不断成熟，已广泛应用于安防、金融认证等方面。与此同时，随着影像技术的不断发展，存储成本降低，数字录音、数字录像档案存量也在不断增长。浙江省档案馆与科大讯飞公司联合开展了国家档案局科技项目《人工智能技术在音视频档案整理利用中的应用研究》，通过综合运用语音识别、人脸识别等技术实现了语音全文数据化、人物智能聚合等，该项目成果于2020年9月正式发布。

二是分类与划控工作领域。归档分类和划控鉴定是两种工作场景，但从技术角度来看，有相同之处。分类与赋予保管期限工作一直是档案管理领域的基础性工作，但由于重视程度不够、专业人员匮乏等原因，该工作一直是部分基层档案部门面临的棘手问题。通过人工智能技术辅助缺乏经验的档案管理工作人员开展归档分类工作，可提高归档效率与精准性，具有一定的实用价值。

划控鉴定工作难度大、风险高、责任大，且相关专家人数少，标准不统一,在一定程度上阻碍了档案的开放利用。当前,已有档案部门率先开展基于人工智能技术的研究与应用工作,如中国移动通信集团江苏有限公司基于TextCNN(利用卷积神经网络对文本进行分类的算法)开展了档案保管期限鉴定工作;安徽省档案局与科大讯飞公司联合开展了国家档案局科技项目《人工智能技术在档案划控上的应用》,辅助档案管理人员开展了档案划控鉴定工作。

三是档案影像修复着色工作。在新中国成立70周年之际,中央档案馆公布了迄今关于开国大典时间最长、内容最完整的彩色录像档案,在网络上引起了巨大轰动。该彩色录像档案被各大媒体转载报道,仅24小时浏览量就达到3.2亿次。同期上映的电影《决战时刻》斥巨资将开国大典黑白影像修复为4K彩色影像,也同样引起了较大的社会反响。虽然修复着色后的档案影像在一定程度上改变了其原貌,甚至无法再将其作为档案,但是在信息时代下,清晰彩色的历史影像不仅能增强人们对历史的好奇心和兴趣,激发人们的民族自豪感,还能充分发挥档案在爱国主义宣传教育等方面的作用。

四是智能安防工作。智能安防技术已发展得十分成熟,从2005年开始启动的平安城市建设,到2011年启动的智慧城市建设,以及天网工程、"雪亮工程"等安防重点项目处处可见人工智能技术的影子。作为智慧档案馆的一部分,许多档案部门已将智能安防系统纳入规划和建设内容之中。先进的智能安防系统多采用集人脸识别、步态识别、人体特征识别、语音识别等于一体的多模态识别技术,进一步提高了智能安防系统的安全等级,为档案安防提供更好的技术保障。

当下,人工智能技术的发展已日趋成熟,简体印刷文字OCR识别、标准普通话语音识别等功能基本可直接应用于档案工作。在现阶段的人工智能技术条件下,要拓宽更多的应用场景还需进一步开展算法优化、模型设计及训练等适配工作。为适应时代发展,应进一步发掘人工智能技术在档案管理工作中的应用场景,加强对人工智能技术的研究与应用,尽快建立健全相关标准,着力打造"会技术、懂档案"的复合型人才队伍,科学运用新一代信息技术,加速档案事业战略转型。

(资料来源:祝成:《加快人工智能技术在档案管理工作中的应用》,《中国档案报》2021年1月14日,有删节。)

第三编

办会：行政秘书的会务工作

第 5 章 行政秘书会务规则礼仪

会议是人类社会诞生以来就出现的一种重要的活动，它也是现代社会人们从事政治、经济、文化、军事、外交等方面事务的重要形式和手段，通过会议交流信息、探讨问题、作出决定、部署工作等，从而推动各项工作不断向前发展。会务管理在保障会议活动的顺利进行、推进全局工作中起着至关重要的作用。行政秘书不仅要熟悉会议的基本知识，而且须掌握会务管理工作的规则要求与礼仪规范。

5.1 会务工作的基本概念

5.1.1 会议与会务工作

1. 会议的内涵

从词义来解释，会，是聚合；议，是商议。概言之，会议是人类社会所特有的聚众议事的过程。

会议必须具备三个条件：（1）必须由两人及以上参与；（2）必须有一定的议题；（3）必须通过一定程序达到目标。

从历史学角度看，会议作为人类的一种活动方式，早在原始社会的氏族时期就已经存在。我国古代典籍中就有许多关于会议的记载，如《尚书·周官》中有"议事以制，政乃不迷"的说法，反映出开会议事对治国理政的重要意义。恩格斯也在《家庭、私有制和国家的起源》中谈及"氏族议事会"，他认为其是"一切成年男女有平等表决权的民主集会"，充分体现原始民主制度。可以说，会议是伴随人类社会的发展而发展的。

从信息学角度看，会议是输入信息、加工信息、输出信息的一个过程。会议的参与者带来情况是输入信息，人们对会议内容的交流、商议和决策是加工信息，把会议的情况或决定向社会发布或向有关部门、有关人员传达部署则是输出信息。

从系统工程学角度看，会议是组织运作中的一种管理方式。会议能发挥上下沟通、协调行动、决策部署、管理监控等功能，且这些功能须与会外工作有机结合、系统运作。

2. 会务工作的内涵

会务工作可以按照工作性质和事务主体的不同分为两类：一类是会议政务，主要由会议的领导者和组织者完成和处理，是实现会议既定目标和完成会议任务的主体性工作；另一类是会议事务，主要由协助者或服务者完成和处理，即由行政秘书来完成和处理。我们认为，行政秘书的会务工作就是其从事的对会议政务的辅助工作和会议事务工作。

会务工作是复杂烦琐的，不同会议决定了会务工作的具体组织形式和相应的各项具体工作存在差异，而会议的各要素又决定了会务管理的具体工作事项。所以，行政秘书只有了解会议的类型及构成要素，才能掌握会务管理的要求。

5.1.2 会议的构成要素

会议是由多种要素构成的一种综合行为方式。在会议之前首先应该明确一个完整的会议包括哪些基本要素，以便有针对性地开展工作，有效提高会务管理效率。

1. 与会人员

与会人员（与会者）是指参加会议的人员，一般由主持人员、出席人员、辅助人员构成。

（1）主持人员。

主持人员包括主办人、召集人或组织人等，其职责是使会议按照法定程序或原定会议程序正常进行，包括宣布开会、掌握会议议程和时间、安排发言顺序、主持会议表决和选举、宣布表决选举结果、处理会议进行过程中临时发生的问题等。主持人员对会议的正常开展和取得预期效果起着领导与保证作用。

（2）出席人员。

出席人员包括正式成员和受邀请参加或列席人员。会议正式成员是会议的主体，参加会议人员的数量决定了会议的规模。在确定与会人员时，应坚持必要性、重要性和合法性原则。

①必要性是指与会者必须是与会议直接相关的人员，也就是符合会议确定的范围，包括有权了解会情、提出意见、表示态度、作出决定的人，或是能提供信息、深化讨论、有助于会议达到预期效果的人。②重要性指的是与会者虽与会议没有必然直接的关系，但有利于会议的进展或扩大效果。这些人员通常是临时邀请的列席人员，由主办会议的单位根据需要来确定。③合法性是指有些重要会议的正式与会人员须按法定程序产生，具有合法身份和法定资格。

（3）辅助人员。

会议的辅助人员包括行政秘书及其他服务人员，其职能是负责会议的文字工作和事务性工作。他们虽然不是会议的正式参加者，没有发言权和表决权，但他们是会务工作的主体，对保证会议质量和取得预期效果同样起着不可替代的作用。

2. 会议议题

议题就是会议所要讨论的主题。议题既要有必要性和重要性，又要有明确性和可行性，会议围绕这样的议题展开讨论、进行研究，才容易取得共识。每次会议的议题应尽可能集中、单一，不宜过多、分散，尤其不宜把许多互不相干的问题放在同一会议上讨论，使与会者的注意力分散，不利于解决问题。

议题的产生通常有两种方式：一种是领导根据需要指定的；另一种是行政秘书调查研究、综合分析信息后提出，再经领导审定的。有些重大的代表大会，先由代表提出提案，由行政秘书或秘书处汇总，再提交主席团或专门的提案审查委员会审议通过，方能列为会议议程的正式议题。

3. 会议名称

正式会议必须有一个恰当、确切的名称。会议的名称要求能概括并显示会议的内容、性质、参加对象、主办单位或组织、时间、届次、地点或地区、范围、规模等。当然，具体的某一次会议不可能也没必要显示上述全部项目，应视会议的需要而定。

会议名称须用精确、规范的文字表达。它既用于会前的会议通知，使与会者心中有数、作好准备，又用于会后的宣传、扩大会议的效果，更用于会议过程中使与会的全体成员产生凝聚力。

大中型会议的名称被制作成横幅大标语，置于会议主席台的上方或后方，作为会议的标志，简称"会标"。会标须用全称，不能随意省略。

4. 会议时间

会议时间有三种含义：一是指会议召开的时间；二是指整个会议所需要的时间；三是指每次会议的时间限度。

（1）会议召开时间。要想在合适的时间召开会议需要考虑多种因素。首先是需要，如每周一次的工作例会，通常放在周末的下午，一周即将结束，下一周就要开始，利于承上启下。其次是可能，即最好是每位与会者都能参加的时间。如有些企业召开各部门干部汇报会，常定在下班前半小时，而不是安排在刚上班时。最后是适宜，即要考虑气候、环境等自然因素和社会因素等。

（2）会议需要时间，可长可短，尽量紧缩。少则几分钟、几十分钟，多则几天、十几天。会议组织者应尽可能准确地预计需要的时间，并在会议通知中写明，便于与会者有计划地安排。

（3）会议时间限度。据心理学家测定，成年人能集中精力的平均时间为45～60分钟，超过45分钟，人就容易注意力分散，超过90分钟，普遍感到疲倦。每次会议时间最好不要超过一小时。如果需要更长时间，则应该安排中间休息。

5. 会议地点

会议地点又称"会址"。既指会议召开的地区、城乡，又指会议召开的具体会场。为使会议取得预期效果，选择会议的最佳会址也要考虑多种因素。

国际性或全国性会议，要考虑政治、经济、文化等因素，一般应在首都北京或其他中心城市如上海、武汉、广州、西安等地召开；专业性会议，应选择富有专业特征的城乡地区召开，以便结合现场考察；小型的、经常性的会议安排在单位的会议室。会议室尽可能不要靠近生产车间、营业部、教室等人声嘈杂的地方，以免受到干扰。

此外，选择会址还要考虑会场设施、交通条件、安全保卫、气候和环境条件等因素。

6. 会议组织形式

会议的组织形式是为达到会议效果而采取的会议组织方式和手段等。比如在疫情期间，很多会议改变了与会者到场的常规会议形式，借助现代化通信手段召开电视电话会议、网络会议。

会议组织形式的确定须服从会议内容的需要，在不影响会议效果的情况下适当考虑减少会议的开支。

7. 会议成本预算

会议成本是指召开一次会议所需的全部费用，包括显性成本和隐性成本两部分。

（1）"显性成本"是指通过账面反映出来的会议实际费用支出，如会场租赁费、材料费、交通费、食宿费等。召开会议只能是在预算许可的限度内实现最佳的性价配比。

（2）"隐性成本"是指所有参会人员在等量的会议活动时间里所能创造的价值总量的损耗。如果出席会议的人员用等量的会议活动时间去从事他们本来所从事的工作，那么他们在这段时间里应该创造的价值总量，却因开会引起常规性工作的停顿而损失了。这种价值总量的损耗是可以计算出来的。

会议成本计算公式是：会议成本=S×2×Q×T+X。其中"S"表示参会人员每小时平均工资的3倍（因为职工劳动产值一般比工资高出3倍左右）；"×2"表示参加会议所引起的经常性工作停顿而造成价值损失；"Q"表示参会总人数（包括会议工作人员）；"T"表示参会人员消耗在会议活动期间的平均时间数（小时）；"X"表示会议的显性成本，如会议设施租用、场地、食宿、文件准备费等。

8. 会议结果

人们对于会议结果都有一定的预期，达到了预期目的的会议就是成功的会议，反之则是失败的会议。重要的会议结果，还会以公报、会议纪要、决议等形式对外公布。

5.1.3 会议的类型

1. 根据会议的性质分类

（1）正式会议。委员会会议、董事会会议以及需要作出决定的工作会议等，一般都属于正式会议，也只有正式会议才能形成决议或作出决定。人数较多或者需要讨论的事项较多时，只有召开正式会议，才能使会议过程更有序。

正式会议必须按照会议规范要求召开，即合法召开、有明确的议题、有规范的程序、在会议主持人的有效控制下完成全部议程。

（2）非正式会议。非正式会议可能是临时召开的碰头会议，或是正式会议之前的协商会议。非正式会议通常用来解决特定问题，而不是讨论整体性主题。这种会议不一定要事先通知，可以随时召集，会议的结果可能是一个计划也可能仅是关于召开正式会议的建议。

2. 根据会议的内容分类

（1）传达动员会。传达动员会是党政机关、事业单位经常召开的一类会议。传达动员会上的信息传递具有不对称性，但传达动员会不应该只是单向信息传递过程，因为在传达动员之后，必然有着对相关效果和行动的期待。此类会议通常应该安排一些讨论、座谈、交流等后续活动作为传达动员会的延伸程序。

（2）汇报检查会。和传达动员会相比，汇报检查会是以参会人员为主体、会议召集者和参加者之间的互动为特征。

（3）座谈讨论会。大多数座谈讨论会属于非正式会议，是一种比较典型的多向沟通形式的会议，但座谈讨论会并非不需要议题，同样需要认真准备。就沟通的有效性与多向性来看，座谈讨论会具有突出的沟通功能。有些座谈讨论会还可以作为决策会议的先期环节。

（4）工作决策会。工作决策会是典型的正式会议，召开决策会议应严格遵守会议规范，充分实现多向沟通，力争达到群策群力之效。

3. 根据与会人数分类

（1）大型会议。实际上，并没有什么法定的条款来帮助我们具体区分大型、中型和小型会议。有人主张会议应以三百人为界线，有三百以上的与会人员参加的会议为大型会议；也有人主张一千人以上的与会人员参加的会议才能称作大型会议，至于在节假日召开的，有数千人、上万人参加的会议，可以称之为特大型会议。

（2）中等规模的会议。相对于大型、小型会议而言，中型会议则有些"尴尬"。大型会议可以用来鼓舞人心、发动群众，小型会议则多用来研究问题、寻找对策，中型会议经常处于被替代的状态。不过，从几个人的小会到上百人的大会，其间需要中型会议过渡。

（3）小型会议。我们日常所举办或参加的大多数工作会议均属于小型会议。充分地交换意见、深入地研究问题、在民主基础上成功地进行集中，通常都需要以会议规模的控制为前提。参加小型会议的人员少则三五人，多则十几人、几十人，理想的小型会议与会人员最好不要超过十二人。以一次会议持续三小时来计算，每名与会者平均能够获得十五分钟的发言时间。

4. 根据会议所跨地域范围分类

根据会议所跨地域范围的不同，可以将会议分为国际性会议、全国性会议、地区性会议和部门会议。

（1）国际性会议。国际性会议是指会议的内容涉及不同的国家和地区，会议的参加者来自世界不同国家和地区的会议。

（2）全国性会议。全国性会议是指参加会议的人来自全国各个地区，会议的内容涉及全国性问题的会议。

（3）地区性会议。地区性会议一般指省、市、县或企事业单位召开的各种工作会议、代表会议等。

（4）部门会议。部门会议也被称为局部会议，指某个机关或企事业单位内部召开的会议。

5. 根据技术手段分类

（1）传统会议。传统的会议是指与会者面对面地围坐在一起召开的会议。此类会议没有对技术设备的依赖。在参加人数过多、不容易听清别人发言的时候，发言人可以借助话筒、扩音设备等，以便把声音送得远一些，但它仍然是面对面、即时性、单一自然语言之间的直接交流。

（2）现代电子会议。现代电子会议和传统会议的最大区别是：它可以是面对面的交流，也可以是远距离的交流；可以是即时性的沟通，也可以是延时性的沟通；能够用自然语言表达，也能够用人工语言（计算机多媒体语言）表达。目前已被广泛应用的现代电子会议形式有：广播音响遥控会议、电视图像遥控会议、计算机网络遥控会议等。

6. 根据会期间隔稳定与否分类

（1）定期会议。定期召开的会议又称为经常性会议。我国各级党代会、人大和政协会议均属于定期会议。鉴于我国《公司法》对现代企业制度已经有了相应的规定，企业股东大会、董事会、监事会等也属于定期会议。

（2）不定期会议。不定期召开的会议又被称为临时性会议。企事业单位生产和日常管理工作的一线经常需要不定期召开会议。不定期会议并不意味着工作的计划性不强，而是根据变化中的新情况及时作出的一种反应。

5.1.4 会议的作用

会议在人类社会中应用十分广泛，大至国际争端，小到基层单位的具体问题都需要通过会议去解决。这种广泛应用性是由会议的重要功能及作用决定的。

其一，会议是实施领导的重要方法和工具。毛泽东在《领导方法的若干问题》中指出："我们共产党人无论进行何项工作，有两个方法是必须采取的，一是一般和个别相结合，二是领导和群众相结合。"在两个结合的过程中，会议必然成为达到结合的媒介。会议是有组织、有领导、有目的地商议事情的集会，是统一思想、明确和协调工作的重要方法，也是领导者实施领导的重要方式之一。

其二，会议是民主决策的必要手段。我国各级行政管理机构实行民主集中制，中国共产党的组织原则也是民主集中制。党政机关、企事业单位各级领导的重要决策都要通过会议，并遵循民主集中制原则来确定和落实。各级领导日常工作的部署，一般也是通过办公会议等形式来讨论决定的。通过会议的方式集思广益，保证了决策的科学性、民主性。

其三，会议是协调沟通的有效方式。许多决策的实施涉及多个方面、多个部门，为保证决策的顺利实施，就要有一定的会议来统一思想、统一部署、统一行动。会议可以实现信息上传下达、左右联系，达到互通情报、交流经验的目的。通过会议，不但上下左右各方的相互支持与理解加强了，同时也便于各级领导充分掌握有关信息，为科学决策奠定基础。

其四，会议是传达信息的快捷方便途径。会议可以实现信息的多向即时传递，即能够同一时刻向众人传递信息，使信息沟通快捷方便，沟通效率得以提升。通过会议，上级的政策、意图和指令得到传达，还可以部署本组织的重大行动和中心工作，有利于其所属单位步调一致。各级领导利用会议的形式传达上级的有关精神，一定程度上对群众起到了宣传教育作用，使群众自觉地贯彻执行党的方针政策，更好地完成目标任务。

其五，会议是对工作检查督促功能的具体体现。决策的实施离不开检查、督促，而监督功能的实现往往又离不开会议，如各种汇报会、总结会、评比会等都是实施监督的有效形式。

除此之外，会议在教育宣传、研讨咨询、动员激励、交流思想感情等方面也起着积极作用。

但需要指出的是，会议和其他任何事物一样，都具有两重性。有事必会、无节制地开会、不讲科学规律地开会，不但费时费财，而且会使领导者和行政秘书陷入"会海"，走向会议原本功能的反面。会议过多过滥就会耽误广大干部深入一线做实事；造成金钱的浪费，越大型的会议用钱越多，还包括大量"看不见"的成本，如工作人员付出的时间、精力等；造成信息的重复，有些会议只是复述上级意见，或为会而会，走过场、搞形式，本身并不切合实际，其结果是制造重复信息、滋长文牍主义；滋长不正之风，有少数干部极力争取参加各种会议，无非是借机公费旅游，搞变相腐败。因此，会议并不是开得越多越好，对于那些流于形式的会议要尽量不开。要注重提高会议效率，节省人力、财力、物力，避免"文山会海"现象，确保会议的科学高效。

5.2 会务工作的规则要求

众所周知，会议规则是提高会议质量与效率的保证，召开正式会议除了必须遵守国家法律法规外，还要按照会议规则要求进行。会议规则是约束会议如何召开的规范，有了会议规则，会议不仅能有条不紊地进行，同时还能保证与会者行使权利和履行义务。

会议规则大体包括：一是国家根本法对集会、结社作出的规定；二是依照法律法规制定的议事规则；三是约定俗成的习惯做法。会议规则具体包括有关会期、会员、议事、程序、表决等方面的规则，国际会议另有一套独特规则。

5.2.1 会议会期规则

会期是指会议的时间及频度要求，包括何时举行会议、开多长时间的会议和多长时间开一次会议。临时性会议是因需要而立即召开的应急会议，如处理突发事件的会议等，这类会议因为其紧迫性而不存在"何时召开"的问题,通常其开得简短、紧凑,大多是一次性会议,也不存在"开多长"和"多长时间开一次"的问题。会期规则主要适用于国家机关、党团组织、群众团体及其他团体定期召开的例行会议。

1. 权力机关的会期

我国的权力机关是全国和地方各级人民代表大会及其常务委员会。我国《宪法》规定,全国人民代表大会会议每年举行一次。如果全国人大常委会认为有必要,或者有五分之一以上的全国人民代表大会代表提议,可以临时召集。我国地方各级人民代表大会每年至少举行一次,经五分之一以上代表提议,也可临时召集。

我国对全国人大和地方各级人大举行会议的具体日期和会期长短没有作出规定,但我国人大议事规则规定每届人大只于每年第一季度举行,每届人大第一次会议在本届人大代表选举完成后两个月内举行。

2. 行政机关的会期

《国务院工作规则》规定,国务院常务会议一般每周召开一次。国务院全体会议和各部门会议的会期没有明文规定。各级行政机关的会期规则大体与国务院的会期规则相同。

3. 党团组织的会期

《中国共产党章程》对党的会期做出了规定。党的全国代表大会每五年举行一次。中央委员会认为有必要,或者有三分之一以上的省一级组织提出要求,可以提前举行;如无非常情况,不得延期举行。中央委员会全体会议每年至少举行一次,地方党的代表大会,每五年举行一次。特殊情况下经上一级委员会批准,可以提前或延期。党的地方各级委员会全体会议,每年至少召开两次。

《中国共产主义青年团章程》对团的会期做出了规定。团的全国代表大会每五年举行一次,特殊情况下可提前或延期举行。团的中央委员会全体会议每年至少举行一次。团的省、自治区、直辖市的代表大会,设区的市和自治州的代表大会,县(旗)、自治县、不设区的市和市辖区的代表大会,每五年举行一次,一般在同级党的代表大会后一年内举行。团的地方各级委员会全体会议每年至少举行一次。

4. 其他组织的会期

其他群众组织和社会团体的会期,一般由相关的章程规定,会期大体相同。例如,《中华全国妇女联合会章程》规定,全国妇女代表大会每五年举行一次,在特殊情况下,经执委会讨论决定,可提前或延期召开。全国妇联执委会全体会议,每年至少举行一次。地方各级妇女代表大会一般每五年召开一次,特殊情况下经执委会讨论决定,可以提前或延期举行。地方各级妇联执委会全体会议一般每年至少举行一次。

5.2.2 会议成员规则

会议成员是指出席会议的人员,又称会员。会议成员规则是规定与会人员资格、权利与义务的规则。临时性会议因会议性质的多样性,通常由会议主办部门根据会议的目的任务而确定与会人员,会议成员资格是临时赋予的。出席这种会议的会员权利义务比较单一,不少会议只有聆听的义务,没有议论或决议的权利。会议成员规则主要规定法定性会议、决策性会议和工作性会议的与会者范围、权利与义务。

1. 权力机关的会议成员规则

权力机关的会议成员规则最为严格,包括会议成员的资格、会议成员的权利和义务等。在会议成员的资格问题上,各类代表大会的会议成员均为正式代表。如全国人大代表,是由各级人大选举出来的;党代会代表,一般是由下级党组织召开党代会或党员大会选举产生,因故不能召开上述会议时,则由下级党委召开党委全体会议或党委扩大会议,在充分酝酿协商的基础上选举产生。

代表的资格通常需要严肃认真审查。审查内容包括:是否符合代表的条件,选举手续是否完备,代表获选到党代会举行前的现实表现等。

2. 行政机关的会议成员规则

行政机关的会议成员规则主要规定与会人员的范围、人数。国务院会议分为国务院全体会议和国务院常务会议。与会人员范围是:全体会议由国务院全体成员组成,即包括总理、副总理、国务委员、各部部长、各委员会主任、人民银行行长、审计长、秘书长;常务会议由总理、副总理、国务委员、秘书长组成。

各级行政机关的会议成员规则,大体和国务院会议组成相同。如《武汉市人民政府工作规则》规定,市人民政府全体会议由市长、副市长、秘书长、市人民政府组成部门的各委员会主任、各局局长组成;市人民政府常务会议由市长、副市长、秘书长组成。

行政会议与会人员的确定,要坚持精简原则,严格控制与会人数。在例行会议中,要保证正式人员出席,严格控制列席人员。无限制地任意扩大列席会议者的范围,会造成大量的人员陪同,或者以列席人员代替正式人员参与会议的讨论和议决,影响决策的结果。

3. 社会团体的会议成员规则

社会团体召开的会议,其参加会议人员的规则,因会议内容、性质不同而不同。代表大会或会议成员大会,会议成员规则和权力机关的会议成员规则大体相同,有些要经过一定程序选举产生和会议成员资格审查认定,有些则是全体成员或会议成员参加。工作会议有各种具体情况,一般要在团体章程和组织规程中规定参加会议人员的范围、人数以及权利义务。在社会团体中,会议成员的地位是平等的,与会人员的权利义务也是一样的。与会者有讨论和表决的权利,同时也有遵守会议规则、维护会场秩序的义务。

5.2.3 会议议事规则

议事规则是会议举行的基本法则。从主要方面说,包括会议的举行、召集、发言和议事方式等。

1. 法定人数规定

如果你出席一个临时性会议，可以不去注意出席会议的人数。即使是主持会议，不论人数多少都可以开会。但是，当你出席一个法定性会议时，就必须注意出席人数，因为此时存在法定人数的问题，没有达到法定人数，主席或主持人不能开始会议。

法定人数是指举行会议、通过决议和进行选举时所需要的人数，是一个组织为求合法性而被要求在与会人数上达到一定的数目和比率。没有达到法定人数，会议不能举行；即使举行，所进行的选举、表决也是无效的。

永久性团体需要法定人数。如全国人大议事规则规定，全国人民代表大会会议有三分之二以上的代表出席始得举行。大会全体会议表决议案，由全体代表的过半数通过；《宪法》的修改，由全体代表三分之二的多数通过。地方各级人民代表大会进行选举和通过决议，以全体代表的过半数通过。

2. 召集人规定

凡是会议，总得有人来召集。有的会议是某单位发起和组织的，有的会议是某一领导人指挥和调度的。会议的召集人是指会议的组织者和指挥者，各类会议的召集人有所不同。有的会议，是由有关法规明文规定的，有的则是由专门制定的会议章程所规定的，还有一些则是按照惯例确定的。

法定性会议对召集人的规定比较严格。我国《宪法》规定，全国人民代表大会会议由全国人大常委会召集。每届全国人大第一次会议，由上届全国人大常委会召集。我国人大议事规则规定，全国人大会议举行前的预备会议由全国人大常委会主持，每届首次会议由上届常委会主持。由预备会议选举产生的主席团举行会议由主席团常务主席召集并主持。其他团体组织法定性会议的召集规则，大体和全国人大的规定相同。

行政会议的召集人一般是行政长官。如国务院全体会议和常务会议由总理召集和主持；政府各部委的部务会议、委务会议，由各部部长、各委员会主任召集和主持；地方各级政府及其部门的行政会议，召集方式大体同上。

3. 发言规则

发言是每个与会人员参与会议的主要方式，也是会议成员的基本权利。一般会议的发言，是发表意见和参与讨论。其发言规则有：发言要在会议允许的情况下进行，有时要经主席或主持人同意才能发言；发言必须围绕会议的议题进行，不能东拉西扯、离题万里；在所有与会者轮流讲完之前，一人不能讲两次；严格控制发言时间，一般一人发言在数分钟之内，切忌长篇大论、滔滔不绝。

法定性会议的发言较为严格，一般要注意以下几点。

（1）发言的顺序。提议人或报告人有优先发言权，并有机会解释议案，同时给最后发言机会；未发言者有优先权，少发言者比多发言者有优先权；赞成与反对双方轮流发言，双方发言机会均等。

（2）发言的次数和时间。比如，全国人大代表在大会全体会议上发言，每人可以发言两次,第一次不超过十分钟,第二次不超过五分钟。主席团会议第一、二次发言时间分别为十五分钟和十分钟,经主持人许可可以适当延长。

(3) 必经许可。比如,全国人大代表在全体会议上发言,应当在会议前向秘书处报名,由大会执行主席安排发言顺序;临时要求发言,要经大会执行主席许可。

(4) 发言受法律保护。比如,全国人大代表在全国人大各种会议上的发言受法律保护,不得追究发言者的责任。

4. 议事方式规定

议事方式一般采取公开的方式进行,即在议事过程中准许旁听和发表记录,这种方式一般称为公开会议。在我国,全国人大会议公开举行,将代表在各种会议上的发言整理成简报印发会议,并可以根据本人要求将发言记录或摘要印发会议,另外大会设旁听席,并举行新闻发布会和记者招待会。

也有的议事采取不公开的方式进行,也就是不设旁听席,议事过程不公开,议事记录不发表,这种方式称为秘密会议。按照相关法律规定,我国人大必要时可以举行秘密会议。举行秘密会议,要经主席团征求各代表团的意见后,由各代表团参加的主席团会议决定。

5.2.4 会议程序规则

1. 会议流程规则

会议流程关系到会议的目的、任务、方法,是指对已确定的议题列出先后顺序,然后依次进行审议的过程。议程应在会议进行之前确定,拟定会议程序要按照有关法律、规定和领导同志的意见进行,要认真细致、周到全面,不可疏忽遗漏。不同的会议所拟定的程序要体现会议的特点,不可千篇一律。程序只供领导同志主持会议时参考,可不发给其他与会人员。

会议流程一般为:"议题—议论—议决",或"传达—部署—落实",或"报告—讨论—总结"等等。具体议程包括如下步骤。

(1) 宣布会议开始;
(2) 宣布会议的宗旨及任务,有时还要介绍会议的筹备情况;
(3) 大会报告;
(4) 大会或小组讨论;
(5) 选举领导机构;
(6) 讨论下一阶段计划;
(7) 讨论通过其他事项;
(8) 表决会议决议或宣读会议议定事项和议决记录;
(9) 散会。

2. 审议程序规则

会议代表在审议议案、工作报告、国家计划、财经预算和决算报告时需按一定的程序进行。审议议案的主要规则包括如下内容。

（1）议案的列入。议案由主席团决定是否列入会议议程，或交由专门委员会审议，提出意见后交由主席团决定是否列入。

（2）议案的提交。将主席团通过的议案处理意见、报告印发大会。列入会议议程的议案，提案人要提出关于议案的说明，或由有关委员会提供相关的资料。

（3）议案的审议。由各代表团进行审议，主席团可以交由有关专门委员会进行审议、提出报告，再由主席团审议决定提请大会全体会议表决。

3. 选举程序规则

选举是各级各类法定性会议的一项重要议程，选举过程是严格按照有关程序进行的。选举程序包括有关组成人员的选举、罢免和任免，其主要内容如下。

（1）提名。选举人选一般由主席团提出，经由各代表团酝酿协商后，再由主席团根据多数代表的意见，确定正式候选人名单。

（2）说明。候选人的提名人应当向会议介绍候选人的基本情况，并对代表提出的问题作出必要的说明。

（3）选举。采取无记名投票方式，超过半数者当选。选举或表决任命议案时，设秘密写票处。

（4）公布。选举或表决结果，由会议主持人当场宣布，同时公布候选人的得票数。

4. 立法程序规则

立法程序是国家权力机关在制定、修改或废除法律方面的活动程序，这一程序规则要求最高、规定最严，具体包括以下四个阶段。

（1）提出议案（动议）。提出议案，即被授予专门权限的机构和人员向权力机关提出法律和决议草案。会上只有正式动议才是合法建议，只有属于会议职权范围内的议案，才能列入会议议程。我国《宪法》规定，人大代表和人大常委会组成人员，有权依照法律规定的程序分别提出议案；地方各级人大举行会议时，主席团、常务委员会、本级人民政府和有三人以上附议的代表，可以提出议案。

（2）审议议案。审议议案，即对动议所提出的问题交换意见或进行辩论。人大全体会议听取列入会议议程的法律案的说明后，由各代表团、法律委员会和有关专门委员会审议。法律委员会根据各代表团和有关专门委员会的审议意见，统一审议后向主席团提出审议结果报告和法律案修改稿。主席团审议后印发会议，并将修改后的法律案提请大会全体会议表决。

（3）表决。表决即对动议中提出的建议表示赞同或不赞同而做出决定。表决方式采取投票、举手或其他方式。

（4）公布。公布即宣布结果，把表决结果正式告诉与会者。公布方式包括口头公布和书面公布两种。普通会议采用口头方式，重要会议则用书面形式，以文件形式公布或刊发在刊物上。

5.2.5 会议表决规则

每当会议讨论结束，主席或主持人就会发问："还有什么意见吗？"当得到否定的回答后，就会把问题付诸表决。表决是会议结果的一种表现形式，是会议程序的重要一环。选择表决方式、遵守表决规则，是表决结果有效性的重要保证。参与表决也是每个与会者的权利，只有了解表决规则，才能正确行使这一权利。不论使用哪种表决方式，都必须统计表决结果，并记录在案。表决结果要当场公布，告诉与会者。普通会议采取口头宣布的方式，重要会议则采取书面形式，以正式文件的形式发布，或在一定的刊物上刊载。

1. 口头表决

每当问题即将付诸表决时，就面临对表决方式的选择。口头表决是一种常见的方式，出席会议人数较少，容易统计表决结果时，可以采用这种方式。口头表决的方式有以下三种情形。

（1）口头表决。口头表决通常是口头表示同意或不同意，有时主持人征求与会人员意见，默许也被看作同意。

（2）呼声表决。呼声表决就是用呼声大小来决定表决结果，由于这类表决方式难以统计结果，除人数较少的会议外，一般不采用这种方式。

（3）点名投票。点名投票实际上是一种口头表决和投票表决相结合的方式。由会议秘书或大会指定人员逐个点名，当点到会议成员名字时，答"同意""不同意"或"弃权"（不出声），这种表决方式有留有记录的优点。

2. 举手表决

举手表决是最基本也是传统的表决方式。这种方式便于统计表决结果，许多会议都采用这种方式。和这种方式相类似的有起立表决，如果涉及个人不便公开表决时，则不宜采取这类表决方式。

3. 投票表决

投票表决是最庄重、最科学的一种表决方式。它克服了口头表决不易统计、举手表决不易保密的缺点，即便是规模较大的会议，统计起来也较为方便。同时，可以设秘密写票处，表决者可毫无顾虑地充分表达自己的意愿。

5.2.6 国际会议规则

国际会议规则是由相关国际组织所制定的。随着我国改革开放和现代化事业的推进，国际交往越来越频密，我们参加国际会议并承办国际会议的机会也越来越多。掌握国际会议规则，能更好地利用国际会议维护本国的利益，同时研究国际会议规则也是为了更好地借鉴国际规范，使我国的会议开展与国际惯例接轨，树立良好的外交形象。

1. 国际会议的召开

国际组织的会议，有例行会议和特别会议之分。例行会议是定期召开的会议，如联合国大会的例行会议，每年举行一次，在九月的第三个星期开会。紧急情况或特殊情况下召开的会议叫特别会议，会期自定。

例行会议或特别会议，都由会议召集机构或组织秘书长事先发出通知。提前通知时间为：例行会议在60天前，特别会议在14天前，紧急会议在12小时前。

2. 会议代表

国际组织或国际会议的会议代表，一般由该组织或会议的章程所规定。正式成员都有参加会议的资格，非正式成员只有受邀才能参加。如果是少数国家发起的会议，只有发起国和受邀国才能参加。如联合国大会和安全理事会会议，只有会议成员国和理事国才能参加。

以"观察员"身份参加会议，或临时被邀参加某一会议的代表，在会议中具有的权利，如旁听权、发言权、陈述权、提交书面文件权等，都由会议规则加以明确。这类会议代表通常没有表决权。

会议代表的人数一般都有规定。如联合国大会的成员国代表一般不超过五名正副代表。副代表经代表指定，可代行代表职务。

3. 会议主席

每次会议都在会议开始前从代表中选举主席一人、副主席若干人，若主席因故不能出席会议，指定一名副主席代行主席职务，其权力、职责和主席相同。

主席的职权主要有：（1）宣布会议开始和散会；（2）主持会议的讨论；（3）主持表决并宣布决定；（4）裁决会议程序，维持会议秩序；（5）提议休会、暂停会议或暂停议题讨论；（6）会议规则规定的其他职权。

一般国际会议规定，主席和代行主席职务的副主席不得参加表决，但可指定所属代表团的另一成员代为投票。讨论的事项有利害关系时，主席应当回避。

4. 会务机构

一般国际会议的会务机构设置为：大型会议设总务委员会，执行会议的组织工作和其他工作，类似我国的大会主席团，下设秘书处处理事务性工作；小型会议则不设总务委员会，由大会秘书处执行有关组织工作。

总务委员会是会议的组织机构。如联合国大会的总务委员会由大会主席、副主席和主要委员会主席组成，其主要职权是协助主席处理一般事务，协调各方面的工作。

秘书处为处理一般事务的办事机构，负责人为秘书长。秘书处的主要职责是：（1）接受、翻译、印制和发放大会文件；（2）编印和散发会议纪要、记录；（3）负责大会发言的口译；（4）负责会议文件的管理。

5. 议事规则

国际会议的议事规则，包括议程、讨论、表决等内容。

国际会议的议程通常分为临时议程和正式议程：临时议程是正式议程没有确定之前，由秘书处或会议筹备组织提供大会审议决定的议事项目；临时议程经大会讨论通过后成为正式议程。

讨论又称辩论、审议，是大会议程中的重要阶段。一般的讨论流程是：听取报告——一般性发言——大会讨论，或交由某一委员会审议——大会审议——大会做出决议草案——提交大会表决。

表决是一个议程的终结，是会议对于某一议程项目做出的决定。国际会议中表决权是一个基本问题，出席会议的成员国不论大小，都有一票表决权。通过决议的表决票数，采取多数表决的原则。

5.3 会务工作的礼仪规范

行政秘书几乎每天都要与各种会议打交道，召开会议时，方方面面都要考虑周全；出席会议时，仪态、精神都要与会议内容、主题吻合。一次重要会议的举办，往往也是行政秘书展现才华的绝佳机会，更是其礼仪修养和职业素质的体现。

5.3.1 会务工作礼仪综述

有些常规例会在礼仪方面并没有太多的要求，只需做好会议准备工作，确保会议顺利召开即可。但有些会议本身就是礼仪性的，如迎送会、慰问会等，这些会议的礼仪讲究与会议的规格成正比。行政秘书要对各种会议工作的礼节要求、仪式过程了如指掌，只有按照会议礼仪工作规范来举办会议，才能使参会人员在每次会议中感受到会务管理工作的严谨有序，从而提升会议主办单位的整体形象。

行政秘书的会务礼仪工作首先要做到如下三方面要求。

1. 周全考虑

会务工作礼仪的周全考虑是指在筹备会议时，对会议活动过程中的各个环节、各个细节都要做全面考虑，以防差错。周全考虑不仅是对会议各项议程的考虑，还包括对一切可能影响会议顺利举行的因素作充分的考虑，如天气状况、交通情况、设备运转等。把各种可能发生的情况考虑到位了，才能对会议期间的复杂忙乱状况应对裕如。行政秘书在安排会议工作时，一定要从客观条件、主观因素等诸多方面考虑会务管理工作，以确保会议圆满成功。

2. 周密安排

在周全考虑的前提下，作出周密安排努力使会议开得成功，是行政秘书办会的初衷。周密安排要求行政秘书在会务管理中事事周详细密，不得有差错，也不容有混乱。周密安排首先体现在会期安排上,既要张弛结合,又要紧凑高效;同时还体现在会议准备工作是否充分上,只有安排周密,才能使会议更有效并保持凝聚团结的作用,为下达任务、明确方向提供支持。

3. 周到服务

礼仪工作与服务有着密切关系,会务礼仪的一项重要内容就是做好会议的服务工作。保证会议圆满完成各项议程,使与会者精神抖擞地参加会议,并确保会议和与会者的安全,是会议周到服务的出发点和最终目的。会议的服务对象主要有与会领导和贵宾、与会普通成员、采访会议的新闻工作者等。行政秘书办会时,要注重对不同服务对象提供周到的服务,使会议的精神不仅在会内得到体现,而且在会外得以延伸。

5.3.2 参会人员的礼仪要求

1. 会议主持人的礼仪

各种会议的主持人一般由一定职务的人来担任,其礼仪表现对会议的进行有着重要的影响。会议主持人应了解和具备会议主持的礼仪,常规会议的主持人在礼仪方面要注意以下几点:

(1) 做好会前的准备工作。开会前要明确会议目的,确定议题、程序和开会的方式方法;选定出席的人员;确定会议的时间、地点;把会议目的、议题、时间、地点、要求事先通知参加者,请他们做好准备;会前应收集意见,准备必要的资料;做好会场的准备,搞好卫生,桌椅的排列要适于会议特点。

(2) 严肃会议作风。一要准时到会,不能迟到;二是不准私下交谈,不允许做私活、早退席;三是发言不能信口开河、离题胡扯;四要集中时间和精力解决主要问题;五要发扬民主,不搞一言堂。与会者只有充分地表达自己的意见,才能更好地集思广益。主要结论应当场确认,实现会而有议、议而有决、决而必行。

(3) 保持自然大方的主持仪态。主持人主持会议时,从走向主持位置到落座等环节都应符合身份,其仪态姿势都应自然、大方。如在步入主持位置时,步伐要刚强、有力,表现出胸有成竹、沉稳自信的风度和气概,要视会议内容掌握步伐的频率和幅度。又如,主持庄严隆重的会议,步频要适中,步幅要显得从容;主持热烈、欢快类型的会议,步频要快,步幅略大;主持纪念、悼念类会议,步频要放慢,步幅要小。

(4) 运用丰富幽默的主持语言。会议主要是通过语言来表述,因而主持人应特别注意语言的礼仪规范。其一,所有言谈要符合会议的内容和气氛要求;其二,语言要平淡,语气要委婉,用准确的事实来阐述正确的主张,使人心悦诚服。

(5) 引导会议内容。主持人遇到冷场时要善于启发,可选择思想敏锐的与会者率先发言;遇到离题状况,可根据具体情况接过议论中的某一句话,或插上一句话做转接,使议论顺势回到主题上来;遇到发生争执时,如果因事实不清可让与会者补充事实,如事实仍不甚清,可暂停该问题的争执。主持者要善于观察与会者的性格、气质,并根据各类人员特点区别对待,因势利导,牢牢把握会议进程。

（6）掌控会议时间。主持人要善于选择时机召开会议，并严格控制会议的时间长度。就国外经验看，在办公时间一般不开会，凡二级主管会议大多在下午六点以后举行，并不超过六十分钟，严格限制会议时间，提倡站着开会，可以抓住问题的核心。

2. 会议发言人的礼仪

对会议发言人或报告人来说，其礼仪主要表现在发言要遵守秩序。若话筒距离自己的座位较远，则应以不快不慢的步子走向话筒，不要刚一落座就急着发言。在发言之前可面带微笑，环顾一下会场四周，如会场里响起掌声，可以适时鼓掌答礼，等掌声静落后再开始发言。发言时应掌握好语速和音量，以使会场中所有的人都能听清。发言或报告一般应使用标准普通话，不能大量运用方言土语。发言或报告中还应注意观察与会者的反应，根据具体情况对内容做相应调整。

会议发言有正式发言和自由发言两种，前者一般是领导报告，后者一般是讨论发言。正式发言者，应衣冠整齐，走上主席台应步态自然，发言时口齿清晰，简明扼要。如果是书面发言，要时常抬头扫视会场，不能只低头读稿。发言或报告结束时，应向全体参会人员表示感谢；自由发言则较为随意，发言应讲究顺序和秩序，不能争抢发言，发言应简短、观点明确，与他人有分歧，应以理服人、态度平和，听从主持人指挥，不能只顾自己。

3. 会议参加者的礼仪

（1）一般与会者礼仪。

①会前。在会议召开前应注意以下几点：一是守时。通常应提前五六分钟进入会场，不要迟到。二是仪表。与会者衣着以正式服装为主，穿着不可过于随意。三是若在会议开始前，主席仍未介绍与会人士，你可主动伸手和身边的人握手并进行自我介绍，此外，携带手机入场，在会议开始时应予以关闭或调至振动挡。

②会中。与会人员要注意以下礼节：一是认真倾听报告或他人发言，切忌出现闲聊、看书报或随意进出会场等行为。二是发言应先举手，会上如果要发言请举手示意。三是充分准备发言。严格把握好发言时间，精心组织发言内容，发言内容要求做到中心突出、内容翔实。四是别人发言时不打岔，如有问题可举手，经会议主持人认可后再发言。

③会后。会议结束后，要按顺序离开会场，不要拥挤或横冲直撞，也不要大声喧哗，对会议评头论足等。

（2）其他与会者礼仪。

其他会议参加人是相对于一般与会者而言的，包括主席台就座者、会议来宾和特邀嘉宾、列席代表等。他们除了应遵循一般与会者所遵循的礼仪之外，还需遵循以下礼仪。

①主席台就座者礼仪。进入主席台时，应该井然有序，若此时参加会议者鼓掌致意，也应该微笑着鼓掌作答。有些会议，座位上或主席台的长桌上已标明就座者姓名，就应按照会议工作人员的引导准确入座。

②会议来宾（或特邀嘉宾）礼仪。应遵守"客随主便"的习俗，听从会议组织者的安排，做到举止端庄、行为有度。如果在会议开始前或进行中遇到熟人，不能把注意力只

分配在一两个人身上,而是要照顾到来宾中的每个人。不能因自己是来宾就不遵守会场纪律,也不能有"高人一等"的思想。

5.3.3 会议环境的礼仪规范

所谓的会议环境礼仪,是指通过对会议现场做一番配合会议主题精神的布置,使会议程序更加规范、气氛更加和谐、效果更加彰显。各种会议的议题、议程和出席对象不同,会议环境布置就有不同的规范。

1. 会议环境布置的基本要求

(1) 强化主题。

首先要求办会的行政秘书自己要吃透会议主题。例如,举办一次职工代表大会,其主题是关于企业的调整,话题严肃,且涉及职工的切身利益。既不能将会场布置得太喜庆,与主题不符,又不可过于庄重,增加了压抑感,格外使人沉闷、焦虑。行政秘书在办会中如果不能把握好分寸,就不能将会场布置得恰如其分。强化会议主题,要求行政秘书注意环境与主题的统一性。比如会议主题是强调环保的,但会议中却使用了不可降解的一次性饭盒和一次性木筷等,这就与会议的主题精神南辕北辙。统一的要求还表现在会议的徽记、色彩等方面。代表证、文件袋、请柬、通知等应印有统一的徽记和相近的颜色,这既能体现会议的主题精神,也便于会务管理和存档后的辨认、整理及分类。

(2) 勤俭节约。

办会是一桩花钱的事,所以不可动辄开会。一旦决定召开会议,行政秘书要做到勤俭节约。首先是利用本单位现有的条件开会,安排会场不要热衷于借场地、借酒店,更不能找风景名胜区,借开会之机大肆游山玩水。每次会议结束后,会议的相关物品要收好,以便今后必要时再用。勤俭节约还表现在开会用品不能滥发,纸张、文具和纪念品都要严格控制。与会者来开会,主要着眼会议本身的精神意义,在会上滥发礼品就失去了会议的严肃性,即使是展览性、展示性的会议,也应侧重宣传,而不是借会议之名滥发礼品。

此外,不能一味追求先进设备而不顾实际经济实力,能修旧利废就不要再购置新的;国产花卉的效果未必比进口的差,等等,这些看似鸡毛蒜皮的小事,都把一个单位、一位行政秘书对会议环境礼仪的认识真实地反映了出来。

2. 会议环境礼仪规范

(1) 会场选择。

会场选择对会议主题的深化以及与会者参会的情绪都有很大影响。行政秘书首先要选准会场会址,考虑交通便利、设施齐全、环境安静的地点,使外地与会者方便到会、安心开会。在具体会场的选择上,要把与会人数、与会者职位、听报告还是讨论、看文件等内容作一一考虑后,安排恰当的会场。会场大了易散,聚不起"精气神";会场小了易杂,事事不方便。大型会议应配有候会休息处、小组讨论处、秘密写票处、资料查询处等,使与会者能方便舒适地参加会议,充分行使自己的权利。

(2) 会场布置。

一般的小型会议，常规例会，会议室要清洁、明亮，有足够的桌椅，能让与会者方便地看文件、做记录、讨论发言。行政秘书应注意保持会议室的整洁、设施完好、用品齐全，使会议室处于随时可以被利用的状态。大型会议的会场准备则比较复杂，涉及的因素条件如下。

①会标。会标即会议全称的标题化。应将会议全称用大字书写后挂在主席台的正上方，这是会议礼仪十分重要、点睛的一点。它能增强会议的庄重性，揭示会议的主题与性质，使与会者一进场就在精神上被引导。

②会徽。会徽是体现或象征会议精神的图案性标志。要选择具有强烈感染力和激励作用的图案，一般可向社会征集，也可在单位组织内部征集。图案要简练、易懂、寓意丰富。有些会议可用组织自身的徽志作会徽，如党徽、团徽、警徽等，这些都可起到渲染突出会议精神的作用。

③画像。纪念性会议、针对某人物成就功绩的专题性会议，可将相关对象的画像挂在会场内，表示尊重、纪念和缅怀。

④标语。标语是会议主题的体现，会场上的气氛往往就是被恰到好处的标语、旗帜等渲染起来的。标语的拟定制作是行政秘书在准备会议文件时就应拟就并报请领导批准的。会议标语要集中体现会议精神，简洁、上口、易记，具有宣传性和号召力。

⑤旗帜。会议的旗帜分主席台上悬挂的旗帜和会场内外悬挂的旗帜两种。主席台上的旗帜应围挂在会徽两边，显得庄严隆重。主席台的两侧插上对应的红旗或彩旗，可增添喜庆气氛。而会场门口和与会者入场的路旁插上红旗或彩旗，会议的气氛则更为热烈，更能烘托会议主题。

⑥花卉。花卉是礼仪不可缺少的重要道具，在会场上，花卉还能解除与会者的疲劳感。选用花卉应突出中华民族传统优秀文化，而不要热衷于选用进口洋花卉。以梅花、牡丹、菊花、兰花、月季、杜鹃、山茶、荷花、桂花、水仙等十大名花为代表的中国原产花卉，早已被赋予浓厚的文化色彩，以这些花材为主构成的花卉艺术品，如插花、盆景等以无声的语言向人们传播文化、表现礼仪。越是重大、涉外的会议，越应选取有代表性的中国原产花卉作为摆放的主体花材，并将中国传统艺术花卉的插放造型作为会议花卉的礼仪形式。

⑦灯光。会议场所的灯光应该明亮、柔和，适宜的照明也可减缓会议时间过长而带来的疲劳感。会场灯光应有不同功能，以便于会议颁奖、照相、演出等多种需要。

3. 会议场地席位安排

会议场地席位安排体现了与会各方的政治关系，如圆桌会议已经成为平等对话与协商会议的主流席位安排形式。会议的席位安排也是形成特定会场气氛与心理效应的重要手段。报告会设置专门的主席台，目的在于凸显报告人的主导地位，并且营造出严肃的会场气氛。相对报告会而言，座谈会则更多地采用围坐式席位安排，这有利于突出融洽的会议气氛。除此之外，会议场地的席位安排还受会场大小和参会人数的影响。会场小而人数多的会议尽量采用紧凑型布局，会场大而人数少的会议可适当采用分散式布局。

会议场地席位安排大致可分为上下相对式、全围式、半围式、分散式、对等式五种类型。举办会议究竟采用哪种席位安排取决于会议的性质和特定的会议氛围需求。

（1）上下相对式。上下相对式，即主席台与参会者采取上下面对面的方式进行席位安排，如图 5-1 所示。这种席位安排体现了会议的严肃性，一般报告会、表彰总结大会等宜采用上下相对式的会议席位安排方式。

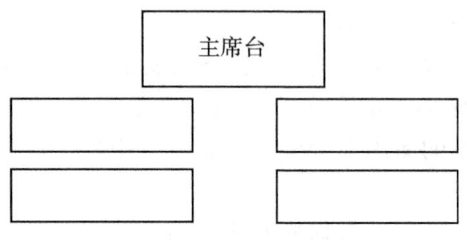

图 5-1　上下相对式席位

（2）全围式。全围式不单独设置主席台，目的在于突出会议的融洽性，如图 5-2 所示。全围式布局能够更好地让参会者感受到平等、尊重，通常适用于座谈会、协商性会议以及小型会议等。

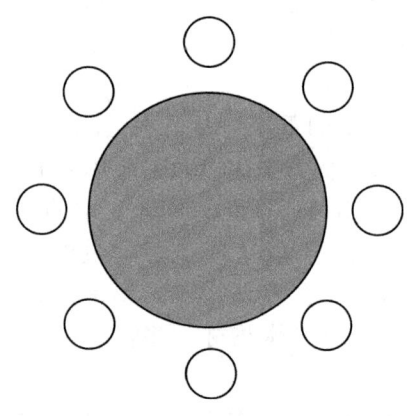

图 5-2　全围式席位

（3）半围式。半围式席位布局适用于面试、述职、听证会等会议，如图 5-3 所示。半围式会议布局分为主席评委席、与会者席，两者形成半包围的席位，对与会者会形成一定的心理压力。

（4）分散式。分散式席位布局适用于气氛比较轻松的会议，如茶话会、联欢会等。分散式会议布局整个会议不止设置一个中心，而是由若干个中心组成。与会的领导并不集中坐在一桌，会议主桌由会议主席和会议的主要嘉宾构成。采用分散式会议布局，要在一定程度上将主桌的地位凸显出来，又要营造出主桌与他桌能够良好互动的和谐氛围，如图 5-4 所示。

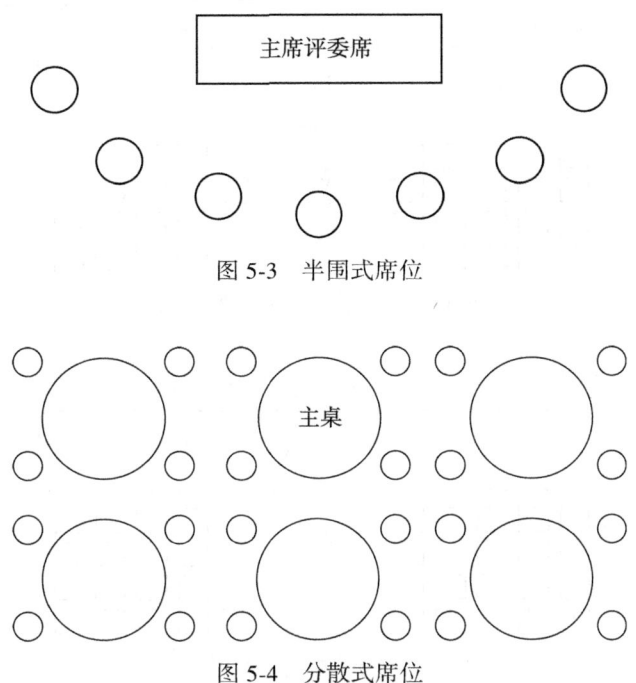

图 5-3 半围式席位

图 5-4 分散式席位

(5) 对等式。对等式席位布局通常适用于会谈型会议，席位的两边呈对等式分布，如图 5-5 所示。

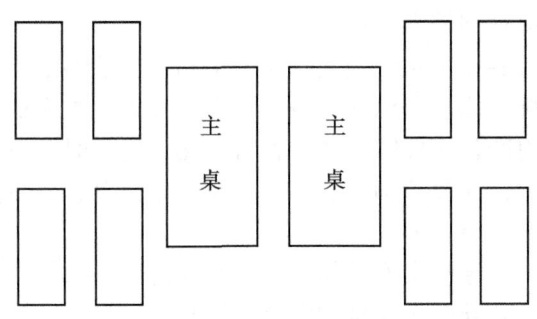

图 5-5 对等式席位

4. 领导座次安排

(1) 领导在主席台就座时的座次安排。

①领导人数为奇数时：1 号领导居中就座，2 号领导在 1 号领导的左边位置就座，3 号领导在 1 号领导的右边位置就座，以此类推，如图 5-6 所示。

②领导人数为偶数时：1、2 号领导同时居中就座，2 号领导依然在 1 号领导左边位置就座，3 号领导依然在 1 号领导右边位置就座，以此类推，如图 5-7 所示。

领导的座次安排也应灵活掌握，不必生搬硬套，如对一些德高望重的老同志，也可适

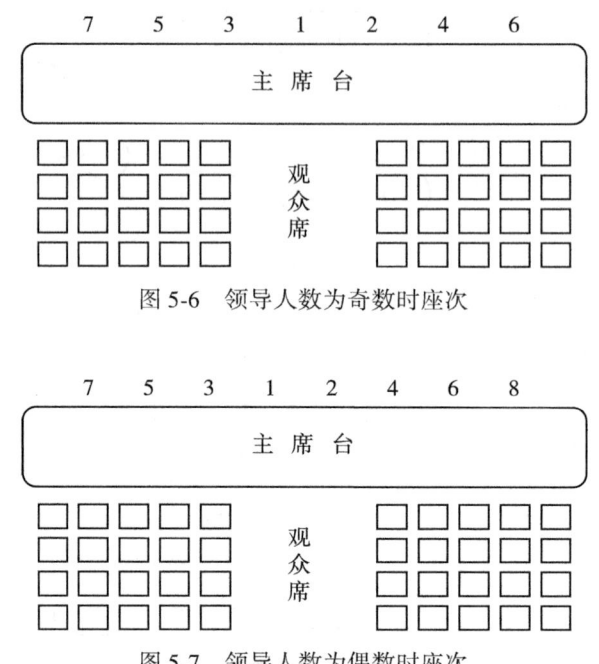

图 5-6 领导人数为奇数时座次

图 5-7 领导人数为偶数时座次

当往前安排,而对一些年轻的领导同志,可考虑适当往后安排。对受邀的上级单位或兄弟单位的来宾,也不一定非得按职务高低来安排,通常掌握的原则是:上级单位或同级单位的来宾,其实际职务略低于主办方领导的,也可考虑往前安排就座。这样既体现出对客人的尊重,又使主客双方都感到较为得体。

需要注意的是,对将要在主席台就座的领导能否出席会议,在开会前务必逐一落实。待领导到会场后,可安排在休息室稍候,再逐一核实并告之主席台落座方位。如果主席台领导人数较多,还应提前准备座位图。如有临时变化,应及时调整座次,防止主席台上出现差错或领导空缺。同时,还要特别注意认真打印制作台签,谨防错别字出现。

(2)座谈会时的领导座次安排。

①长条桌横对门时,领导座次安排如图 5-8 所示。

②长条桌竖对门时,领导座次安排如图 5-9 所示。

(3)关于宴席座次的安排。

①中餐宴席安排。一般主陪在面对房门的位置,副主陪在主陪的正对面,1 号客人在主陪的右边,2 号客人在主陪的左边,3 号客人在副主陪的右边,4 号客人在副主陪的左边,其他以此类推。以上主陪的位置是按普通宴席安排的,有特殊因素,则应视情况而定,如图 5-10 所示。

很多时候还可以交叉安排:主陪可坐在面对房门的位置,1 号客人在主陪的右边,2 号客人在主陪的左边,2 号主人在 1 号客人的右边,3 号主人在 2 号客人的左边,3 号客人在 2 号主人的右边,4 号客人在 3 号主人的左边,其他以此类推,如图 5-11 所示。

②西餐宴席安排。按照国际惯例,西餐桌次的高低依距离主桌位置的远近而右高左

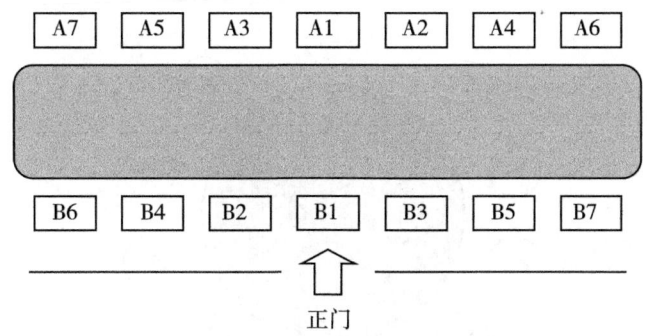

图 5-8　长条桌横对门时领导座次

注：A 为上级领导或客方，B 为主办方，图中数字序号代表领导的职务高低。

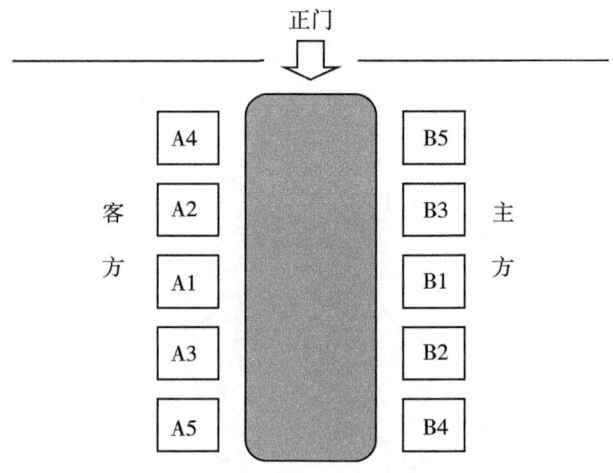

图 5-9　长条桌竖对门时领导座次

注：A 为上级领导或客方，B 为主方（人面门站立右手方为主方），图中数字序号代表领导的职务高低。

低，桌次多时应摆上桌次牌。同一桌上席位的高低也是依距离主人座位的远近而定，以右为上的原则安排，如图 5-12 所示。

5.3.4　会议服务的礼仪安排

如果说会议环境是会务礼仪的硬件，那么行政秘书为与会者提供的服务就是会务礼仪的软件。

1. 会议服务安排的基本要求

（1）政治第一。

会议服务首先是一项政治工作。无论什么会议，或多或少都有一定的政治意义，即使

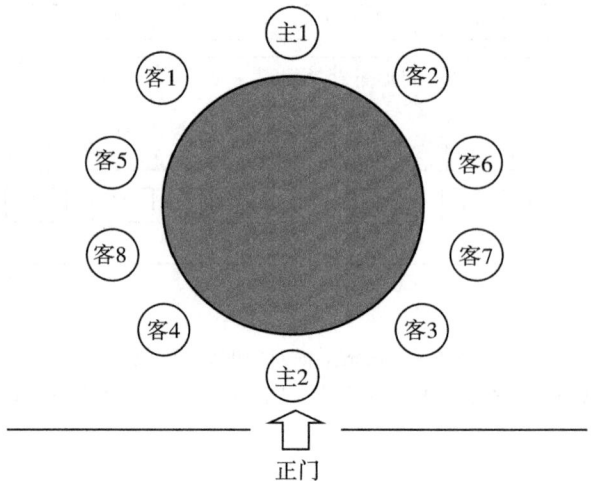

图 5-10 中餐宴席座次安排之一

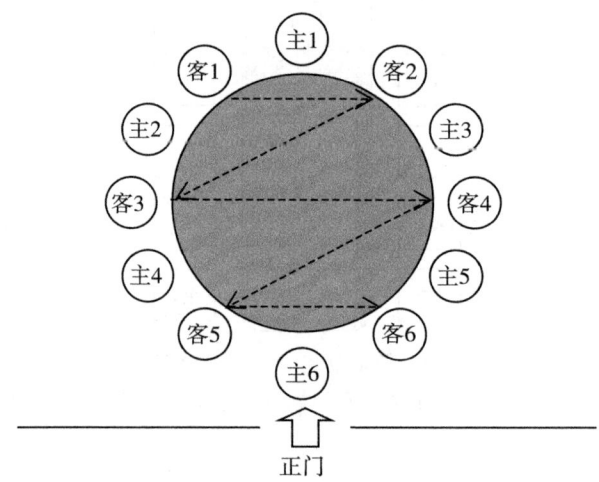

图 5-11 中餐宴席座次安排之二

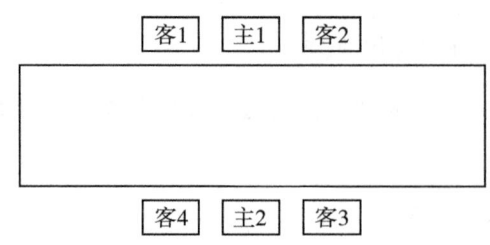

图 5-12 西餐宴席座次安排

像茶话会、团拜会这种礼节性的会议，有时也有其鲜明的政治意蕴。在会议服务时，行政秘书要自觉提高对会议本身意义的认识，不要因办会是常规工作而忽视了应该注意的诸如保密、谨慎等政治原则。严格按会议的规章条例办事，这虽是行政秘书办会的礼仪常识，但也是坚守政治原则的反映，是行政秘书政治素质的体现。

（2）宏观把握。

行政秘书的会议服务往往十分烦琐，但又必须注意从具体事务中跳出来，站在宏观全局上把握会务管理，而不是事必躬亲。宏观把握会务管理，一是要精心组织安排，将缜密考虑后的具体措施向普通工作人员交代清楚，按照他们的特长布置任务，这样就可以集中更多的精力投入会议的主要内容本身；二是要通盘考虑，不能只看局部，要从会议的全部流程甚至会议的后续事宜来考量，这样才能既解决会务工作中突出的问题，又有利于整个部门的长远发展。

2. 会议服务礼仪规范

（1）会议准备阶段。

①时间选择。开会时间选择要合适。企业的生产关键时期、事业单位的任务攻关时期、农村的农事繁忙时期等不宜安排会议；节假日前后旅途拥挤，一票难求，不宜开会；会期太长，影响日常工作，所以会议不能耗时过多；某些紧急事件发生时，可通过取消或延期举行会议让位于眼下的紧迫任务。

②邀请对象。对出席会议对象的邀请，既要考虑他们的资格问题，又要考察其参会能力及水平修养。被邀与会者若不能胜任会议交给的任务，会感到痛苦或尴尬，参会便成了一次不愉快的经历，对行政秘书而言，这也是礼仪考虑不周的表现。

③详尽通知。会议通知要发得早，既便于与会者安排手头工作，又便于与会者为会议内容做准备；内容要细，会议名称、届次、主要议题议程、出席范围、与会者应递交什么材料或做哪些准备、会期、会址等，都应明明白白，使与会者有备而来；交代要明，食宿如何安排、费用多少、交通线路怎样，都要交代清楚，以免造成麻烦。对特邀贵宾的通知，应派专人登门呈送，以示郑重。

（2）会议召开阶段。

①接站。一般会议都规定了报到日期。在报到日期，行政秘书应安排好接站。在车站、码头、机场等主要交通站点，用醒目的牌子标明"某某会议接站"，使与会者一下交通工具就能看见接站牌而感到安心。对所接到的与会者，要表示热烈欢迎，并慰问其旅途劳顿。

②登记。当与会者报到时，行政秘书要热情做好签到、登记、收费、预订返程票、发放会议资料、发放会议身份证件等工作。这一过程，应尽量在登记处一揽子解决，并迅速办理，让与会者尽早到客房休息。登记时，对与会者的民族风俗习惯予以尊重，对南北方不同室温要求等应予以满足。主办方应在会议召开前一天晚上，派行政秘书或工作人员到会议各住宿地看望与会者，尤其是特邀贵宾和与会领导。

③联络。会议进行期间，行政秘书要注意与各小组联络，不使一位与会者有被冷落的

感觉。会议简报要对各小组相对均匀报道，不要只将视点聚焦于有大人物、有热点的小组，使其他小组产生不愉快的情绪。

④安全。行政秘书要做好安全工作，确保每一个与会者的人身安全、财物安全以及食品卫生安全。涉密会议还必须强调文件安全和会议保密。

⑤娱乐。会议期间，行政秘书可安排一些影视放映、文艺演出、球类、棋牌活动等，以调节情绪，也应鼓励与会者主动参与，但还要注意经费和时间的节省。

（3）会议结束阶段。

①照相。如果会议有照相环节，行政秘书应提早做好安排，以免个别与会者离会而不能参与，尽可能使与会者在离会前拿到照片。

②材料。行政秘书发给与会者的材料要有口袋，便于集中携带；收回的材料要早打招呼，发现有人未交，应尽早查问；不一致的意见不要写到会议的决议或纪要中；要乐于为与会者提供复印材料、邮寄材料或其他物品等有关服务。

③送客。行政秘书将与会者所订返程票交给其本人时，要仔细核对车次、航班或船期，并向与会者交代清楚；若有不对或不周处，应主动承担责任；若有人需要照顾，应向其他人解释，争取大家谅解；每一位与会者离开时，都要热情相送，对集中离开的与会者，要准备车辆送他们去车站、机场或码头，对贵宾则必须亲自送别。

☞本章小结

任何一次成功的会议都离不开行政秘书的创造性、服务性活动。因此，充分认识会议及会务管理工作的重要意义，了解行政秘书在会议中的职责，掌握会务管理的方法与艺术，提高会议的质量和效果，是行政秘书办会能力的重要体现。本章从会议的基本概念出发，重点从会务工作的规则要求和会务工作的礼仪规范两个方面展开阐述，对行政秘书会务管理工作的理论知识进行了综合讲解。通过本章的学习，读者可以通晓行政秘书会务管理的理论内涵与规范要求，为今后的办会实践提供指导与借鉴。

☞关键术语

会议　　会务工作　　会议会期规则　　会议成员规则
会议议事规则　　会议程序规则　　会议表决规则
国际会议规则　　会务工作的礼仪规范

☞思考题

1. 会务工作的内涵是什么？
2. 会议的构成要素有哪些？
3. 会议的作用是什么？

4. 会议的一般流程是什么？

5. 会议环境礼仪规范包括哪些方面？

6. 如何安排领导在主席台就座？

☞阅读材料

守住精文减会的硬杠杠

"中央层面继续发挥示范带动作用，守住精文减会的硬杠杠，对各地区各部门发文开会情况实施动态监测"。不久前，中办印发《关于持续解决困扰基层的形式主义问题为决胜全面建成小康社会提供坚强作风保证的通知》，强调要切实防止文山会海反弹回潮，提出了确保发文开会数量比2019年只减不增的刚性约束。明确的要求、务实的举措，彰显了党中央整治文山会海顽疾的决心。

2019年是"基层减负年"，"严格控制层层发文、层层开会"是其中一项重要工作，开展一年来成效显著。据统计，2019年党中央、国务院发文数量都减少了30%以上，省区市文件和会议分别平均压缩39%、37%，中央和国家机关分别压缩39%、33%；来自全国基层观测点的蹲点调研数据显示，去年当地收到上级文件和本级发文平均减少31%，本级召开的会议数量平均减少35%。实践证明，把精文减会落到实处，基层干部就有更多精力服务群众、推动发展。

但也要看到，形式主义、官僚主义问题具有复杂性和长期性，解决起来不可能一蹴而就。削"文山"、填"会海"，既要巩固已有成果，还要防止文山会海以新形式出现。比如，原本发红头、走办公系统的文件摇身一变，以"白头"、便笺的形式发到基层；同一议题会议层层重复开，现场会议少了，视频会议却多了起来。这提醒我们，整治文山会海不能有打好一仗就一劳永逸的想法，也不能有初见成效就鸣金收兵的念头。防止用形式主义做法解决形式主义问题，对在发文开会方面改头换面、明减实不减的，及时督促纠正，才能确保文山会海不会反弹回潮，从而形成崇尚实干的风气，让减负成果更好转变为干事热情。

开会、发文都是推动工作的手段，本身必不可少。不少基层干部反映，基层并不是怕开会、发文，而是怕开和自己关系不大的会，怕发不切实际、内容空洞的文，更怕上下一般粗，缺乏针对性，又层层加码、滥提基层无法落实的任务要求。可见，整治文山会海并不只是压缩数量，还要提高文件、会议的质量。湖南长沙为发文、会议制作负面清单，什么样的文该发、不该发，什么样的会该开、不该开，一目了然；山东菏泽规定会议讲话等材料必须提前准备，做到目标明确、措施具体，能现场办公、电话调度解决问题的，决不集中开大会。各地精文减会的经验表明，持续整治文山会海，确保开会、发文聚焦真问题、解决真问题，才能真正为基层减负，为广大基层干部松绑，把精文减会的效果转变为贯彻落实的动能。

（资料来源：本报评论部：《守住精文减会的硬杠杠》，《人民日报》2020年5月13日，有删节。）

第 6 章 行政秘书会务管理流程

行政秘书的日常工作内容主要是办文、办会、办事，其中办会即会务管理。会务管理是对会议的相关事务进行的管理活动，会议能否达到预定目标与行政秘书人员开展的会务管理工作完备程度及水平高低关系甚密。根据会议的流程，本章从会前准备、会间服务和会后处理三个阶段，对行政秘书会务管理进行阐述。

6.1 会前准备

6.1.1 确定会议议题

1. 收集议题

会议议题是开会的前提。它是会议要讨论、报告的主要内容，反映的是会议的目的、主题、任务及为完成任务而将采取的措施。会议的议题主要有三个来源：一是来自上级机关和领导人布置的事项；二是来自下级部门提交的、需以会议的形式研究和决定的问题；三是来自本层级管理活动中需研究和决定的事项。

开会之前行政秘书一定要明确议题，并且将会议的议题及时通知到与会人员。这既是与会者实现知情权的需要，防止出现操纵会议的现象，也便于参加会议和筹备会议的人员做好相关准备工作，这有助于会议目标的实现，是提高办会效率的基础性工作。

明确会议议题的最佳方法是：将议题用文字清楚地记录下来，其书面形式包括议案、最后文件草案或讨论稿、会议议程、提纲等。注意在会议的整个过程中要严格按照议题规定的内容控制会议的进程。

2. 筛选议题

确定议题的主要方法包括：一是要有切实的依据；二是必须结合本单位实际；三是要有明确的目的。确定议题应遵循以下三点原则。

（1）一次会议的议题不能过多，也不能太少，一般以安排一个主议题和一两个小议题为宜,重大议题以一会一题为妥。

（2）尽量将同类性质的议题安排在一次会议上进行讨论,如果出现多个议题,则将重要、复杂的议题优先讨论。

（3）最好准备一个后备议题,以备不时之需。

6.1.2 制订会议预案、计划

大中型会议必须在会前制定周密的会议预案,即会议的筹备方案。会议预案除标明会议名称、时间、地点、会期、与会人员、会议日程外,还应有会议筹备人员组成和职责分工、会议经费来源和成本核算等内容。每项任务要有具体要求和具体负责人。会议预案报领导批准后,应及时组织实施。

会议预案示例如下。

××公司第××次股东代表大会预案

一、会议目的：（略）

二、会议时间：2019年1月14日至16日,会期3天。

三、会议地点及主会场：××市东方宾馆一楼大会议室。

四、参加人员和人数：预计到会人数150人左右。

1. 股东代表130人（其中外埠代表55人）。

2. 公司董事长、总经理、副总经理、总会计师、总工程师、各部门经理。

五、大会主持人：公司董事长。

六、会务工作负责人：总经理办公室主任。

七、议题和议程：

大会主要议题（14日）：

1. 公司总经理作公司一年来经营情况报告。

2. 讨论决定本年度分红配股方案。

具体议程见附件。

八、其他活动

1. 组织股东代表参观本公司主体企业××厂和××商城（15日上午）。

2. 交流讨论（15日下午）。

3. 举行卡拉OK歌舞晚会（15日晚）。

九、后勤服务安排

1. 食宿地点：东方宾馆。

2. 住宿标准：乙类双人客房,每人/天150元（本埠代表不安排住宿）。

3. 伙食标准：每人/天75元；15日晚酒会每桌950元,共计15桌。

4. 交通：13日下午和16日上午公司自备车辆到车站、机场接送外埠代表。参观租用旅游客车。

5. 纪念品：每人发公文包一个（价格60元）。

十、经费预算

预计会议开支×××××元。其中：会场及外埠代表住宿费×××××元、外埠代表往返旅费××××元、伙食（含酒宴）费×××××元、交通费××××元、纪念品××××元、会议办公费×××元。

附件：会议日程表

2019 年 1 月 4 日

小型会议必须制订会议计划，确定会议的基本要素，如会议议题、主持人、时间、地点、与会者等，使组织成员做到心中有数、早做安排。部门的会议至少提前一周报到办公室，由办公室统筹安排，定出一周会议安排表，使各个部门工作不相冲突。领导也可以有选择、有计划地参加部门会议，这有利于全局工作的顺利开展。

1. 成立会议的组织机构

大型会议的组织和管理工作，单靠一两个人是无法完成的，需成立相应的会务组织机构。一般来说，会务组织机构的各组要分工明确、互相协调，既要做好本职工作，又要顾全大局，做好面上工作，具体分组情况如下。

（1）会务组。大型会议通常设会务组，对外称会议秘书处。会务组主要负责：协助领导把握会议进程；统筹会议安排，进行会议编组；编印会议须知；制发有关证件；制作会议秘书处专用印章和钢印；分发会议文件、办公用品；组织报到和会场签到；安排会务值班；布置会场和分组讨论所用会议室；接待来访人员；组织参观；协调、衔接各组和分住地、分会场的相关工作；订阅并分发报纸等等。会务组通常要设立会议值班室、机要室、文件收发室、信访室、文印室等内部机构。一些大型会议由于需分几个宾馆食宿，还需在分住地设立大会联络组，接受会务组的领导，处理分住地有关会务工作。

（2）文件起草组。文件起草组的职责是：根据会议主题和领导要求，组织力量撰写并复印会议报告、领导讲话及有关会议文件等，这些报告或文件通常需提前准备。

（3）组织组。组织组的职责是：根据有关章程规定组织有关选举工作；协助完成代表资格审查工作；编印、分发、回收候选人背景材料、简历等；设计选票、组织投票并对选票进行统计；为会议撰写选举说明等文件；承办会议秘书处交办的其他事项。

（4）情况反映组。情况反映组的职责是：会议期间参加分组讨论；听取代表对会议的意见；编印情况说明或会议快报。

（5）简报组。简报组的职责是：会议期间参加分组讨论；记录代表发言；编印会议简报。

（6）总务组。总务组的职责是：安排与会人员的住宿和伙食；制发会议餐券；安排医护人员；检查供电、供水、供气情况；提供车辆等后勤保障；协助会务组进行会场和参观点的布置；进行会议经费的预结算等。

（7）宣传报道组。宣传报道组的职责是：负责会议期间的宣传报道工作；组织安排文娱活动；撰写并发布会议通稿；组织新闻媒体开展会议宣传、采访等工作。

（8）安全保卫组。安全保卫组的职责是：负责会议期间的安全保卫工作，制发通行证件等。

2. 确定会议规模与规格

确定会议规模与规格的依据是会议的内容或主题，其原则是精简高效。简单地说，会议的规模分为大型、中型和小型，会议的规格有高、中、低档次之分。

3. 确定会议名称

有些会议的名称是固定的，如董事会等；有些会议名称是不固定的，应根据会议的议题或主题来确定。会议名称要用确切、规范的文字表达，要拟得妥当、名实相符，不宜过长，但也不能乱简化。

会议名称一般由"单位+内容"两个要素构成，如"中国共产党第十九次全国代表大会"；有的会议名称由单位、年度、内容构成，如"××省人民政府办公厅2020年总结表彰大会"；有的会议名称由时间、会议内容和会议类型构成，如"2020年××省公路春运票价听证会"。

4. 确定会议时间

会议的起止时间，也称会期，就是会议召开时间的长短。确定会期应当与会议的内容紧密联系，遵循精简高效的原则，力求紧凑、科学，避免耗费人力、财力，尽量保证与会议有关的主要人员都能到会。

5. 确定会议地点

选择合适的会议地点，可从以下几个方面来考虑：一是选择大小适中的会场，会场的大小应根据会议的规模而定；二是选择远近适当的会场，首先要考虑主办单位交通是否便利，其次要考虑主办单位离会址不宜过远，避免给会务工作造成不便，再次，需要住宿的会议，还要考虑到会场与住宿点的距离，一般来讲两者之间的距离越近、越方便越好；三是要选择环境适合的会场。应选择比较安静、不易受周围环境干扰的会场；四是选择设备齐全的会场；五是选择有停车场的会议地点；六是会议场地租用的成本须合理。

6. 确定与会人员名单

合理确定与会人员应根据会议的性质、议题、任务来确定出席人员的范围、资格、条件等。与会人员一般包括主持人、记录员、来宾、会议代表、列席代表、听众等。会议人数过多，与会人员的参与意识就很薄弱，会议的效果可能较差，甚至还会产生负面影响。行政秘书要合理确定与会人员，对会议出席人数要有精确统计，以便做好其他准备工作。

7. 拟定会议议程和日程

会议议程是对会议要通过的文件、要解决的问题概略安排，并冠以序号将其清晰地表达出来。它是为完成议题而作出的顺序计划，即会议要讨论、解决问题的大致安排。会议主持人要根据议程主持会议。拟定会议议程是行政秘书的任务，通常由其拟写议程草稿，交有关领导批准后，在会前复印分发给与会者。会议议程通过会议日程具体地显示出来。

会议议程表例文如下。

××公司2020年度工作总结暨表彰大会议程

一、公司总经理作总结报告；

二、议定公司2020年度工作总结报告，商定新年工作目标及计划；

三、主持人介绍评先的标准（细则）、评先的办法、奖励的措施；

四、总经理宣布评选结果；

五、嘉宾颁奖；

六、先进集体和先进员工代表发言。

七、主持人宣布散会。

会议日程是根据议程逐日作出的具体安排，它以天为单位，包括会议全程的各项活动，它是与会者安排个人时间的依据，一般采用简短文字或表格形式将会议时间分别固定在上午、下午、晚上三个单元里。会议日程表的制定要明确具体、准确无误，使人一目了然，如有说明可附于表后。会议日程表须在会前发给与会者。

会议日程表范例如下。

表6-1　　　　　　　　　　××公司股东大会日程安排

日期	时间	会议内容	地点	主持	参加人	备注
3月18日上午	8：30	报到	1楼大厅	王秘书	全体股东	登记证件
	9：00	开幕式	2楼报告厅	李董		—
	9：20	茶歇	报告厅门口走廊	服务人员		—
	9：30	年度报告	2楼报告厅	张董		
	10：30	年度决算	201会议室	赵会计师	董事会成员	
	11：00	闭幕式	2楼报告厅	李董	全体股东	

8. 会议通知的发放

会议通知的基本内容包括名称、时间、地点、与会人员、议题及要求等。重要的、大型的会议通知要编文号，一般的会议通知不编文号。会议通知的发放常采用口头、电话、电子邮件和书面等形式。

发送会议通知的注意事项是：（1）除了非正式会议和每日例会之外的所有会议，均应打印正式会议通知，再通过书面形式或电子邮件传送到有关人员，以示正规和郑重。（2）传送要及时，使与会人员能按时参加。（3）传送要准确，防止重发、错发、漏发。

(4) 不管以什么方式发出会议通知，都应抓住确认回复环节，确保会议信息能按时、完整地传达到与会者。(5) 必要时附加一份说明和回执单，告知与会者具体的会址，并标明到达会址的汽车、火车等交通线路以及收集与会者住宿要求。

会议通知例文如下。

关于召开××省教育学会工作会议的通知

××省教育学会各专业委员会、各市州教育学分会：

为总结交流各级教育学会工作经验，进一步加强教育学会管理与建设，经研究决定于2021年1月15日在××市召开××省教育学会工作会议。现将有关事项通知如下：

一、会议内容

1. 领导讲话；

2. 总结省教育学会2020年工作，部署2021年工作计划；

3. 交流省教育学会各专业委员会、各市州教育学分会工作经验，讨论2021年工作计划；

4. 研究部署召开2021年××省教育学会会员代表大会事宜。

二、出席人员

1. ××省教育学会各专业委员会理事长、秘书长；

2. 各市州教育学分会会长、秘书长。

三、会议时间

2021年1月14日下午报到，15日开会。

四、会议地点及联系人

会议地点：××××大厦（××市花园路302号）；

联系人：×××，电话：×××-××××××××，136××××××××；

电子邮箱：××××××@163.com。

五、会议要求及说明

1. 省教育学会各专业委员会和各市州教育学分会请准备2020年工作总结、2021年工作计划的书面材料一式5份；

2. 要求相关负责人准时到会，并于1月13日前将与会人员名单通过电话或电子邮件报×××同志；

3. 与会代表交通费、住宿费自理；

4. 请省教育学会各专业委员会和各市州教育学分会于1月13日前将《×××调查表》寄××省教科所×××同志，地址：××市青年东路1号××××大厦南楼8楼，邮编：××××××。调查表可通过教科所网站下载（www.××××××）。

××省教育学会办公室
二〇二一年一月八号

9. 制发会议证件

会议证件的种类有：代表证、主席团证、出席证、列席证、选举工作证、记者证、工作人员证、车辆通行证、签到证等。

会议证件制作的原则是：主题鲜明、美观大方、经济适用；证件种类的名称要醒目便于识别；不同的会议应有不同的制作风格；对于一些有纪念意义的重要会议，会议证件的制作还要具有不易仿制的特点，且可收藏；会议证件正式制作前应出样本，最好设计两种以上样式，报送有关领导审定。

具体代表证制作要求分述如下。

（1）代表证。代表证不仅是出席会议代表的身份证明，也是珍藏的荣誉证件，如党代会的代表证等。其制作应设计精美、主题突出、质地考究，具有一定的珍藏价值，一般为对开折叠式加封套，要粘贴或印制代表彩照，并加盖会议秘书处钢印。

（2）主席团证。主席团证是供参加主席团会议的成员佩戴的，制作时应与出席证相区别。一般情况下，主席团证与出席证、列席证均制作成胸佩式。

（3）出席证。出席证是供出席会议的代表佩戴的，是重要的一种会议证件。通常情况下，出席证的设计制作应紧扣会议主题，突出会议性质，便于识别和佩戴，并为本次会议其他证件的制作提供基准风格。

（4）列席证。列席证是供列席会议的代表佩戴的，设计的风格应与出席证相一致，但要有所区分。

（5）选举工作证。选举工作证是为一些带有选举任务的会议而制作的证件，制作时可为胸佩式，也可为胸挂式。

（6）记者证。记者证是供新闻媒体采访会议的记者佩戴的，制作时可为胸佩式，也可为胸挂式。

（7）工作人员证。工作人员证是供会议工作人员佩戴的，对于一些大型会议，由于工作人员较多，为便于区分工作职责，往往将工作人员证件用 A、B 等类别加以区分，制作时可为胸佩式，也可为胸挂式。

（8）车辆通行证。车辆通行证是为车辆进出会场和住地而制作的证件，通常由会议的安全保卫组监制和发放。

（9）签到证。签到证是供会议代表参加大会时使用的，目的是为了掌握代表到会情况。签到证分两种：一是纸介质签到证；二是磁介质签到证，包括 IC 卡和磁卡两种。纸介质签到证需印有会议名称、会议时间、会议地点和注意事项，同时留出会议代表签字的姓名和单位空格。而对于磁介质签到证而言，制作时需要将会议代表的有关信息录入数据库，然后对 IC 卡或磁卡进行写卡。由于 IC 卡或磁卡的成本较高且具有重复读写性，证件表面一般不印刷会议代表的单位、姓名，只印刷"会议签到证"字样。为便于分发，可采用加贴单位、姓名签条或套信封等方式以示区别。报到时发放到代表手中，最后一次大会签到后收回，以提高利用率，节约开支。

10. 准备会议文件材料

（1）会议的指导性文书，如与会议内容相关的上级有关指示及会议起因文件等。
（2）会议的主题内容文件，如开（闭）幕词、主题报告、专题报告、大会发言等。
（3）会议的进程文件，如会议议程表、日程安排表、选举程序表、表决程序表等。
（4）会议参考文件，如有关调查报告、典型资料、国内外有关参考文献等。
（5）会议提案信访文书，如代表提案、信访文书等。
（6）会议管理文件，如会议通知、会议须知、议事规则、保密制度、生活管理文件等。

11. 确定会议所需用品和设备

（1）必备用品，是指各类会议都需要用到的物品及设备，如：文具用品（纸、笔、本册等），桌椅、台布等，茶水用品（茶具、暖水瓶、水杯、茶叶、饮料、矿泉水等），设备（扩音设备、照明设备、空调设备、投影和录像设备等），防疫用品（口罩、测温仪、消毒液等）。
（2）特殊用品，一些特殊类型的会议，由于内容要求不同用品的要求和使用也不尽相同。多媒体电视会议需安放路由器、屏幕等；选举性会议需准备好投票箱、选票等；表彰会需准备好奖品及颁奖时的音乐；代表性和庆典性会议需准备好会议开始时的国歌等音乐；电话、广播会议，需提前检查线路，保证音响效果良好；专业性会议或咨询性会议需准备好电脑、幻灯机等。

12. 制订会议经费预算方案

会议经费的主要来源包括：单位拨款、与会者交费、参展商交费、联合主办单位交费、广告商与赞助商的捐助等。

会议经费预算方案的内容主要包括：文件资料费、邮件通信费、会议设备和用品费、场地租用费、宣传费、食宿费、交通费及其他费用。对会议经费的预算应坚持厉行节约的原则，精打细算，按规定编制，既要满足会议的需要，又要符合有关财务的规定。此外对会议经费的管理要突出成本意识，加强成本控制和预算控制。

13. 安排食住行

（1）会议的饮食安排。行政秘书要认真做好餐饮的预算、采购、烹调、就餐安排等工作。在干净卫生的前提下，力求美味可口、品种多样。尽量照顾到不同国家、不同地区、不同民族与会人员的饮食习惯，兼顾不同口味，菜单安排不可过咸、过辣、过甜、过酸。会议期间应配备专职医疗人员，如发现因饮食、饮水和环境卫生等原因造成的突发情况，须及时上报处理。

（2）会议住宿安排。行政秘书在选择招待所、饭店、宾馆、接待中心等之前，要充分考察其基础设施是否齐全、安全性如何、价格是否合理、交通是否方便、环境是否安静和整洁等。具体安排住宿时，要根据与会人员的职务、年龄、健康状况、性别及房间条件等综合考虑、统筹安排。根据实际情况，按照规定标准，尽可能地满足与会人员住宿要求。

（3）会议交通安排。行政秘书交通安排的主要任务是车辆组织、车辆调度、租车管理、用车检查和驾驶人员管理等，要根据会期长短、与会人员数量的多少等情况，本着既保证安全又勤俭节约的原则，做好交通安排。

6.1.3　会场布置

会场布置指行政秘书人员对会场内座位的布局摆放、主席台的设置、座次的安排以及为烘托或渲染会议气氛所做的装饰工作等。会场整体布局的要求是：第一，庄重、美观、舒适，体现出会议的主题和气氛，同时还要考虑会议的性质、规模、规格；第二，会场的整体格局要根据会议的性质和形式营造出和谐的氛围；第三，会场要注意集中和方便。

1. 会场的装饰

行政秘书人员需根据不同会议内容采用不同装饰方法，装饰要求为：党代会——朴素大方；人代会——庄严隆重；庆祝会——喜庆热烈；纪念会——隆重典雅；座谈会——和谐融洽；工作会——简单实用；展览会——新颖别致；追悼会——庄严肃穆。

具体而言，会场常用的装饰物如下：

（1）会标：揭示会议名称和会议主要信息的文字性标志。
（2）会徽：体现或象征会议精神的图案性标志。
（3）标语：把会议口号用醒目的书画形式张贴或悬挂起来，成为会议标语。
（4）旗帜：重要会议升挂国旗，且严格遵守相关法律。一般红旗用于党代会、人代会等气氛庄严的会议；彩旗主要用来营造隆重、热烈、喜庆气氛。
（5）花饰：会场布置鲜花，能烘托会议气氛，给人以清新、活泼之感，也能减轻与会者的疲劳感。花卉的品种与颜色要符合会议整体格调。
（6）气球：用于庆祝典礼会场等，以营造喜庆氛围，常用大氢气球下挂标语形式，常与彩虹充气拱门配合使用。
（7）会场指示标志：
①座位号：用来标识每个座位的排号和座号。
②身份牌：用来标识座位就座人身份的指示牌，如首长席、正式代表席、列席代表席、来宾席、旁听席、记者席等。身份牌分为台式和落地式指示牌两种（台式的放在该区域首排桌上，落地的一般放在该区域的前方或两侧）。
③席卡：也称为名签、台签，是每个与会者桌上放置的写有姓名的标签。
④桌签：是用序号标明桌次的标志，用于大型宴会、联欢会。
⑤指示牌：大型会议中放在会场门口或悬挂在会场内用来表明各座区的方向和方位。
⑥座次图：是标明会场或主席台的座位分布及具体位次的图表，可以挂在会场入口处，也可分发给与会领导。

2. 会场内座位的布局摆放

会场内座位的布局摆放应当根据会议的不同规模、主题，选择适合的形式。

（1）较大型的会议一般在礼堂、会堂、体育场馆举行，其形式或形状基本固定，即长方形扩大排列形式。

（2）一些中小型会议或者特殊类型的会议则可以根据要求选择不同的布局形式，例如在会议厅召开的中小型会议，可以选择"而"字形、倒"山"字形或半圆形等布局形式，这些形式比较规范，有一个相对居中的中心，即有主席台或主持发言席，容易形成严肃的会议气氛。

（3）一些小型的日常办公会议以及座谈会一般在会议室、会议厅或者临时设置的会客厅举行。可以根据需要摆放成椭圆形、圆形、长方形等，这些形式可以使参加会议者坐得比较紧凑，彼此面对面，容易消除拘束感。

（4）大型茶话会、团拜会、宴会的会场一般可摆放成星点、众星拱月形。因为这些布局比较稳定，容易形成轻松和缓的气氛。

（5）会见、会谈主要采用圆形、长方形、正方形的布局方式，行政秘书应根据会见或会谈的人数、身份及内容等，对座位进行合理布局。安排座位时要特别注意宾主的方位。

3. 会议座次排列

会议座次排列是指对与会人员在会场内座位次序的安排。设有主席台的会议，其座次排列既包括主席台就座的人员座次安排，也包括场内其他人员的座次安排。具体安排上章已有详细介绍，在此不赘述，这里仅对会议座次排列的基本原则简述如下。

（1）主席台人员座次的安排。

①一般来说，按照"左尊右次"（国际惯例正好相反：右为上，左为下）的原则安排座次。职务最高者居中，然后按先左后右的顺序两边依次排开。

②会议主持人的座次也要根据其职位进行安排，不必排在主席台第一排的最侧边。

③重大会议的主席台座次排列名单一般由行政秘书亲自安排，并送有关领导审定后决定。

④主席台座位的编排情况最好能在座次图上标明，并且在会议桌的座位左侧放置台签。

⑤如果是报告会、联席会等一般采取报告人和主办单位负责人或联席的各个单位负责人相间排列的方法。

（2）会场内其他人员的座次安排。

并非所有的会议都需要对会场内其他人员的座次进行排列，但中型以上、比较严肃的工作会议、报告会议、代表大会等，一般要求对其座次进行适当排列，具体方法包括以下三点。

①横排法。横排法是指按照所公布的名单顺序或以姓氏笔画为序从左至右依次排列

座位。选择这种方法时，应注意先排出会议的正式代表或成员，后排出列席代表或成员。

②竖排法。竖排法是指按照各代表团的既定次序或姓氏笔画顺序沿一条直线从前往后依次排列。正式代表在前，候补代表在后；职务高者排在前，列席成员、职务低者排在后。每个代表团以一定的次序从左至右依次排列，或以会场中心座位为基点，向两边扩展。

③左右排列法。左右排列法是指按照所公布的名单或姓氏笔画为序，以会场主席台中心为基点，向左右两边交错扩展排列。代表团的人数为奇数时，排在第一位的成员应居中；若为偶数时，排在第一、第二的两位成员居中，以保证两边人数的平衡对称。

6.1.4　会前综合检查

会前综合检查是行政秘书落实各项会议准备工作，保证开好会议的重要步骤。重要会议在会前要反复检查，其内容包括领导人听取大会筹备处各组汇报和现场检查两种方式，以后者为主。行政秘书要密切配合领导检查，检查重点是会议文件材料的准备、会场布置及安全保卫工作等。大中型会议的会前检查还包括警卫部署、票证检验人员的定岗定位、交通指挥及主席台服务人员的就位等。

会前综合检查要按照各阶段工作来逐一进行，特别注意将以下内容列为重点。

（1）来宾的签到和引导由谁负责、落实了没有；

（2）会议主持人、报告人、发言人以及其他需要登上主席台的重要人员是否都能到会，并且做好相应准备；

（3）电源插头、接线板、灯光和音响设备等是否处于完好状态；

（4）为预防重要的会议期间断电，应提前与供电部门联系，为会议提供保障；

（5）会议进场退场秩序是否安排妥当；

（6）会场的周围是否存在其他影响会议发言、干扰会议正常进行的活动；

（7）再斟酌一下发言席位置，看看安排得是否恰当；

（8）茶点供应是否已经安排妥当。

6.2　会间服务

6.2.1　会议签到

参加会议人员在进入会场时一般要签到，会议签到是为了及时、准确地统计到会人数，以便于安排会议工作。有些会议只有达到一定人数才能召开，否则会议通过的决议无效。会议签到是会中任务的重要内容之一，所有重要会议都应签到。会议签到有以下几种方法。

（1）会议工作人员代签。适用于小型会议，由行政秘书事前准备好出席、列席该次会议的人员名单，届时来一位与会者就由相关工作人员在花名册相应的人员姓名下标注记号，表示已到会。缺席和请假的人员也要用规范的符号表示出来。

（2）证件签到。这是大中型会议一般采取的签到方式。与会人员的证卡上一般印有会议的名称、日期、座次号、编号等。会务人员将印好的签到证发给与会者，与会者在证卡上签好自己的姓名，进入会场时，将证卡交给工作人员表示已到会。这种方法的优点是比较方便，可以避免由于签到人数过多造成拥挤，而缺点是不便保存查找。

（3）簿册式签到。富有纪念意义的会议可采取簿册式签到法。与会者在行政秘书人员准备好的签到簿上签署自己的姓名表示已到会。签到簿上的内容一般有姓名、职业、所代表的单位、联系方式等，与会者要逐项填写，不要遗漏。簿册式签到的优点是有利于保存和便于查找，缺点是这种方法只适合于小型会议，而大型会议参加的人数多，采取这种方式不太方便。

（4）座次表签到。行政秘书按照会议规模，事先印好座次表。座次表上的每个座位对应地填上与会者的姓名和座位号码。与会者到会后，就在座次表上销号以示已出席。在安排座次表时，要将同一部门与会者的座位安排在一起，便于与会者查找自己的座次号。

（5）电子签到机签到。电子签到机签到快速、准确、简便，参加会议的人员进入会场时，将特制的卡片放到签到机内，签到机就会将与会者的姓名、号码传输到会议中心，几秒钟办完签到手续后，签到卡退回本人。电子签到机签到方便快捷，是先进的签到手段，是计算机广泛应用的结果，一些大型会议都采用这一方式签到。由于信息技术的快速发展，二维码签到、人脸识别签到等新的签到方式也随之兴起和广泛运用。

6.2.2 会间具体服务

1. 分发文件资料

对需要针对不同单位分类发放的文件资料，行政秘书应安排与会者分别签到领取。会议期间分发文件必须及时，尤其是简报和临时产生的会议讨论稿等，还要注意文件资料发放的准确性与保密性以及登记手续的完整无误。

2. 引导就座

大多数会议与会者的座位都是事先安排好的，与会者可以自行坐到自己的座位上，或者按会场划分的若干部分，以部门为单位集中就座。小型日常会议，与会人员一般有自己的习惯座位。行政秘书的任务主要是引导临时列席会议人员坐到适当的位置上。大中型会议由于会场较大，为了方便与会者就座和保持会场秩序，可在设立指座标志的同时，由工作人员指路或引导与会者入座。

3. 维持会场秩序

严禁无关人员进入会场，保证会议安全、机密、无干扰。召开涉密会议，则应严格控制知密范围，工作人员要坚持原则、不讲情面，坚决制止无关人员进入会场。已经进入的，一经发现，令其退出，并稳妥处理善后工作。

4. 确保会议期间信息的沟通

会议进行期间，大多数行政秘书人员被安排到各片、各组参加会议，收集各种信息，要随时把会议的进展情况、与会者的建议和要求等及时向大会领导小组汇报，以便采取相应的措施。同时也要迅速向各片、各组传达领导的有关意见和其他事宜，以保证会议的顺利进行。

对于开会时寻找与会领导的电话或人员，行政秘书要妥善做好传接工作。若是非紧急任务，电话可以暂不传呼，先记录下内容，待中途休息或散会后交给相关领导；在紧急情况下，可以用纸条的形式告知领导。对于来访者，应该问明情况，遇有急事，可请来人稍候，同样以递纸条的方式告诉领导前来处理。在传递信息的过程中，行政秘书说话要有分寸，谨慎行事，注意会议内容的保密。有些会议要安排信息发布和接待记者采访，要注意提供会议准确信息，主动配合媒体做好报道工作。发布稿和回答记者采访的内容，应是可以公开且经过领导人审核通过的内容。

5. 处理临时交办的事项

会议过程中可能发生一些出乎意料的临时变动，如调整议题、与会人员增加、临时打印复印文件及其他特殊情况，行政秘书应当根据领导指示和实际情况，采取应急措施，妥善予以解决。

6. 收集会议相关信息

一些会议需要收集讨论信息及时反馈给会议主持者，这些信息也是编写会议简报和撰写新闻报道的素材。有些会议会期较长，会间行政秘书应收集媒体对会议报道的情况，供领导人参阅。

7. 做好会议记录

会议记录既是编写会议简报、发布会议信息和拟制正式文件的重要依据，又是重要的文书档案材料。会议记录的要求是准确、真实、清楚、完整。行政秘书要有高度的政治责任感，以严肃认真的态度忠实地记录发言人的讲话。如果是保密的会议记录，则必须遵守保密制度，不得泄露会议内容，并妥善、安全地保管好会议记录。记录字体力求清晰易认，不要过于潦草，不要使用自造的简称或文字；采用统一制发的会议记录本或记录纸；使用档案书写许可的笔；会议记录有笔录、音录和影像录几种，对会议记录而言，音录、影像录通常只是手段，最终还要将录下的内容还原成文字，完成记录后要交专人保管以备存档。

会议记录的内容包括以下几项。
（1）会议描述，如会议名称、主办方、开会日期、时间、地点等。

(2) 与会者姓名。主持人写在最前面，办事员写在最后，小型会议可要求与会者在记录上签到。

(3) 缺席人姓名及缺席说明。

(4) 会议内容。这是会议记录的主体，包括对会议议题和议程的记录、发言情况的记录、决议事项的记录。记录时，要写明发言人姓名，即每个发言人发言都要另起一行。

(5) 散会时间。最后写上"散会"并注明时间。

(6) 签字。记录完成后，在右下方写上"记录人"并签名，然后交主持人审核并签字。

会议记录具体方法有如下几种。

(1) 详细记录。就是有言必录，即使插话也据实记录，诸如会议的重要报告、领导人的重要讲话、会议决定事项和决议等，都需详细记录（会前已有文字材料的除外）。详细记录时，记录速度非常重要，可采用二人记录的方式，或者甲、乙两人同时记录，会后及时对照补充，或者事先分工，轮换交替记录。

(2) 择要而记。就整个会议而言，决议、建议、问题和发言人的观点、论据材料等要记得具体详细，一般情况的说明可略记大概意思。记录个人发言，要记其发言要点、主要论据和结论，论证过程可以不记。记一句话，要记这句话的中心词，修饰语一般可以不记，但要注意上下句子的连贯性。

(3) 灵活使用省略法。在记录中正确使用省略法，例如：使用简称、简化词语和统称；省略附加成分，如"但是"只记"但"；省略较长的成语、俗语、熟悉的词组，词组的后半部分画一曲线代替；省略引文，记下起止句或起止词即可，会后查补。

(4) 用简便的写法代替复杂的写法。可用姓代替全名，用笔画少、易写的同音字代替笔画多、难写的字，用一些数字和国际上通用的符号代替文字，用汉语拼音代替生词难字，用外语符号代替某些词汇，采用速记符号记录，等等。但在整理时，均应按规范要求处理。

(5) 做好记录整理工作。如果记录时没有听清楚，或发言者没有表达清楚，则应在会议间隙或会后及时找有关人员补充核实。整理会议记录文面要整洁，字迹要清楚，语句要完整，标点符号要正确。发言内容多时，记录的层次要清楚、分明，段落划分要恰当。整理后的会议记录，要使用碳素墨水书写，便于长期保存。

会议记录的范例如下：

××科技公司工程项目讨论会

时间：2021 年 4 月 20 日
地点：公司会议室
出席人：公司各部门经理
缺席人：无

主持人：刘亮（公司副总经理）

记录人：王兰（公司办公室秘书）

会 议 内 容

一、主持人讲话

今天召集大家讨论2021年公司投标本市新建"时代影剧院"内部设备安装工程项目一事，下面请各位就此议题发表意见。

二、发言

技术部李全经理：目前有投标此项目意向的单位有三家，我们要想胜出，一定要在技术上高人一筹、有所创新。我部门最新研发了一款光影设备具有领先水平，相信可以成为我们的"秘密武器"。该设备最近通过了市政府大会堂的设备安装验收，并获得质量优评，可见我们拥有优势。这个项目我们志在必得！

市场部张琴经理：……

财务部吴杰经理：……

三、会议决议

各部门经讨论认为，公司投标"时代影剧院"内部设备安装工程项目具备条件，决定参与投标。各部门要协同配合，争取在10日内由办公室牵头完成投标方案的起草。

主持人（签字）：_____

记录人（签字）：_____

8. 编写会议简报

会议简报是反映会议内容、会议精神及会议动态的内部报道材料，它对沟通信息、指导会议起着重要作用。会议简报的内容包括：会议概况、重要发言、会议传达或通过的决议、决定等。它往往由行政秘书综合会议情况，选取有价值的部分，用消息报道的形式撰写。与会人员有启发的发言、倡议、意见或某个专题的观点、各种新认识等内容都可采取节录或辑录的方法，以专题的形式给予反映。

会议简报的编写要求如下。

（1）"快"：是由会议的时限性决定的。编写会议简报要抢时间、不拖拉，一般要求当天的情况当天整理、当天发出，最迟第二天发出。一些大型会议一天要发出简报1~2期。

（2）"新"：是由简报的交流性和指导性决定的。编写简报要提出新情况、新问题和新经验，并反映在文字上应注意标题醒目、吸引人。

（3）"实"：是对一切公文的起码要求。简报所反映的情况和问题要真实、准确，不能随意夸大或缩小。

（4）"短"：简报本身从字面上解释就是简短的报道，长了就不能称其为简报，而且也会影响到"快"。会议简报的行文特色应当是开门见山、直接叙事、一语中的,尽可能一事一议,少做综合报道。一般字数要求为几百字,至多不过千余字。

下列为一则会议简报的格式范例。

编号:007　　　　　　　　　　　　　　　　　　　　　　　　　　会后清退

××职业学校职工代表大会
简　　报
(第×期)

大会秘书处编　　　　　　　　　　　　　　　　　　　　　　　2019年×月×日

五位教职工联名呼吁关心住校学生心理健康

　　编者按:近年来,我校招生规模不断扩大,住校人数也达住宿条件上限。住校学生都是16~18岁的青少年,他们大多数是在升入职高后才第一次有住校经历。目前住校学生普遍存在着各类心理问题。本届职代会上,温××老师等五名教职工联名呼吁要关心住校生的心理健康,引发了代表们的积极响应。现将温××等教职工的发言摘要如下。

　　温老师:……

　　秦老师:……

　　吴老师:……

　　辛老师:……

报:×××,×××,×××。
送:×××,×××,×××。

(共印××份)

会议简报有一套专门设计的固定版式,通常由报头、报身(正文)、报尾三部分构成。

(1)报头。

会议简报的报头部分包括报名、期号、编号、编印单位、印发日期、秘密等级等内容,一般占简报首页1/4到1/3的版面。

报头正中用醒目大字套红印刷简报名称。简报名称可由会议名称和文种类别(简报)组成,如《××简报》等,也可只标"会议简报"字样。

密级一般以"绝密""机密""秘密"或"内部资料,注意保存"等字样在报名左上方标出。如果内容属于涉密简报,还要在报头右上方标注密级,左上方标注顺序份号,便于对保密简报加以控制。报名下方正中标注期号,有时还要注明自创刊号算起的总期号。

每期简报可只编一篇，称"单期式"，亦可多篇编辑在一起，称"杂志式"，两种编辑方法各有优势，可视会议具体情形灵活运用。

报名、期号下面左右位置，分别标明编印机关、印发日期，两者可置于一行，按单位在左、日期在右的形式标示。为了页眉清楚，报头下方一般还有一条红色横线，把报头部分和正文部分区隔开。

（2）报身。

报身又称正文，是会议简报的主体。一般由标题、内容两大部分构成。

简报的标题要体现出简报简明扼要的基本特点，符合文章标题简洁、贴切、醒目的要求，能让读者从简短明快的标题中，一眼便知简报所要反映的基本内容，并产生强烈的阅读兴趣。简报标题常用的方式有：说明式、提问式、形象式、双题式，凡是适用于新闻消息的方式方法，都适用于简报。

会议简报的内容，大致有以下三种结构模式和写作方法：

①综述法。由行政秘书采集各方面的言论、意见加以概括而成，相当于一份会议的综合报道，将会议的进程、出席情况、会议的发言和议程一一写入。

②重点报道法。集中反映会议的某个重要报告的内容、小组讨论情况或若干人的发言等。

③言论摘要法。摘录代表发言的概要，供与会者参阅。即行政秘书通过精细筛选、认真组织，从某人或数人的发言中摘录具有代表性的言论编写成为一期简报。既可以集中摘录一人在会议报告或重要发言中的基本要点，也可以在一个主题之下分别摘录多人的具体不同言论。

会议简报与其他简报一样，在编辑刊发某些内容时，需要另外写一段"按语"或"编者按"。常见的按语有：评论性按语，即对会议所反映的问题加上必要的评议或直陈编者意见或揭示事件蕴含的意义；说明性按语，即主要说明刊载会议内容的目的或向读者交代某些必要情况；注释性按语，即对会议中出现的读者不太熟悉的人、事、有关资料、专业术语等进行注释。好的按语应文字简洁、重评精论，有画龙点睛之妙。按语可写在简报标题之前，称"编前"，亦可写在文后，称"编后"，且"编前"重于"编后"。

（3）报尾。

报尾在简报最后一页的下方，一般占末页 1/5 的版面。注明主送单位或个人姓名、抄送单位、印发单位和印发份数。印发份数在右侧标注。报尾上下用两条平行横线夹起。

6.2.3 会间其他服务

1. 会议经费管理

行政秘书在会议前要做好科学预算；在会议报到时，按要求收取足额会务费；收费时要准确清点，防范假币；收费要开具凭证，妥善保管好收取的费用等。会务费的使用要符合预算，力求节俭。反对奢侈浪费和腐败，不大吃大喝，不游山玩水，不借开会返还经费而侵占公共财产，不购买和发放高档纪念品。

2. 食宿安排

会期长的会议需安排就餐和住宿服务。与会者报到后,行政秘书应将分配住宿的客房房卡交给他们,同时将就餐时间、餐厅位置等一一告知。安排食宿要注意照顾年长者、女士和体弱者,同时考虑到民族风俗习惯,不犯禁忌。

3. 活动安排

对会议间的参观、娱乐、宴请等活动,行政秘书也要周密安排,准确落实活动的时间、地点、联系人、经费、交通等,格外强调活动中的安全事项。

4. 会议用车安排

大中型会议需要保证与会者准时到场开会,安排车队工作就十分必要。行政秘书应对与会者进行编组,对车辆进行编号,定好上车、开车的时间并告知与会者。还要注意与车队随时保持联系,确保准时发车,安全抵达。

5. 保健、保安工作

会期长的大型会议需做好与会者的保健工作,行政秘书应妥善处理与会者的突发疾病,做好疫情防范工作,如会场要通风、餐具要严格消毒等。如有重要领导人参会,必须做好安全保卫工作,会场要严格检查,设置安保人员。保密会议则更要采取保密措施,防止泄密。

6. 会议留影和通讯录制作

与会者欢聚一堂,都希望留下美好纪念,集体照相是许多会议的必备项目。行政秘书要协助工作人员组织好队列,一般是将会议主办方领导和嘉宾安排在第一排,按职位排列,位高者居中,次位者居其左,再次者居其右,依次左右穿插安排。其余与会者可在第一排后随意站位。安排照相时间不宜过长,以免影响情绪。

通讯录一般在签到后依据签到表上参会者留下的信息来制作,其一般设置几栏:姓名、单位、地址、邮编、联系电话、E-mail、备注。通讯录初稿在打印后交与会者核对无误后,按照人数复印发放,同时要预留多份供因故无法出席者索取及留存归档。

6.3 会后处理

6.3.1 会后文字工作

会议结束后,对会前或会间起草的文件需要根据会议的意见做进一步修改才能定稿。有的会议因需要在会后将主要精神向下级传达或向外部通报,也会需要撰写新文件,如会议纪要或会议公报等。这些文件一般在会后根据会议内容和决议精神起草。此外,会后文字工作还包括会议新闻报道等。

1. 会议纪要

会议纪要是召开比较重要的会议时，用于记载、传达会议精神和议定事项，要求与会单位或其他相关单位遵守和执行的指导性公务文书。不同的会议，如工作性会议、专题研究会、座谈会和日常工作会议都会形成各自的会议纪要。整理编写会议纪要的主要目的，其一是向上反映情况、汇报工作，其二是向下统一认识、指导工作，其三是向外交流信息、沟通情况。只研究一般事务性问题而不涉及方针政策和重大决议、决定的会议，一般不用写纪要。会议纪要的结构一般由标题、引言、主体、结尾四部分构成。

（1）会议纪要标题的拟制。其通常是由会议名称+文种名称"会议纪要"组成，如《××省经济工作会议纪要》。有时还可以加上召开会议的单位名称、会议地点或与会范围、届次等，如《全国人事局局长会议纪要》《××公司2020年第三次办公会会议纪要》等。严格来说，作为正式公务文书的会议纪要都应采取单标题形式，而用于民间组织或企业的研讨会、座谈会等的会议纪要则可灵活多样。

（2）会议纪要的引言部分，其是对会议基本情况的介绍，让人们读后对会议有总体了解。会议基本情况包括：会议时间、地点、主办单位、目的、会议议题（内容）、议程和活动、规模、与会人员及主持人、会议成果和意义等等。这些基本情况不一定要面面俱到全部写进去，而是要根据不同情况有所取舍、有所侧重。

（3）会议纪要的主体部分介绍会议议定事项和会议精神。其包括会议对工作的评价、所研究的问题、形成的决议决定、布置的工作任务、确定的方法措施、提出的要求等。主体部分的具体写法，一般是按会议所研究、决定的内容，将主体分成几个部分，每部分开头分别用"会议认为""会议指出""会议决定""会议要求"等词引起，展开对本部分内容的阐述，或直接将会议决定的事项一一列出。

（4）会议纪要的结尾部分通常是提出希望、发出号召。其要求有关单位和人员认真贯彻会议精神，努力完成会议所提出的工作任务，当然，也可没有结尾，主体部分写完即结束。

总之，拟制会议纪要应根据会议的宗旨，在认真做好会议记录、仔细研读会议文件、全面了解会议内容、准确把握会议精神的基础上分析、概括、整理，把会议的主要精神简要、准确、清楚地反映出来。除学术座谈会的会议纪要之外，一般不在会议纪要中写入分歧观点。

下列为一则会议纪要的范例。

中共××市委常委会会议纪要

时间：2020年×月×日至×日
地点：市委主楼218会议室
主持人：×××
出席：×××、×××、×××、×××
列席：×××、×××、×××、×××

议定事项：

一、会议认真学习了省委2020年✕月✕日《关于进一步统一认识，坚决搞好治理整顿的通知》，对我市前段治理整顿的情况和一季度形势逐项进行了分析和深入讨论……

会议认为，半年来我市在贯彻中央治理整顿方针的过程中，态度坚决，工作扎实，初见成效，但对成绩不能估计过高，要看到思想认识的差距和治理整顿任务的艰巨，要按照……

会议决定，在省委传达中央工作会议精神后，召开市委工作会议，通过传达中央工作会议精神，分析我市治理整顿形势和任务，提高……会议定于✕月底召开，由市委办公室做好会议筹备工作。

二、听取了✕✕✕同志关于2020年脱贫攻坚表彰大会准备工作的汇报，原则同意扶贫办提出的大会方案及召开时间，原则同意市级扶贫先进工作者和先进单位的名单，并要求做好大会准备工作。对……

2. 会议新闻报道

有些会议需要在会前、会中或会后进行新闻报道，如撰写新闻稿、举办信息发布会、媒体沟通会或记者招待会等。会议新闻报道对于加快会议精神传达的速度、扩大会议的影响、提高会议的透明度、贯彻落实会议精神都具有重要的作用。会前、会中和会后的宣传报道工作重点各有不同。

会前新闻报道主要侧重宣传会议的意义、目的，统一思想认识，提高社会关注度和与会代表的参会热情，调动各方面的积极性为会议的胜利召开营造舆论氛围。可成立会议宣传组，在会务组织机构统一领导下开展工作。宣传组的任务是负责制定宣传计划，编发宣传提纲，组织并检查各项宣传计划和内容的落实，及时处理和解决宣传工作中出现的各种问题，协调好各新闻单位之间的关系，及时向会议组织机构汇报宣传工作的安排部署和落实情况。

会中新闻报道以宣传大会议题、进程的时效新闻为主，强调动态性，关注会议热点，并可辅以对焦点人物、先进模范人物进行专版、专题采访及专家点评等报道活动，介绍前期工作的成功经验和有效做法。宣传报道工作应在大会主席团的统一领导下进行，由大会秘书处及其工作机构（一般设宣传组）负责组织实施。大会秘书处应根据会议的主题、主要议题和日程安排制定会议宣传报道工作计划，做出具体部署。同时，做好组织协调工作，做到及时、准确地报道会议情况。

会后新闻报道则要集中宣传会议决议内容和贯彻落实会议精神的情况。将会议中提出的典型经验、建设成就及会议决定的新思路、新政策、新举措推广到基层，宣传到群众中去。此外，还可组织编印经验交流、专题报道、宣传画册和光盘等出版物。

会议新闻报道工作的方式有三种：第一种，由会议宣传组或行政秘书人员撰写新闻报道稿件，然后经领导审定后，向媒体发送；第二种，在会议召开期间，邀请有关报社、电台、电视台、网站的记者到会采访，发布新闻；第三种，在会议结束时，召开记者招待会，由领导直接介绍会议情况并亲自回答记者提问。

需要指出的是，人民代表大会、政协全体会议等公开的大型会议，通常有主流媒体全程跟踪报道。但大多数会议由于涉及业务秘密、宣传口径等方面的问题，不宜请记者直接参加会议，会议的新闻报道应由行政秘书机构来统一负责。行政秘书进行新闻报道时要注意内外有别，对不宜公开的信息不报道、不披露。凡是有关部门或会议领导机构要求送审的新闻类稿件，行政秘书在发出前都必须履行审稿程序。会议新闻报道的形式可以是简短的消息，可以根据会议相关材料如先进经验、模范事迹等形成专题通讯、典型报道，还可通过系列访谈、对话等形式来扩大影响。

6.3.2 会议文书归档

1. 会议文书材料的收集

（1）会议文书材料的收集也称会议文件的清退。机密程度较高的会议，要求与会人员在会议结束时，根据规定将会议发放的文件清理并退回秘书处。重要会议文件清退的原因是：第一，文件内容是高度机密的，长久存放在个人手中可能会遗失和泄密。第二，会议文件特别是领导在会议上的即席讲话、与会人员的即席发言不宜扩散。第三，有些文件属草稿或参考性的，甚至与会议的精神、决议不完全相符，泄露出去可能影响会议精神的传达贯彻。

（2）会议文书材料收集的重点是：会议形成的各种稿本、会议的选举材料、会议证件等。

（3）会议文书材料收集的程序和方法是：行政秘书在会议结束前需要编制会议文书材料目录，向会议主席团或主持人汇报发文情况，提出收退文件建议。待建议批准后，分别将清退文件目录提前发给与会者，督促其按发文登记和文件编号逐人逐组清退，限期退还。小型、内部会议文书材料的收集可由会议主持人在宣布会议结束的同时，提醒与会者将文件放在桌上，由行政秘书或相关人员统一收集。

2. 会议文书材料的归档

会议结束后，行政秘书要将会议文书材料依据其内在联系加以整理，按规定移交给档案部门存档，以便于日后查找利用。

会议文书资料的归档方法是：依据档案管理的相关规定，将归档文件以件为单位进行装订、分类、排列、编号、编目、装盒，使归档文件有序化。如有多次稿本，同一文件的不同修改稿按修改的时间顺序排列，但要把定稿放在前面。编列一份卷宗时，如果组成一卷太厚，可以分卷，在同一案卷标题后的括号内注上"之一""之二""正本""一稿""二稿"等字样，以示区别；对领导重要批示的文书材料，应当在案卷封面的标题后面注明，以引起注意；对于保管期限的确定，通常将会议的主要文件以及决议、纪要、报告、领导讲话、会议记录等划为永久保存，其他文件材料可以酌情定为长期或短期保存；会议照片、图片资料应插入相册或贴在纸上，单独订卷，录音、录像带、磁带应装盒。同时，会议文件利用率较高，为了保护底稿，除归档一套正本外，还应单独归一至两套完整副本，作为平时借阅使用。

6.3.3 会后后勤工作

1. 整理会议场地

（1）会场检查。会议结束后，行政秘书首先应当检查会场。会场检查的主要依据是会议设备清单。要按照清单核准会务组携带的仪器是否齐全，相关会议资料有无遗漏；回收剩余的文件、资料、文具、纪念品；收存会议用的仪器、设备；注意检查与会人员有无遗失文件、物品，如发现则指定相关人员办理统一登记、保管手续，并联系领取或寄送。

（2）会场清理。会议结束后，行政秘书应清除会场留存的各种会议指示标志、会标和其他辅助性会议用品。协助工作人员及时清理会场，关好门窗、空调、饮水机等设备，收拾整理放置在会议室的茶杯、桌椅、烟灰缸和其他物品。对于会议期间使用的所有资料须严格遵守保密规定，确保单位机密的安全。

（3）办理清退手续。在检查、清理并取走所剩与会议有关的文件物品之后，行政秘书还应及时检查、归还临时借用的各种视听设备，将会议室设备整理恢复到备用状态。同时，通知会议场地的提供方查验设备，并由主办单位办理移交登记手续，对使用完毕的其他物品应该及时整理并归还到相关部门，办理归还手续。

2. 安排返程工作

（1）提前做好与会人员返程票的登记、代购工作。行政秘书人员应根据会期长短、外地与会人数多少等情况，及早安排返程事宜。尊重外地与会人员的意愿，事先了解他们对时间、交通工具的要求。全面掌握航班、车次、船次等情况，与民航、铁路、公路、港口等部门沟通联系，或与票务代理机构、旅行社等合作，提前预订好飞机、火车、汽车、轮船票。通常要按先远后近的次序，优先考虑远程代表的返程要求。

（2）帮助与会人员做好返程准备。提醒与会人员及时归还向主办方或会议驻地单位借用的各种物品；开好发票收据，协调他们与会务组结清各种账目；帮助与会人员检查、清退房间，避免遗忘各种物品；对带有大件物品的与会人员，协助其办理行李托运，必要时可准备塑料袋和绳子等物品，以备急需。

（3）送别与会人员。行政秘书应积极组织送别宴会与送站工作。根据与会人员离会时间，编制时间表，提前安排好车辆与送站人员等。如有必要，还应安排有关领导为与会人员送行。与会人员返程当天，可派人将其送到机场或车站、港口，待其起程后再返回，同时将其所乘交通工具和班次信息及时通知其所在单位，方便对方做好返程接站工作。

3. 结算会议经费

（1）会议经费结算工作内容。会议经费结算可分为收入结算和支出结算两方面。

①收入结算是将会前与会中收取的费用（如资料费、培训费、住宿费、餐饮费、参观考察费等）统计、汇总，清点无误后移交财务部门入账，并由财务部门统一出具收据或发票，交付与会人员。

②支出结算是在会议结束后，结清会议中发生的会议场地、设备租赁费，主持人、嘉宾、工作人员劳务费，交通费、通信费，住宿餐饮费以及其他办公费用支出，收取收据或发票，对照会前经费预算，逐笔进行核点，将经费使用情况向上级报告。填写报销单据，请相关负责人签字后去财务部门办理报销手续。

（2）会议经费结算的注意事项。

①了解财务工作流程，明确收费标准与费用支付方式，如现金、支票、信用卡等，避免重复劳动和出现差错。

②遵守单位关于零用现金、消费价格及会议用品报销等各种财务制度和规定，对超预算经费支出履行报批手续。

③使用正规票据，认真清对好每张发票，仔细核对发票数额，辨认真伪。对票据内容的开列方式与财务部门、会议代表进行协商，以利于双方的财务管理。

④细化财务交接程序，必要时可以使用会议费用接收清单的形式，由交接双方签字确认，以明晰责任。

6.3.4 会务工作总结

会务工作总结是在会议进行过程中或结束之后，会议的组织方对会议组织工作的实施情况、会议进程和会议结果等进行回顾、分析和评价，并形成总结意见的过程。

会务工作总结是不断提高办会质量的重要环节，会务工作总结的作用包括：及时、全面地检查各职能部门的分工执行与团队协作情况，以明确组织责任，奖勤罚懒；客观、公正地检查会议进行情况以及会议目标的实现情况，为形成最终的会议评价意见奠定基础；充分、深入地交流会务工作经验，总结教训，以资借鉴，不断提高会议的组织服务水平；周到、稳妥地解决会务工作中的遗留问题，集思广益，群策群力，有效扩大会议影响。

1. 会务工作总结的方式方法

会务工作总结主要分为举行座谈会、召开总结表彰会和书面总结三种方式，其具体的工作方法既有工作人员个人总结、会议组织方集体总结，也包括个人总结和集体总结相结合等形式。在具体操作上表现为个人总结、小组评议、领导评价和与会人员调查评估等方式。

大中型会议结束后，负责会务工作的行政秘书人员要协助领导及时召集会务工作人员，要求他们对个人的会务工作和服务绩效进行全面总结，积累经验，找出不足，以利今后将会务工作做得更好。有的会议，需要在开好总结会的基础上，写出书面的会务工作总结报告，交有关负责人审阅后，印发到相关部门或人员。然后，作为会议的文件资料，连同会议记录、会议简报等一并作为完整的卷宗归入档案。一些重要的会议，行政秘书还需要在会议结束前印发调查问卷或会议组织评估表，对会议目的明确性、会场及时间的安排、任务完成实效等内容进行评价。这些反馈回来的资料对会议的总结具有重要的意义，它们能直接反映出会议的成效。

2. 会务工作总结的要求

（1）会务工作总结要根据会务组织工作岗位职责和工作进程表的内容，逐条对照检查，以查缺补漏。

（2）会务工作总结要以科学的绩效考评体系为指导，这是对行政秘书人员绩效进行评估的完整性、协调性和比例性的准则。

（3）会务工作总结要实事求是、一分为二。既要有理有据，肯定成绩，总结经验，又要公正客观，发现问题，适当批评错误。

（4）会务工作总结要全面评价，突出重点，既要掌握会务工作的整体情况，又要有所侧重，把握问题的核心，把重点放在主要工作内容和主要经验教训的剖析上。

☞本章小结

行政秘书不仅需要熟知会议的基本常识，而且还需要熟练掌握会务管理工作的实际内容。本章旨在介绍行政秘书会务管理的会前准备、会间服务、会后处理等内容，强调行政秘书会务工作的规程性，使读者从工作内容、操作要点等方面对办会流程有充分了解，做到有章可循，从而在办会实践中不断提升自己的业务水平，满足岗位能力需要。

☞关键术语

会前准备　　会中服务　　会后处理　　会议预案　　会议日程
会议通知　　会议记录　　会议简报　　会议纪要

☞思考题

1. 会议计划包括哪些主要内容？
2. 会前综合检查的重点包括哪些内容？
3. 会间服务的主要内容有哪些？
4. 会议纪要的构成要素是什么？
5. 如何安排好会后返程工作？

☞阅读材料

会务管理无小事，各种细节要注意

西安市委办公厅曾开展过一次查找秘书工作失误的活动。请阅读其中三个案例，体会会务管理工作在行政秘书实务中的重要地位，并分析产生这些失误的原因。

【案例1】 会议纪要发送范围漏掉了落实主体单位

2008年11月12日,市委召开常委扩大会议,传达中央关于进一步扩大内需、促进经济平稳较快发展的措施和省委常委扩大会议精神,安排部署我市贯彻落实工作,市级有关部门和各区县党政主要负责同志列席了会议。

会后,我起草好会议纪要报领导审核。秘书长核改完纪要内容,前前后后又仔细校对时发现,会议纪要发送范围只有市级部门,没有各区县党委、政府,随即在发送范围栏内填补了区县党委、政府。

市委常委会议纪要直接关系到常委会议决定事项的贯彻落实。这次常委会议明确要求"各区县、各部门要把落实中央出台的十项措施作为当前工作的重中之重,密切配合,有力推进,绝不能贻误时机"。而我作为常委会工作人员,却把落实会议精神的主体——区县党委和政府,在纪要发送范围中漏掉了。如果不是秘书长及时发现,会议纪要一旦发出,区县党委、政府将收不到文件,势必影响决定事项的贯彻落实,这样的后果不是我所能承担的。

【案例2】 市委常委会议出现冷场

2007年4月13日下午,市委召开常委会议。我根据会议内容并结合以往经验,觉得第三个议题汇报和讨论的时间可能会比较长,就将第四个议题汇报人的到会时间安排晚了一些。

第三个议题汇报完,会议开始讨论。作为常委会工作人员的我感到这个议题即将结束,就赶紧到待会室提醒第四个议题汇报人做准备。可推开待会室的门一看,哪有汇报人的影子?这时,第三个议题汇报人已从会议室走了出来。分管秘书长在门口示意我安排下一议题汇报人进来。我马上给汇报人打电话,铃声似乎就在门外。我应声快步迎上前去,他边看表边对我说:"我没迟到吧?我是按会议通知的时间提前到的啊。"我忙不迭地小声说:"没有,没有。请进会场吧。"汇报开始了,我抬头看表,从第三个议题结束到第四个议题开始,已经过去了几分钟。

这一会儿,在外人看来似乎微不足道,但我却深感自责。由于我考虑不周,让常委会议出现冷场,实在不应该。

【案例3】 身在外地的领导被安排为议题汇报人

2008年10月13日,秘书长通知我,14日下午市委常委会议要听取一次活动的筹备情况汇报,让我联系分管副市长准备汇报议题。我与市政府办公厅联系,得知这位分管副市长在外地出差,无法赶回来开会。但考虑到该活动筹备工作是由市政府一位分管秘书长协调的,我就按惯例在建议名单中将这位分管秘书长列为议题汇报人。

14日上午,我向市政府办公厅收集会议有关材料时,意外得知这位分管秘书长已经出访。我一下子蒙了,会议通知已经发出,下午就要开会,如果议题汇报人不能到会,那该怎么办?没了主意的我只好立即向秘书长汇报。

秘书长亲自协调有关方面，重新确定了议题汇报人，这才保证了会议正常进行。

看来，凡事都要注意沟通衔接，否则工作很容易出现漏洞。

（资料来源：西安市委办公厅：《办公厅工作失误20例》，《秘书工作》2010年第3、4期，有删节。）

第四编

办事：行政秘书的事务工作

第 7 章 行政秘书办公室事务管理

办公室事务管理是行政秘书的主要职责之一，它与参与政务相辅相成，为其提供物质基础与条件保障，发挥着不可低估的重要作用。办公室事务管理工作种类多样、内容繁杂，主要包括办公室环境管理、办公室日常管理、办公室设备管理三个方面。作为行政秘书应熟练掌握办公室事务管理的基本原则、技巧方法及操作流程。

7.1 办公室环境管理

7.1.1 办公室环境管理的含义、作用与原则

1. 办公室环境管理的含义

环境，是自然和社会条件相统一的生态因素的综合。办公室环境不仅能体现为人服务、以人为本的理念，也能反映工作人员的精神面貌、审美情趣、工作作风，给来访者留下深刻印象。行政秘书作为办公室主要工作人员，有责任和义务进行环境管理，保证办公室工作在安静安全的环境下有序开展，从而提高办事效率。

办公环境的含义分为广义与狭义两种。广义的办公室环境包括"软"环境和"硬"环境两部分，其中"软"环境指办公室的人文环境，包括办公氛围、人际关系和工作作风等；"硬"环境是指办公室的周围境况，具体指在办公室中，工作人员所感知的光线、颜色、声音、温湿度和清洁度等自然环境因素，人工设计、布置的空间环境因素以及办公物材管理的综合。狭义的办公室环境主要指"硬"环境因素。限于篇幅，本节拟从狭义的办公室环境展开论述。

2. 办公室环境管理的作用

随着现代社会人们工作节奏不断加快，以及现代化设备广泛运用，室内污染、办公室人群亚健康等一系列"现代病"不断涌现，办公室环境管理的重要性日益凸显。办公室环境管理的作用体现在以下几个方面。

(1) 有利于提高工作效率和工作质量。

在现代组织中,办公室是领导和行政秘书及其他各类工作人员进行办公的场所。办公室内外的各种环境因素能否使工作人员的生理心理得到保护,直接影响工作的质量与效率。比如领导的办公室是领导进行决策、指挥、日常管理的重要场所,保证其环境安静舒适,对于提高领导的工作效率十分重要。

(2) 有助于树立组织良好的社会形象。

办公室是现代组织的一个"窗口",与社会各界的接触面最广。洽谈业务、上级视察、同级学习、社会公众互动、新闻媒介沟通等都离不开办公室这个场所。办公室的设施、装饰、照明、绿化等等都代表着一个组织的形象,因而科学规划和布置办公环境,合理布局办公设施,有助于树立组织的良好社会形象,促进各项业务的拓展。

(3) 有利于克服"办公室综合征"。

打印机、传真机、空调等现代设备在办公室的应用,提升了办公效率,同时也存在着一定的健康隐患。不少办公人员出现了"办公室综合征",其症状表现为萎靡不振、头晕、喉咙肿痛等。这些症状多是由办公室内的污染源如打印机粉尘、电脑辐射、空调废气等导致。科学管理办公室环境,加强对办公室各种污染源的控制,不仅能使办公室得以美化,还能减少污染,实现人与环境和谐相处。

3. 办公室环境管理的原则

(1) 工作流程最优化原则。

工作流程是指一项业务从开始到结束工作人员必须经过的各道工序。为实现工作效率最大化,工作流程的设计需要尽量减少环节、缩短距离,如有可同时进行的工序则要求实现流程的并联。行政秘书在筹划各职能办公室布局时,要根据办公室之间及人员之间的工作关系,既要考虑办公室之间的空间设计,也要考虑办公室内部的布局,力求做到方便、顺畅、协调、高效。

(2) 舒适整洁原则。

营造整洁有序的办公室环境,不仅可以展示单位的良好形象,而且可以增加工作人员的心情舒适感和心理认同感,推进日常工作规范化、秩序化。光线、色彩、温湿度及空间布局等在不同程度上对工作人员的情绪都会产生一定影响,所以对办公室而言,很重要的一点就是保持舒适整洁。

(3) 安全健康原则。

在办公环境的设计和布置中,保证工作人员的健康和物材信息的安全是必不可少的重要环节,也是优化办公室环境不可忽略的一项原则。行政秘书在办公室环境管理中,要注意整体环境安全,防止火灾、意外摔伤等事故的发生;注意办公室存放财物的安全条件,防止盗窃事件的发生;注意信息数据、文件、重要资料的安全与保密,防止失密、泄密、窃密事故的发生;注意办公室人员的身体健康,办公室装修尽量使用绿色环保建材,减少甲醛、苯、氨等有害物质的危害。

7.1.2 办公室空间环境的布局与美化

1. 办公室宏观空间环境布局

(1) 办公室位置的选择。

选择办公地点，应满足如下四个要求：①恰当。应根据组织的业务需要，如海关的办公室宜设在机场、码头、车站附近，街道办和民政部门的办公室应设在人口集中的居民区附近；银行的办公室宜选择商务楼宇或城市的金融中心。②畅达。宜选择交通便利之处，以利于工作人员上下班和组织与外界各方的联系。③宽敞。要有足够的面积，划分出工作区域、接待区域、休息区域、绿化区域和仓库区域等，以便分区管理。④便利。周边应有快递点、餐饮店、便利店、医院等，提供各类便捷服务。此外，如果上述条件不能同时满足，则应首先考虑恰当原则。

(2) 各职能办公室的布局。

确定各职能办公室的布局应本着便于各项业务沟通协调的原则，根据实际办公需要考虑如下因素。

①办公信息的类型、性质及交流路线。比如，收发室、传达室等与社会外界接触较多的部门，应设置在人员进出处；综合办、秘书处等部门，应设置在办公楼的中心位置；总控室、财务室等办公室，应设在办公楼的一端。

②相关部门间的工作关系和业务流程。比如，会计、审计等关系密切的职能部门的办公室应相互靠近。

③专用办公室的需要情况。比如，领导是否需要独立的办公空间；根据组织规模和大小，确定需要几间会议室、接待室等。

(3) 办公室布置的一般程序。

办公室的布置一般分为考察分析、规划设计、购置用品、绘制布置图四个步骤。例如，某县政务服务中心综合办公室共有8位工作人员，包括审批处、秘书处、档案处三个部门，共同在一间30平方米的大办公室工作，大办公室最尽头则是领导办公室（领导为副科级干部）。作为行政秘书，应当按照如下程序对整间办公室进行布置。

第一步，对各部门业务工作内容和性质加以考察分析，明确各部门及工作人员之间的关系，并制作表格，确定每位工作人员的位置，详见表7-1。

表7-1　　　　　　　　　　办公室位置分配表

部门	人数	位置
审批处	3	办公室入口
秘书处	3	办公室中部
档案处	2	办公室后部
领导办公室	1	办公室最后

案例中的审批处负责接收和审批相关文件，适合设置在入口；秘书处负责辅助领导办公，适合设置在中部；档案处负责文件的归档和管理，适合设置在后部。

第二步，列表将各部门工作人员及业务内容记载下来，再按照人数多少及办公所需空间来设定其面积大小。通常办公室面积大小因个人工作性质而异，普通办事员的平均办公空间可在 $2\sim10m^2$，领导的办公空间，则需根据相关规定和实际工作需要来确定。根据最新印发的文件精神，我国各级党政机关工作人员办公用房面积标准参见表7-2。

表7-2　　　　　　　　各级工作人员办公室使用面积

类别	适用对象	使用面积（m^2/人）
中央机关	部级正职	54
	部级副职	42
	正司（局）级	24
	副司（局）级	18
	处级	12
	处级以下	9
省级机关	省级正职	54
	省级副职	42
	正厅（局）级	30
	副厅（局）级	24
	正处级	18
	副处级	12
	处级以下	9
市级机关	市级正职	42
	市级副职	30
	正局（处）级	24
	副局（处）级	18
	局（处）级以下	9
县级机关	县级正职	30
	县级副职	24
	正科级	18
	副科级	12
	科级以下	9

续表

类别	适用对象	使用面积（m²/人）
乡级机关	乡级正职及以下	由省级人民政府按照中央规定和精神自行做出规定，原则上不得超过县级副职。

案例中的领导为副科级干部，参照标准其办公用房面积不超过 12m²，为方便设计规划，安排该领导的办公面积为 10m²，其余 8 位工作人员隶属三个部门，除去领导办公所需空间，还剩余 20m²，因而每位工作人员可分到 2.5m² 左右的面积，同时还要保留适当通道空间，具体分配情况如表 7-3 所示。

表 7-3　　　　　　　　　　办公室面积分配表

部门	人数	面积（m²）
领导办公室	1	10
审批处	3	7.5
秘书处	3	7.5
档案处	2	5
总计	9	30

第三步，根据工作需要，选配相应的桌椅、档案柜、打印机等办公用品，并列表分别详细记载，如表 7-4 所示。

表 7-4　　　　　　　　　　办公室用品购买清单

种类	数量	备注
实木办公桌椅	1	
会客沙发	4	含茶几
标准办公桌椅	8	
档案柜	5	含领导办公室 1 个
打印机	4	每部门 1 台、领导办公室 1 台
复印传真扫描一体机	1	
饮水机	2	含领导办公室 1 个
绿植	12	

第四步，根据办公室布置原则与要求绘制办公室布置图，然后依图布置，并考虑工作需要、采光等因素，具体参见图 7-1。

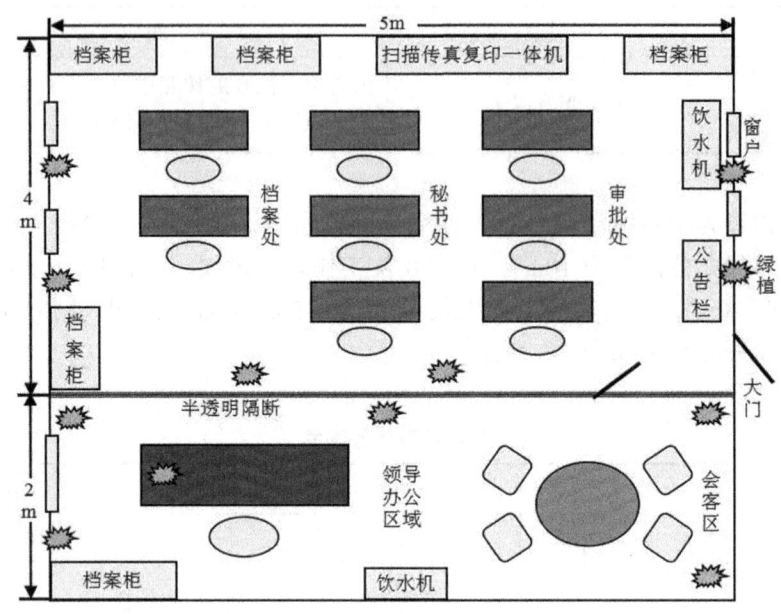

图 7-1 办公室布置图

2. 办公室微观空间环境布局

（1）办公室内部布局。

办公室布局的目的在于提高工作效率，行政秘书需综合考虑办公室的总面积、总人数、工作流程及部门之间的联系等因素。办公室的布局主要分为封闭式和开放式两种布局。

①封闭式布局是指借助墙壁将办公室分割成独立的房间，它是一种传统的办公室布局模式。该布局的优点如下。

其一，有利于专业工作效率的提高。按职能划分办公空间保证了人员、设备和空间的稳定性，使得办公活动具有连续性和系统性。

其二，有利于某些机要活动的开展。领导和下属都有单独的办公空间，彼此之间互不干扰，方便领导进行个别谈话、听取汇报、召开保密会议等。

其三，不必要的干扰较少。领导、下属及各职能部门都有自己独立的办公空间，相互之间不受影响，有利于减少嘈杂，保持办公室环境安静。

封闭式布局的劣势在于：不利于部门和工作人员之间的联系，不能满足跨部门协同办公需要，也导致群众上门办事可能需要"多跑腿"；建设独立办公室费用较高，且工作人员难以共享办公设备，需重复购买打印机、传真机、饮水机等设备。

②开放式布局是指领导和各职能部门工作人员在同一间大办公室工作，仅使用屏风、挡板、书架等对工作区域进行分割，也称为"模数式设计"。该布局的优点如下。

其一，有助于降低成本。在开放式的布局里没有私人办公室，工作空间的位置是通过安排可活动的物件如办公桌椅、活动屏风、书架、档案架等来厘定的，光照装置、暖气管道、空调等公共设施可以得到充分利用和共享，这节省了建造和能源成本。

其二，开放式布局便于办公业务的交流及人员相互接触。能够以工作流程或信息流的自然线路所形成的最佳形式来进行安排。如果工作流程设计合理，办公空间布局就能避免工作人员不必要的交叉和徒劳往返，进而提高办事效率。

其三，有利于形成民主平等的办公氛围。工作人员的办公位置更多地是由分配给他们的任务而不是地位来确定的。开放式布局使领导和下属之间的交流更加频繁，有助于排除心理障碍，克服官僚主义。

开放式布局的劣势在于：保密性差，不能适用于保密部门，对于领导的一些工作也有影响；噪声大，干扰多，影响工作人员集中注意力。

总之，行政秘书对办公室的布局应综合考量本单位的组织规模、部门人数、工作范围等因素。通常情况下，与公众接触频繁的部门办公室应采取开放式布局；在封闭式布局中，关联程度较高的办公室应尽量靠近安排，以便于工作人员之间的沟通与联系。

（2）接待室内部布局。

除了办公室外，还应对接待室进行科学布局。办公室是组织的"窗口"，经常有许多客人来访，设立专门的接待室是很有必要的。一是出于礼貌的考虑。办公室的条件相对简陋，不能给客人提供静心等候会见的舒适环境；二是办公室事务繁多，电话接进打出，人员来来往往，声音嘈杂，干扰频繁，在这种环境下主客之间难以从容交谈；三是从保密角度思考，办公室存放了很多内部文件，直接在办公室接待客人可能有泄密的风险。

接待空间的布置不仅要考虑到理性化的实用功能，而且应注重审美、情感方面的要求。良好的接待环境在充分满足洽谈双方的心理需求、提供舒适空间的同时，也带来了更高的交际热情及工作效能。总的来看，接待室的内部布局要满足如下基本要求。

①公共性与私密性。接待室一般设在办公区域的公共场所，让各部门共同使用，以便合理利用空间资源。设计时需考虑其开放性和公共性，尽量给访客提供一个宽敞的交流环境，但基于洽谈工作的需要，接待室又应当是一个相对私密的区域，在设计时要给置身其中的来宾提供一个独立、安静的环境，这是会客环境安全感的基本要求。

②舒适与休闲。理想的接待室既是一个功能区更是一个社交区，在展示组织形象、体现工作水平、拉近洽谈双方之间的距离等方面均应发挥积极作用。作为集工作、休闲、娱乐等多种功能于一体的室内空间，一般可放置一至两套柔软舒适的沙发，营造出轻松的氛围，并配置饮水机、衣帽架、书报架等，为来宾提供全方位的服务。

③文化与情趣。接待室是单位展示精神文明建设成果的"窗口"，在无言中传递着单位的优秀文化因子，往往能给来宾留下深刻的印象。室内的空间布局、书画的陈设摆放、色彩的搭配组合等，都要充分结合本单位的理念特色，突出组织良好的精神面貌。

（3）办公室物品的摆放。

开放式办公室应体现简洁、明快的特点，其主要摆设有办公桌椅、档案柜、书架等设施。这些办公设施的选择应以高雅大方、方便实用为原则。办公桌的大小、文件柜等各种设备的数量多少，要视办公室的空间大小而定。办公设施所占空间以不超过10%为宜，要尽量利用立体空间，用组合柜等放置必备物品，书架、柜子的高度尽可能一致且依墙排列，这样可使视觉空间增大。办公椅以半圆形椅、钩形回转椅为宜，方便前后转动，操作机器、电脑等。桌椅应朝门同一方向排列，这样可给人线条流畅、整齐划一、井然有序的感觉。行政秘书在安排放置电话、传真机、计算机、打印机、复印机等公用办公设备时，应遵循使用这些设施不得干扰他人正常工作的原则。

在封闭式办公室中，直接工作空间中有办公桌椅、档案柜、书架等物品。布置这些物品时，行政秘书应先拟定一个布局计划，考虑工作习惯和人员走动方便，同时不要忽视了照明条件，应该尽量减少对电脑屏幕的眩照。办公桌上最常用的办公用品和设施，如电话、便笺、文具盒、订书机等要放在很容易拿到的地方，常用的参考书、文件箱宜放在离办公桌不远的地方。

领导的办公室可布置得更加精致，以显示领导个人的品位与气质。在有关要求范围内，领导办公室的桌椅、电脑、传真机等设施可以更加高级，文件柜、资料柜和书架同样要显得大气、高雅，另外，可考虑在领导办公室放置一些沙发、茶几，以供会谈之用。领导的办公室还可以用盆栽花草和书画等进行点缀。如果领导需要经常加班，行政秘书还应为领导配置一盏台灯，台灯放置的位置应在领导惯用手的反方向。

3. 办公室环境的美化

（1）办公室的卫生。

从视觉效果来看，办公室清洁是第一位要求。布置得再豪华美观的办公室，如果布满灰尘同样会影响单位的形象和工作人员的工作效率。办公室清洁的目标是窗明几净，对此，行政秘书要做好除尘工作，包括日常打扫地面、擦拭桌椅柜橱、定期清洗门窗、及时处理废旧物品，保持打印机、电脑、复印机清洁，长期不用的物品应加罩盖等。

行政秘书应当保持办公室空气流通，注意开窗通风，保持空气清新。通风时优先打开窗户，采用自然通风，有条件的可以开启排风扇等抽气装置，加强室内空气流动；做好日常清洁和预防性消毒措施，应以通风换气和清洁卫生为主，同时对接触较多的桌（台）面、门把手、水龙头、扶手等公用物品和部位进行消毒。必要时还要对地面、墙壁等进行消毒；工作中尽量避免与他人身体接触，保持1米以上的安全距离，不扎堆聊天、不串访；在自己位置上用餐，不聚集吃饭。

（2）办公室的色调。

心理学家认为颜色能对人的情绪产生强烈影响，因此色调也是办公室环境美化的一项重要内容。在办公室的色彩搭配方面，行政秘书既要考虑房间的朝向、空间面积大小，也要考虑办公室整体色彩的协调。比如，窗户朝南的办公室宜用冷色，会给人以凉爽的感觉，而朝北的办公室则宜用暖色，会给人以温暖的感觉；空间面积小的办公室宜用冷色系，空间面积大的办公室适合用暖色系会更和谐。就整体而言，除了要考虑四周墙壁的主色调外，还要兼顾到地面、桌面、窗帘、屏风等颜色的协调。适合大多数办公环境的主色调一般偏冷、偏浅，辅之以其他物件的暖色、深色，往往能获得更佳的效果。

办公室色彩搭配方法可参见表7-5。

表 7-5　　办公室色彩搭配表

墙壁颜色	地面颜色	桌子颜色	帐帘颜色	其他小物件颜色
白色	灰色	灰色	灰色	红色
浅灰色	棕色	灰色	绿色	黄色
灰褐色	绿色	赤褐色	黄绿色	深黄色
浅蓝色	灰褐色	赤褐色	浅蓝色	深黄色
灰褐色	浅棕色	白或金色	灰褐色	橙色
灰色	黑色	白或金色	黄色	珊瑚色

（3）办公室的绿化。

在办公室摆放绿植可以起到缓解视觉疲劳、放松心情、净化空气的功用，有助于改善办公环境，提高工作生活质量。行政秘书在摆放办公室绿植时需要注意如下三个原则。

①比例适当原则。办公室绿植的选取需考虑空间大小，即考虑室内空间的高度、宽度和其他陈设物的位置。譬如在一个仅几平方米的办公室，摆上一盆过大的花卉，就会使原本并不宽敞的空间显得既矮小又拥挤。相反，一个较大的办公室，放上一盆矮小的植物，即使其无比珍贵华美，也难以引起人们的注意，就失去了原有的审美价值。

②色彩协调原则。摆放绿植一定要考虑办公室内的环境色彩，包括墙壁、地面和桌椅、书柜的颜色。注意花盆的颜色不要与办公家具的颜色雷同。如果环境是暖色调，则应摆放冷色的花卉植物。这样既协调又有一定的反差对比，更能衬托出花卉植物的美感。同时，还要考虑办公室的采光，空间大、采光好的办公室宜用暖色花卉植物，反之宜用冷色。此外，色调也应随季节变化而变化，其基本要求是：春暖宜艳丽、夏暑要清凉、仲秋宜艳红、寒冬多清绿。

③中心凸显原则。办公室绿植摆放的位置要有很强的艺术性，摆设得当会增强美感，使人舒适。一般采用点缀法，即在办公家具的旁边或临门的一旁抑或进门后一米左右的墙边摆放。装饰布置时，要做到主次分明、中心突出，在同一方位的空间要有主景和配景之分。主景是装饰布置的核心，必须有艺术魅力，才能吸引人。在选材上，可考虑用形态优美、色彩绚丽、体形较大且有别于其他花卉的品种，以凸显其中心的地位。

7.2　办公室日常管理

7.2.1　印信管理

1. 印章管理

单位的印章代表该组织的正式署名，其作为单位及领导职责权限的象征具有权威性。公文、介绍信和各类来往函件，必须盖了章才有效，因而印章具有依据和凭证作用。

（1）印章的种类。

行政秘书保管的印章主要有单位公章、领导印章以及其他专用印章等。

①单位公章是一个组织的标志和象征，具有法定的权威性和现实的证明效用。任何组织发出的文件，一经加盖公章，就具有法律效力，否则将不被认可。根据使用场合不同，公章又分为三种形式：一是正式公章，也就是平时所说的公章，即在一般文件上加盖的印章。它代表组织的正式署名，需要组织的上级正式批准方可刻制和使用。二是套印章，它的款式和法定效力与正式公章相同，是用于制作大批正式文件时嵌入印刷机器中使用的公章。使用套印章需上级领导签字，文件印制好后，模板须销毁。三是钢印，它是用金属材料制作而成，加盖于贴有照片的证件上，不需要印色，利用压力凸凹成形，直接盖于相片的骑缝处，可证明持证人的身份。

②领导印章属公务用章，不同于一般私章，是领导因工作需要行使职权刻制的姓名章。领导印章具有领导亲笔签字的效力，可代替领导的签字。其主要有两种形式：一种由领导亲笔书写，然后照其真迹按比例放大或缩小刻制的印章，无外框，用于命令、任免通知等下行文；另一种是用统一字体刻制的，一般为方形，有外框，可用于代替一般的签字。

③其他印章，有专用章、缩印章和相关的办事章等。专用章是根据某一特定工作的需要，为减少正式公章盖用次数而刻制的印章，如会议专用章、文件收发专用章、文件校改章、文件密封章等。缩印章主要用在各种票券上作为凭信，是依据正式印章和专用印章按比例缩小了的印章，不能作为正式印章使用。

（2）印章的刻制和颁发。

印章的生成有两种情况：一种是本组织在批准后刻制，另一种是上级主管机关颁发。

①印章的刻制。印章的刻制是印章管理工作的首要环节，行政秘书要严格按照相关规定刻制，单位公章一律不得私自刻制。组织被正式批准成立，在公安部门登记后，才能由专门刻制厂制作印章。刻制之前应先请示上级，报批时要同时将拟定的式样、尺寸、印纹、图案、字体等内容和章程一并上报。承制单位或刻字者一律不准留样和仿制。验收合格的印章，应立即进行登记，盖好印样以备核查。对各类印章的形状、文字和尺寸，国家都有严格的规定。

②印章的形状。国家行政机关、企事业单位和社会团体的公章一律为圆形；其他印章如收发章、财务章可用长方形、三角形或椭圆形；领导人的印章一般用方形。

③印章的文字。公章按规定使用国务院公布的规范简化汉字，字形为宋体，自左向右环形排列；领导人签名章则由个人书写习惯而定；民族自治机关的公章应并列刊有汉字和当地民族文字。

④印章的尺寸。国务院的印章直径为6厘米，各省、自治区、直辖市政府和国务院各部委的印章直径5厘米，中央刊国徽，由国务院制发；国务院设置的议事机构、非常设机构的印章直径5厘米，中央刊五角星，由国务院制发；地、市、州、县政府机关的印章直径4.5厘米，中央刊国徽，由省、自治区、直辖市政府制发；乡、镇政府和其他机关、部门、企事业单位印章直径一律为4.2厘米，中央刊五角星，由县、自治县、市政府制发。此外，县以上政府机关、法院、检察院、驻外使馆的印章的中心部位刊有国徽；党的各级机关印章刊有党徽；企事业单位印章则刊有五角星图案。

⑤印章的颁发。在刻制要颁发的印章前,应对即将颁发印章的对象进行严格审查,必须确认是确有实际需要的法定机关。上级领导机关向所属下级机关颁发正式印章必须正式行文。我国的各级政府公章,一律由上级人民政府刻制颁发。下级单位领取上级颁发的印章时,必须由专人持本单位领导签名的介绍信领取,并严格履行接印手续。

(3) 印章的启用和保管。

①印章的启用。印章在启用前需选定启用日期。为让有关组织知晓新印模,按印章制发权限,由上级机关或代管机关向下级机关发正式启用印章通知,并附上印模。启用通知上的印模应当用蓝色印油,以示首次使用。启用通知发放范围应根据印章的使用范围而定。最好还应填写印模卡,一式两份,一份留存,一份上交备查。办妥手续后,到了规定日期方可启用生效。

②印章的保管。单位印章必须指定忠实可靠的专职行政秘书保管,未经上级批准不得擅自委托他人代管。印章保管者也是具体用印者,行政秘书机构必须严格审查和挑选,平时应加强教育和考察。

印章要在办公室内使用,不得擅自拿出办公室。所有印章都应置于牢固的储物柜里,配好相应的锁具。保管人员注意不得随便将钥匙委托他人保管或随意插在锁孔后离开。在节假日,安保人员和值班人员应加强对印章保管处的保卫工作,一旦发现印章有异常现象或丢失,要保护现场,并及时报告上级,迅速查明情况,妥善处理。必要时报告公安部门协助查处。

行政秘书取拿印章应注意轻取轻放,避免破损。为保持印章清晰,保管人对印章应经常清理,保证印章使用质量。

③印章的使用。行政秘书使用印章是一项严肃的工作,尤其是单位公章的使用,必须严格用印,防止发生任何事故。

凡使用印章,都要填写用印审批单(见表7-6),经有关领导审核批准后方可使用。一般用印可由机关秘书长或办公厅(室)主任批准,或遵循领导所确认的用印审批惯例。

表7-6　　　　　　　　　　　用印审批单样式

编号		用章部门		盖章时间	
公章类别		用章次数		文件发文号	
文件名称					
审 批 事 项					
用章人(签章)			批准人(签章)		
盖章用途					

文件和信件用章,可凭领导的签发手续,按文件应发放的份数盖章。如发现问题或情况不明,要及时请示,领导核准后,方可用印。

在盖印前,还应对所盖印的文书内容、手续、格式、份数进行认真检查,尤其是对一些特殊情况的用印，更要细心检查，必须确认与批准的文件相符才能用印。

不得在空白纸或空白介绍信上用印，任何人不得因私用印。每次用印，都要进行详细登记。用印登记表的格式参见表7-7。

表7-7　　　　　　　　　　　用印登记表样式

序号	用印时间	用印部门	用印事由	批准人	经办人	盖章人	备注

在加盖印章时要用力均匀，力求端正、清楚。尤其加盖钢印，应加盖在人像的脖子和衣领以下与证件交接的部位。务必使照片上不仅有钢印圆印迹，还印有字迹或图案，以防伪造或自行更换照片。也不能过上盖至脸部而影响辨认。钢印印迹尽量正置，以示权威和严肃。

需要注意的是，使用不同的印章或加盖在不同的位置，其意义、作用是不同的。比如常见的落款章，加盖在文书的落款处，用来表明作者的法定性和文件的有效性。加盖的部位，按照规定是在落款处的年、月之间，应做到"骑年盖月"。印章加盖之页最好存在正文，若凑巧需要印章单独加盖一页时，必须在该页的一至四行写明"此页无正文"的字样；骑缝章要加盖在正本和存根连接处的骑缝线上，以便必要时查核；更正章是对文书中的错字等更正之后，用加盖印章的办法作为作者自行更正的凭信；密封章则要在公文和其他重要文件封套的封口处加盖，以确保传递途中的保密需要。

（4）印章的停用和销毁。

组织变动或单位名称更换、上级有关部门通知改变印章图样、印章损坏等原因都会导致原印章停用。这就要求行政秘书尽快通知有关单位，宣布原章失效。通知中要说明停用原因，最好附上印模，并注明停用日期。

印章停用后，就成了废章。行政秘书要按照有关规定和上级指示，及时将作废印章送交制发机关封存，不得在原单位长期存留。销毁印章须报经组织负责人审核批准，印章主管人员应在销毁现场监销。如经主管单位批准后自行销毁的则要进行登记，留下印模存档，以备核查。

在新旧印章交接过程中，可能出现旧印章已经停用但新印章仍没有刻出来的情况。这时，单位可以用"代章"临时代替旧章的法律效力。在使用代章时应当在落款处注明"代"的字样。代章只限用于上级对下级或者是同级之间文件的印章，下级单位无权使用代章。

（5）电子签名和电子印章。

①电子签名、电子印章的特点及作用。电子签名是指数据电文中以电子形式所含、所附，用于识别签名人身份并表明签名人认可其中内容的数据。

电子印章是由合法的数字化印章与数字证书绑定的，用其私钥进行数字签名的权威性电子文件，其中包含了用户身份、印章信息、公开密钥、有效期等诸多信息。通俗地讲，电子印章就是电子签名加上印章图片。安全电子印章是将电子签名技术与符合国家标准的印章印迹，通过高科技手段捆绑而建立起来的国家级信用体系。

为使电子签名和电子印章具有与传统手写签名和盖章同等的效力，必须具备如下保障条件：电子签名生成数据用于电子签名时，属于电子签名人专有；签署时电子签名生成数据由电子签名人控制；签署后对电子签名的改动能够被发现；签署后对数据电文内容和形式的改动能够被发现。

电子签名具有三个作用：一是证明文件的来源，即识别签名人；二是表明签名人对文件内容的确认；三是构成签名人对文件内容正确性和完整性负责的根据。电子签名保障了在网络交流中各种行为主体身份的唯一性、真实性和合法性，便于公安机关的管理。

②电子印章的制作、使用和保管。党政机关申请电子印章，必须到国家认可的电子印章制作部门，填写单位信息、单位负责人信息、经办人信息、持章人信息、电子印章信息等；个人申请电子印章需填写经办人信息、持章人信息、电子印章信息等，完成订购手续后携带相关证明文件去有关管理部门审核验证、备案和批准后才能刻制。通过批准刻制的电子印章将会按照制作单位、交货日期、送货方式等信息进行加密，然后捆绑经国家主管部门认可的数字证书，并灌制在授权密码的密匙中。刻制部门可为印章加上水印、隐性编码等防伪标识，还可附加记录每次使用的时间、用途等功能。

行政秘书在使用电子印章时，首先在电子邮箱里接收制作部门发送的对应用户名和密码。输入用户名和密码登录系统，需将一个智能钥匙（私钥）与电脑相连，在键盘上输入相应的密码，用鼠标点击电子文件下方的空白处，就可加盖公章、合同章、财务专用章、发票专用章、法人代表章等。

为保证电子印章的安全使用，应做到以下几点。

第一，确保电子印章私钥的完整性，防止私钥的泄露和损坏，禁止将电子印章交于他人使用。

第二，一旦发现私钥丢失或泄露，尽快向有关电子印章审核部门报告。

第三，如果发现电子印章数字证书内的信息发生变化，尽快通知电子印章审核部门。

第四，如要撤销电子印章，可向电子印章审核部门提出申请并办理相关撤销手续。

③电子签名的使用及保管责任。机关或单位必须通过向第三方数字签名认证机构提出申请，由认证机构进行审查、颁发数字证书来取得电子签名。行政秘书要携带有关证件到认证机构填写申请表并进行身份审核，审核通过后，可得到装有证书的相关介质（IC卡或密匙）和密码口令。使用时需登陆认证机构的网站下载证书私钥，才可在网上操作时使用数字证书。

电子签名通过网络发送和接收，其发送有以下几种形式：经发件人授权发送；发件人的信息系统自动发送；收件人按照发件人认可的方法对数据电文进行验证后，结果相符的也视为发送。

电子签名接收的时间、地点的确认情况有如下几种：其一，法律、行政法规规定或者当事人约定数据电文需确认收讫的，应当确认收讫。发件人收到收件人的收讫确认时，数据电文视为已经收到；其二，数据电文进入发件人控制之外的某个信息系统的时间，视为该数据电文的发送时间；其三，收件人指定特定系统接收数据电文的，数据电文进入该特定系统的时间，视为该数据电文的接收时间。未指定特定系统的，数据电文进入收件人的任何系统的首次时间，视为该数据电文的接收时间；其四，发件人的主营业地为数据电文的发送地点，收件人的主营业地为数据电文的接收地点。没有主营业地的，其经常居住地为发送或者接收地点；其五，当事人对数据电文的发送和接收时间、地点另有约定的，从其约定。

在使用电子签名时应密切注意，要妥善保管电子签名的制作数据，如果知悉电子签名制作数据已失密或可能失密时，要及时告知有关各方，并终止使用。否则，所在单位应承担赔偿责任。

④电子签名的认证。电子签名需要第三方认证，由依法设立的电子认证服务提供者提供认证服务。如需从事电子认证服务，应当向国务院信息产业主管部门提出申请，并持电子认证许可证书依法向工商行政管理部门办理企业登记手续。电子认证服务提供者应当制定、公布符合国家有关规定的电子认证业务规则并备案。

电子认证服务提供者收到电子签名认证申请后，应当对申请人的身份进行查验，并对有关材料进行审查后才能签发电子签名认证证书。

2. 信证管理

（1）介绍信的管理。

介绍信是以本单位的名义出具用来介绍前去联系工作、洽谈业务人员的身份和任务的专用信函。通常由被派遣人员携带前往，当面出示给对方，既可以证明身份，也代表一个单位的法定授权。

介绍信一般有便函式和联单式两种形式：便函式介绍信是在单位信笺上手工书写或计算机打印，具有大致格式的书信，签上本单位全称并盖上公章，多用于临时性的一般事务；联单式介绍信文字和形式固定，专门印制并有编号，一般是姓名、人数、身份和联系事项需临时填写，通常盖两次印，一次盖在正文与存根的连接线正中，各占半颗印，另一次盖在单位署名上，如图7-2所示。

根据介绍信的用途，可将其划分为三类。

①行政介绍信。当机关人员调动工作时，需出具这类介绍信。介绍被调人员的姓名、职务、级别、被调往何单位、何职务等。被调人员可持行政介绍信到新单位报到。

②组织介绍信。这是机关人员调动工作时，接转组织关系的书信。被调人持这类介绍信到新单位报到，可以证明其政治面貌，参加新单位的组织生活。

③专用介绍信。这是外出联系业务、洽谈工作或办理有关事务的书信。

开具介绍信须经主管领导批准，严格按规定内容填写，不能含糊笼统，存根与正文保持一致，并注意填写有效期。严禁发出盖有印章的空白介绍信。如有特殊情况，也需上级批准，将批准文字粘贴在存根上，以备查证。领用人要履行签字手续，若丢失介绍信，应及时报告开具介绍信的单位，以免被人冒名顶替而造成损失。介绍信应指定专人掌管，一般由行政秘书保管。介绍信与公章保管的制度类似，要保证存放安全，不能缺页或丢失。介绍信开出后如未使用，则应收回，粘贴于存根联上，并加注明。介绍信存根要与领用申请书、作废介绍信和退回空白介绍信粘在一起，妥善保存归档，任何人不得擅自销毁。

（2）证明信的出具。

证明信是以单位或个人的名义，证明某一单位或个人身份、经历和有关事项的真实情

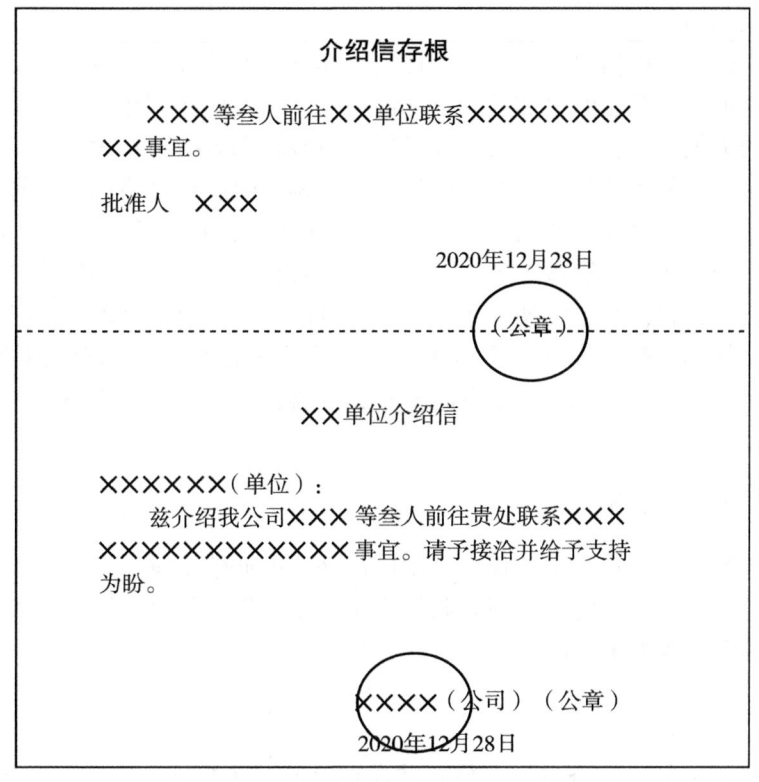

图 7-2　介绍信样式

况,供接受方作为处理和解决事情依据的专用书信。证明信或以单位的名义来写,或由单位通知个人来写。证明信的出具除了个人签字或盖章以外,还需有单位盖章证明该人的身份及对所证明事项的评定。有关单位在盖章前一定要仔细调查,确保内容准确无误。如果证明材料不止一页,应注明"此件共×页",并将几页材料沿右边均匀错开,加盖骑缝印,图 7-3 为骑缝印示意图。

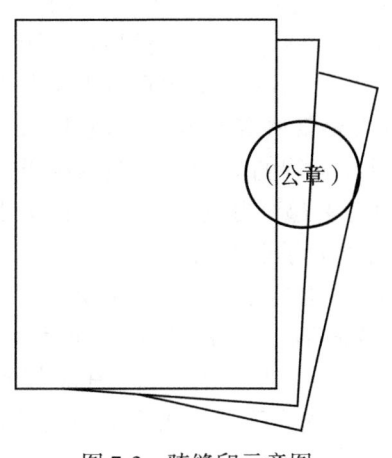

图 7-3　骑缝印示意图

（3）凭证的管理。

凭证的种类很多，包括出入证、毕业证、工作证、通行证等，也是人们经常使用的一种证明材料。凭证一般都需经过加盖印章才能有效，并可以作为相应的法律证据，因而盖章要经过严格的审批程序，不经有关领导批准，行政秘书不得擅自盖章。

对于已经制作好的各种凭证，要按顺序编号，领用时履行严格的登记和签收手续。对于本单位所发放的各项凭证，要建立登记制度，其内容包括：凭证名称、印制份数、用途、分发对象、领取人等，以备查考。对于余下的各种凭证，要妥善保管，选择保密的地点锁存，不得随意放置，并且定期检查，一旦发现问题，应及时采取相应措施。

所有凭证文件都具有很高的查证价值，大多要永久保存。一切有关凭证的证件、抄件、存根、复制件、文稿草图等都要及时整理，妥善保存、归档，不得丢失，更不得自行销毁。

7.2.2 通信联络

电话、电子邮件、传真等是现代社会中广泛使用的通信工具。在日常工作中，行政秘书每天都要接打不同对象的电话，还要收发大量电子邮件和传真，因此行政秘书必须规范电话礼仪，掌握正确收发电子邮件和传真的方法。

1. 电话礼仪

（1）准确把握时间。公务电话，最好选择在上班时间拨打，如早上9点以后，下午5点之前；私人电话，若非特殊情况，不要在早上7点以前、晚上10点以后及午休、吃饭时间拨打，以免打扰对方休息或用餐。

（2）亲切应答。接到对方打来的电话，应首先自我介绍："您好！我是×××。"对方打来电话一般会自己主动介绍。如果没有介绍或者你没有听清楚，就应该主动询问"请问您是哪位""我能为您做什么""您找哪位"等。如果对方找的人在身边，你应当说："请稍等"，然后用手掩住话筒，轻声招呼你的同事接电话。当接到拨错的电话时，要礼貌温和地说"您打错了"，并告知本电话是何单位、何人，也可告知对方正确号码或代为查找。同时接入两个电话时，先接先打进来的。征得对方同意后，再去接另一个电话。让后者留下号码，以便一会儿主动打过去，然后再转听第一个电话。掉线时，应等拨打者重新拨一遍，接听者稍等片刻，不要远离电话或者责备对方。

（3）避免等待。如果对方需要某些资料或有其他事情的话，接听者要请对方"稍等片刻"，此时，应合理把握让对方等待的时间。一般情况下，不宜让对方等待过长时间，若等待时间超过了30秒，就可能引起对方的不快。如果短时间内无法答复对方，应首先向对方道歉，并承诺5~10分钟之后予以电话回复。

（4）认真记录。接听重要或内容复杂的电话，行政秘书要在电话机旁准备好纸和笔，以便随时记录下来。电话记录要简洁、完备、准确，可使用"5W1H"技巧（Who 何人，Where 何地，When 何时，What 何事，Why 为什么，How 如何进行），即包括来电人姓名、单位、来电时间、电话号码、来电内容等。记录之后可将重点内容复述一遍，详加核实，以免有误。

（5）回复留言。一般应在当天对电话留言给予答复，如果回电话时恰遇对方不在，也要留言，表明你已经回过电话了。如果自己确实无法亲自回电，则应托付他人代办。

（6）挂机有礼。结束通话前，可询问对方"还有什么事吗""还有什么要求"等，这既是尊重对方的表现，也是在提醒对方。最后，以"再见"结束，并轻轻放下话筒。要注意一般由打入电话者先挂断电话，若确需自己先挂断，则应解释、致歉。在与长者、领导、女士通电话时，一般要待对方先挂电话再结束通话，以示礼貌和尊重。

2. 电子邮件

（1）电子邮件应当认真撰写。其一，邮件上的"主题"一栏须一目了然，以提示收件人打开邮件；其二，邮件正文第一句应该是称呼对方的姓名、身份，给对方留下一个彬彬有礼的印象，如称呼对方"王老师""李科长"等；其三，文字简明、语气积极、有礼有节。行政秘书在给对方写电子邮件时，不能像聊天或给朋友写信那样，应注意语气，一定使其合乎礼仪规范；其四，收到的电子邮件应尽快回复，一般以不超过24小时为宜，即使一时无法答复，也应回信告诉对方你已收到来信，并给出大概的答复时间；最后，一定要签上自己的姓名、身份，或是上级领导的姓名、身份，并附上单位的名称和电子邮件地址等。

（2）电子邮件应当避免滥用。在信息社会中，任何人的时间都是无比珍贵的。交往中要尊重每一个人，首先就要懂得替他们节省时间。有鉴于此，若无必要，轻易不要向他人发电子邮件。

（3）电子邮件应当注意编码。编码的问题是每一位电子邮件的使用者均应予以注意的大事。当使用中国内地的中文编码系统向其他国家和地区发送电子邮件时，由于双方所采用的编码系统有所不同，对方很有可能只会收到一封由乱码字符所组成的"天书"。因此，必须同时用英文注明自己所使用的中文编码系统，以保证对方可以收悉邮件内容。此外，还有一个有效解决乱码的办法，就是把邮件文档转存为图片格式。

（4）电子邮件应当慎选功能。现在市场上所提供的电子邮件软件可有多种字体备用，甚至还有各种信纸可供选择。这固然可以强化电子邮件的个人特色，但此类功能必须慎用。这主要是因为，一方面，对电子邮件修饰过多难免会使其容量增大，收发时间增长。既浪费时间又浪费金钱，而且往往会给人以华而不实之感；另一方面，电子邮件的收件人所拥有的软件不一定能够支持上述功能。

（5）电子邮件应妥善处理。每日查阅邮箱时删除不必要邮件，将其他邮件及附件复制并分类存到子文件夹中，需要领导本人审阅的，存入相应文件夹中，部分邮件应根据领导授意回复。以领导名义回复时，要在语气上予以注意，并从领导的邮箱发出，以行政秘书名义发送时，要说明邮件内容为领导授意。

3. 传真收发

传真机全称电话传真机，是利用电话线路来传输数字信号，使接收方获得文字、图像等信息的通信工具。由于传真机能快速、准确地传送批示件、签名、手稿、图像等，较之电话电报有明显的优越性。传真机在办公室即可操作，甚至在无人值班的条件下也可自动发送和接收信函、图纸等。传真机按记录方式可分为热敏纸和普通纸两种；采用热敏纸记录方式的优点是费用便宜，缺点是文件保存时间不长，因此，用热敏纸接收到需要保存的重要文件时，务必复印备份；采用普通纸记录方式的成本稍高，但文件可长久保存，这也是传真机的发展趋势。

发送传真需注意两个问题：（1）发送前要检查原稿的质量，纸张太厚或太薄的文件，有皱褶、卷曲、潮湿或切边不齐的文件不宜发送，以免发生堵塞、损坏等现象，还应将文件上的紧固件如回形针、订书钉、胶带等除去，以防出现机器故障。（2）传真机传输的文件容易被窃取，要特别注意保密，最好不用传真机发送一些私人或机密的图文。如果要发，需请对方站到传真机前去等待收件或发送到指定的传真机上，而且在发送完成后应再与对方确认。

7.2.3 值班管理

值班管理是指，在正常工作时间以外，为保证组织正常运作，行政秘书安排相关人员在固定时间和地点处理日常事务或临时事项的管理工作。值班制的采用，可以使一个单位不管在什么时候都能保持与外界沟通正常，紧急事件能得到及时处理。

1. 值班安排

（1）编制值班表。行政秘书要列出值班时间期限和具体值班时间，填入值班人员、带班领导和替班人员信息，写清值班地点，标明值班的具体工作内容，做好人员缺勤时的预案。

（2）安排值班工作。行政秘书应按其单位的组织形式，对不同类型的值班工作做出相应安排。一般情况下，可通过下发值班表来安排值班工作。

2. 值班日常任务

（1）负责安全防范工作。安全防范在任何单位都是一项非常重要的任务，其更是夜间和节假日值班的主要工作内容。

（2）负责信息沟通和通信联络。值班室是整个单位值班工作的信息枢纽中心，起着联络沟通各方信息的重要作用。值班人员接听电话必须做好记录，必要时可使用录音电话机，根据电话所传达信息的重要程度和紧急程度分别妥善处理。

（3）办理工作接待和群众来访。值班期间可能会遇到外单位派相关人员前来联系工作业务、交流学习等情况，值班人员要做到热情接待。最好在了解对方来访目的、日程安排以及请示相关领导后派车接送，安排食宿，联系有关部门。

除办理公务之外，还有其他来访。值班人员同样应按照信访工作要求，热情耐心接待。对于他们所反映的问题或提出的要求，按照政策规定予以解释与答复，一般问题可视其性质转请相关职能部门处理。对于解决不了的，比如要求会见领导等，则要及时报请领导批准或转交有关部门处理，然后再做具体安排，同时还要认真填写接待登记表。

（4）承办上级交办事务。值班人员还要协助领导处理相关事宜。领导交办的事务涉及多方面，如传达指示、分发通知、向上级报告问题；了解某些专门信息、寻找某人、询问具体情况；为领导出差预定旅馆和车、船、机票；联系安排车辆接送领导或来宾，等等。对于领导交办的事项，值班人员应分清轻重缓急，及时处理，尽快做出妥善安排。

（5）负责值班记录。值班工作是一项很细致的工作，这也体现在值班的记录上。值班人员在组织好值班工作之余，应当认真填写值班日志、电话记录、接待记录等。

值班日志也称值班日记，以一天或一班为单位，主要记录值班时间内所遇到的问题和处理的情况。值班人员要将值班的工作内容尽量详尽记录下来，如接收文件、接待来访、处理相应事件等，有些事件要做另外的记录，如电话记录。值班日志是值班信息的重要载体，是上级了解、检查和考核值班室工作的依据。它可以作为交接班的书面材料，还可以作为值班情况的原始记录用来考核已发事件的相关情况，起到重要的证据作用。

3. 值班制度

（1）岗位责任制。岗位责任制是值班工作最基本的制度，它对值班人员各项职责范围及值班工作纪律等作出明确规定和具体要求。值班人员必须明确岗位职责，坚守岗位，尽职尽责，认真做好各项值班工作。工作中严禁带无关人员随便进出、聊天和大声喧哗。因病或因事不能到岗，应提前请假，以便安排替班人员。

（2）交接班制。值班工作由行政秘书或其他工作人员轮流进行。有些工作在一个班次内无法完成，为防止工作脱节，这就要求在值班时认真做好值班日志，严格执行交接班制度。上一班值班人员把值班情况一项项交代给下一班值班人员，重点是交代待办事项。接班人员尽量提前一段时间到岗，这样双方人员能够有充分的时间来完成交接班。接班人员如有迟到现象，上一班值班人员应继续坚守岗位并请示上级，不得擅自离岗。

（3）请示报告制。请示报告制是对值班人员在处理重要情况或重大问题时所作的明确规定。值班人员在值班期间对于没有把握答复和处理的重要事项，不可自作主张，应当先请示报告，后执行办理。对于发生的重大事件或重要情况必须及时向上级汇报，不可拖延，更不能只图省事，擅自处理。对于特殊紧急的情况，还应边办理边报告。

4. 值班要求

（1）忠于职守。值班工作起到联络沟通、应对紧急情况等重要作用，值班人员要高度重视，忠于职守，尽职尽责，不得空岗。忠于职守是对值班人员的首要要求。

（2）认真细心。值班工作事情繁杂、内容较多，往往涉及各类问题及情况，需要值班人员细心谨慎，认真妥善地安排每一项工作。如果值班人员马虎从事、随便敷衍的话，就会在值班期间出现纰漏，给单位乃至国家和人民的利益造成损失。

（3）严守秘密。值班人员要严格遵守保密制度，接到需要保密的来电来函，要严格按照相关规定办理，不得擅自拆阅机密文件，不得在接待来宾时或电话中透露机密事项。值班人员不得在值班室随意留宿非单位人员，以免由于疏忽造成不必要的损失。

（4）热情待人。值班工作的一项重要内容就是接待工作。在接待来宾或来访过程中，必须做到热情诚恳、说话和气、态度大方、举止文明，给人留下良好印象，从而提升单位的社会形象。

（5）详细记录。值班人员必须认真做好值班记录，完整而真实地记录处理事件的全过程，妥善保管，以备日后查证。值班日志、电话记录、接待记录都务必填写详细，字迹清晰端正，措辞准确，符合存档要求。

5. 突发事件的处理

值班时有时会遇到一些突发性的紧急情况，如生产事故、交通事故、失火、盗窃、自然灾害等。作为值班人员就应该做好充分的心理准备和其他准备，临危不乱、处变不惊、沉着冷静地加以处理。值班人员只有做好事前准备和恰当的事中处理，才能把各种损失降到最低。

（1）事前准备。第一步，行政秘书应与领导讨论各种意外发生的可能，以及意外发生时应采取的措施，知道第一时间应与谁联系，谁为领导指定的应急负责人，以及领导与值班人员如何建立联系等。掌握有关人员的联系方式，按重要程度逐一列明并记熟，如果不能联系到第一负责人，还可以联系第二或第三负责人；第二步，应将意外事件的严重等级分成普通、较大、严重、极其严重四种程度，并配以相应的处理标准和关注度；第三步，准备一些资金、证件以及生活必需品，以便意外事件发生时应急使用；第四步，制定意外事件发生时的应急预案，掌握好不露声色、有条不紊、从容应对的方法。

（2）事中处理。首先，行政秘书应深入现场，确认事实，了解突发事件的性质、时间、地点和范围；其次，按应急预案采取相应措施，如突发事件单纯属于内部事务，且涉及机密，要在第一时间控制消息，稳定全局。如属于其他事务，则应及时动用社会力量从速处理，保障生命财产安全；最后，改进工作，转危为机。"危机"是"变好或变坏的转折点"，因而，对突发事件的处理不能仅仅从消极意义上理解，如果采取适当的工作策略、方式方法，对其处理不仅能消除危机带来的负面影响，而且还能创造机会、和谐关系、迎来转机。

7.3 办公室设备管理

7.3.1 设备管理的流程

办公室设备管理的流程包括设备的购置、安装调试、使用、维修、改造和报废的全过程。在此过程中的每个环节都是必不可少的，哪个环节出现问题都会引起整个流程的连锁反应。行政秘书办公室事务管理的一个重要内容，就是通过流程管理从整体上保证和提高办公设备的可靠性、维修性和经济性。

1. 采购和发放

机关办公设备的购置应坚持两个原则：（1）按需购置原则。要从机关办公需要的角度出发，逐步更新老化设备，使办公设备现代化；（2）勤俭节约原则。少花钱、多办事，做到物尽其用，不添置闲置设备。采购要有计划地进行，提前计划好采购品种及时间。

行政秘书首先必须按照审批流程提出采购申请，参见图7-4。

然后，认真填写购买申请单，写清需要物品的理由，经上级批准后交采购人员。采购

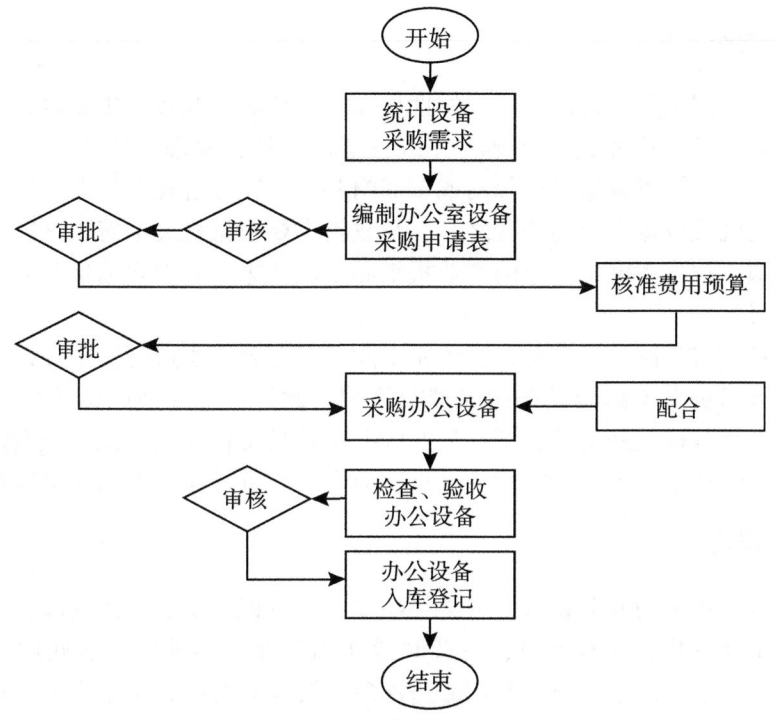

图 7-4 办公设备采购申请流程

人员采购物品要保证质量,决不允许贪图回扣而采购没有用处或伪劣的设备,采购来的物品在入库前都要进行质量验收。

接下来,填写入库登记单。采购来的物品要尽快发放到使用者手中。领用时要进行严格登记并填写办公设备和用品领用表(见表 7-8),登记相关信息。领用表一式两份,领用者和管理部门双方各执一份。

表 7-8 办公设备和用品领用表样式

领用部门		领用人	
品名规格型号	数量	单价	备注
领用用途			
部门意见			
批准人签字		领用人签字	
发放人签字		领用日期	年 月 日

2. 调配与管理

办公设备要根据机关内各部门的工作性质和相关情况来配备，主要设备基本固定。行政秘书要为所有设备和用品建立档案，并进行定期统计、整理，然后汇总，据此调配管理。若某设备闲置，则可调给需要部门或多部门共用，充分合理利用办公资源。

订阅报刊是机关设备配置的任务之一，行政秘书要根据机关经费预算决定每年订阅报刊的种类和级别，首先考虑本行业的专业报纸和权威杂志，其次根据机关业务性质来订阅一些其他类的报刊。

对机关设备要实行制度化管理。行政秘书除了对办公资源进行登记外，还要制定设备使用制度，各部门负责本部门设备的保养及维护。此外，要加强电话管理，控制公话私用。电话费历来是各机关开支的大项，最好的办法就是实行使用登记与经费定额相结合的制度。加强电话管理是机关后勤管理的难点，应定期检查并核对电话账单以控制开销。

3. 库存和保管

行政秘书对采购来的办公设备和各类用品要进行登记，然后存入仓库。入库时要核对订货单、交货单及货物，如有不符，应及时通知相关部门再做进一步处理，做好库存记录，及时更新库存余量。办公设备和用品进库后，要摆放有序，贴上标签，按照一定的储存规律摆放，以便取用。取用时应根据"先进先用，后进后用"原则，保证物品不会过期。所有物品存放好后，应注意库房的安全，及时上锁，管理好钥匙，消除火灾、失窃等隐患，同时保证储物间良好通风，注意防潮。

7.3.2 设备管理的内容

办公室的设备管理内容包括各种办公器械、办公用品的管理。其中办公器械是指电话、计算机、传真机、打印机、复印机、录音机、摄录机、照相机、幻灯机、投影仪等设备材料。行政秘书要学会使用这些办公器械，了解其基本操作原理，并与厂家保持联系，随时解决故障，维护保养；办公用品是指办公家具、饰品、耗材，如桌椅、窗帘、信封、纸张、移动硬盘、光盘、订书机、计算器、碎纸机等。行政秘书负责这些办公用品的购买、维护和分发。购买时要注重质量、价格，学会货比三家。向同事分发这些用品时，要做好登记，避免浪费。如果办公用品出现污损，要及时清洁、更换或找人修理。

7.3.3 设备管理的优化

选择配套、方便、耐用、造型美观的办公设备也是行政秘书的职责之一，办公室设备优化管理的途径如下。

（1）优化办公室的照明设备。照明是影响人与人之间沟通效果以及空间舒适程度的重要因素。在设计时，需注意几点：减少光源的强度，避免用一个发光体，宜多用几盏灯；光源宜置高处，并从后方或左侧射入；在写字时，光源最好来自左方，而在打字时，光源最好来自两边。

（2）优化办公室的隔音设备。办公室所处的环境可能有噪声发出，如车辆的鸣笛声，工作人员的谈话、开会、打电话的声音等。行政秘书需要在办公室或会议室内部多采用一些隔间板来控制噪声,同时起到保密作用。安装隔音玻璃将外界嘈杂的声音隔绝开来,避免领导和其他工作人员被外界发生的事情扰乱情绪。

(3) 优化办公室的空气调节设备。办公室的空气设备优化,是为了减少办公人员精神消耗,通过调节室内温湿度来增强舒适性的过程。在使用空调设备时要注意由送风口吹出的冷气或暖气不能直接吹向人体,保证室内温度在26℃左右,做到节能环保。在室内放置加湿器,以调节合适的湿度。办公室不能长时间连续使用空调,应定期开窗通风。为避免"二手烟"危害,保护工作人员的身体健康,办公室内严禁吸烟。

7.3.4 设备管理的保障

有效保障办公设备的管理,需要建立全过程设备管理体制机制,即对设备进行全生命周期管理,包括规划、采购、安装、维修、保养、报废等。体制机制的建立应该达到这样一种效果,即单位内部能够统一组织和协调,各部门之间既有明确分工又有紧密联系,从而消除部门界限,整合资源,优化配置,实现共享。行政秘书应当协助领导做好办公设备管理的保障工作,做到管理与使用紧密结合,有监督有反馈,层层有人抓、件件有人管,使设备保持良好运行状态,发挥最大效能。

1. 明晰设备管理的部门职能

设备管理一般涉及采购、资产管理、生产和维修保养等多个部门,有的单位采用的还是传统的分散管理模式,有的则将除使用外的职能归于一体,成立了"设备管理中心"。后者应当是设备科学管理的内在诉求,成为一种趋向。但无论采取哪种模式,明确职能、建立健全责任制都是必需的。设备前期管理包括规划、采购、安装等过程,有关研究表明,设备前期管理状况决定了设备寿命周期费用的90%,设备安装定位时,未来问题的70%已被确定;设备的后期管理包括设备的使用、保养、维修、调配和报废等工作。设备的后期管理对延长设备使用寿命和提高设备利用率也有着重要影响,使用先进的物联网技术,可以通过二维码实现设备采购、维修、报废的全程追溯,进而提升后期管理效率。

2. 建立设备管理的完整流程

流程管理是现代管理的重要方法与手段,设备的全过程管理也要着重体现在流程安排上。在设备的前期管理中,要建立包括计划提出、纳入规划、方案论证、采购招标、验收安装等在内的流程管理程序,任何部门都不得跨越流程添置设备。而且,在每一个环节中也要有相应的流程控制,如招标中必须经过由使用部门、管理部门和技术专家组成的考察小组进行审核;必须有三家以上单位竞标,必须有法律事务部门、合同管理部门等参加招标评审并签署意见等。在使用及维修保养管理等环节中,应当建立严格的操作规则,以及维修保养的日常工作计划和突发性故障排除的工作流程。在设备的报废处置方面应当建立提出、鉴定、审核、批准的控制流程,做到既不让设备"超期服役",也不让设备"提前退役",充分发挥设备的效能价值。

3. 加强设备档案的规范管理

设备档案反映各种设备运动变化的过程，是在设备的购置、验收、安装、使用、维修、改造、更新以及报废的全过程中形成的档案材料。根据我国各单位的实践及有关规定，单位设备档案管理应采用集中统一管理模式。一方面是要将设备从购置到报废全过程中形成的材料集中统一保管于档案部门，另一方面，是要将设备档案作为一个独立的门类进行分类管理。行政秘书在设备档案管理时要注意：一是入档设备的门槛是以其价值还是稀缺性或其他指标作为标准；二是入档的内容是仅限于设备的基本情况，如设备类型、购置日期、价值、使用部门等，还是要求其购置过程材料、使用说明以及其他随机文件等全部材料；三是入档的工作流程及各部门负责的事项；四是查阅档案的权限和销毁档案的权限等。

4. 运用现代化设备管理手段

建立设备管理资源电子数据库、采用计算机辅助设备管理和开发设备管理信息系统，是办公设备管理现代化的重要手段。要将设备管理的各个方面集成为一个规范化的体系，形成科学、高效的设备管理运行机制，使设备管理工作得以有序组织与实施。行政秘书要着力实现办公设备信息共享，从静态管理转变为动态跟踪分析，达到设备物质形态与价值形态管理相统一的目标。要简化日常事务处理流程，快速准确地办理设备管理中的各类账表，为设备投资和技术改造提供经济分析与论证依据，从而提高办公设备利用的精细化、科学化水平。

☞ 本章小结

办公室事务管理是通过运用科学的管理方法与手段，使日常办公事务规范化、制度化和高效化的过程。它是行政秘书办事能力最主要的体现，对于提高组织运行效率具有重要的促进作用。古人云，"运筹于帷幄之中，决胜于千里之外。"办公室事务管理好了，各项工作的顺利开展也就有了可靠保证。本章详细介绍了办公室环境管理、办公室日常事务管理、办公室设备管理三方面的工作原则、操作方法及注意事项。通过本章的学习，读者可以较为系统地学习掌握行政秘书办公室事务管理的知识与技巧，为提高办事效能奠定扎实的理论基础。

☞ 关键术语

办公室环境管理　　办公室日常事务管理　　印章管理　　信证管理
电话礼仪　　值班管理　　办公室设备管理

☞ 思考题

1. 办公室布置的一般程序有哪几个步骤？

2. 开放式布局和封闭式布局的优缺点是什么？
3. 电话记录的"5W1H"技巧是什么？
4. 如何妥善处理值班时发生的突发事件？
5. 办公室设备管理的流程是什么？

☞阅读材料

偶然疏忽后果不小

　　某地发生地震后，我国南方的汛期即到。一日，南方某省领导机关的值班秘书接到国家防汛抗灾指挥部电话。来电中要求检查了解该地区防汛抗灾准备工作情况，重点检查水库坝基安全可靠程度如何，同时要求尽快作一次汇报。值班秘书接电话时，将来电部门听错为防震指挥部，当时对地震惊恐的"余波"还影响着人们的心理，认为"防震"也是理所当然，是可能的，而没有对打来的电话进行认真核对，于是便将听错的电话向单位领导汇报。当时领导班子几个主要成员正在同兄弟省区来的领导同志商讨经济协作的事宜，被迫中断了商讨，立即召集省直各有关部门的负责人开会，研究防震工作，并准备按电话的要求向上级做汇报。在研讨中，预感到如此紧急的电话，是否上级防震部门预测到本地区最近可能会发生地震，于是由办公厅主任亲自去打电话询问上级防震部门。而得到的答复却是，没有预测到你们地区最近会发生地震，也没有要求你们汇报有关情况。经再次查问，原来是防汛指挥部来的电话。一场虚惊总算是放下了，但教训深刻。虽然未直接看到造成经济上有多大的损失，但牵动了领导一班人的行动，打乱了机关工作的正常部署，影响了领导机关的决策，不能不说这也是一次较大的工作失误。

　　（资料来源：《偶然疏忽后果不小》，中华考试网，https://kaoshi.china.com/wap/mishu/zl_499225.html，2011年4月4日，有删节。）

第 8 章 行政秘书公共关系与形象塑造

现代意义上的公共关系学源于 19 世纪末 20 世纪初的美国,它是一门帮助社会组织建立声誉、塑造形象的科学。行政秘书作为行政事务的管理者,其工作内容不仅包含对内日常事务的管理,也存在大量频繁的对外交往活动,甚至被认为是组织内外部公共关系协调的主要力量。行政秘书应从公关心理、公关行为及公关形象三个方面熟练掌握公共关系与形象塑造的理论知识与工作实务,促进与公众之间形成良性互动关系,从而提升组织的美誉度。

8.1 公 关 心 理

8.1.1 公关及公关心理概述

1. 公共关系概述

"公关"是公共关系的简称,是社会组织同构成其生存环境、影响其发展的公众所建立的社会关系,是组织以维护形象为目的,在内部成员之间、外部其他组织之间建立起一种良好关系的活动。

公共关系的构成包括主体、客体及中介三个方面。

(1) 主体。公共关系的主体即公关工作的组织者、策划者、发起人,主要是组织及其相关人员,组织既包括公共部门,也包括私人部门;相关人员包括首席执行官、行政秘书、新闻发言人、公关专员、营销人员等。

(2) 客体。公共关系的客体即公关所作用的对象,又称之为公众,指与组织发生相互作用、面临共同问题和产生互动效应的社会群体,如政府面对的人民群众、媒体;企业所面对的消费者、市场监管部门、经销商、媒体、外部竞争者等。

(3) 中介。公共关系的中介即传播主体,指公关需依靠的各种传播力量。根据传播途径不同,可分为人际传播、大众传播、网络传播等。

公共关系具有以下三个方面的表现形式。

（1）公共关系状态。公共关系首先表现为社会组织所处的公众关系状态和社会舆论状态，其是客观存在的，且有好坏之分，对组织的存在与发展造成有利或不利的影响。口碑作为产生于人们交流产品和服务的信息流动，会影响公关客体的行为，尤其是随着信息技术迅猛发展，组织每年花费较大成本来进行网络舆论管理，如行政机关通过利用"两微一端"与网民互动交流，可以树立负责任政府的形象。

（2）公共关系活动。公共关系活动是指运用不同形式的传播及沟通方法，协调组织与社会之间的关系、影响公众舆论、改善组织形象、优化工作环境等一系列活动的总称。为了让组织拥有和保持良好的公共关系状态，行政秘书可以根据实际，策划包括媒体宣传在内的各种公关活动，例如，某地城市形象推广片在各大媒体上映。

（3）公共关系意识。公共关系意识是公共关系实践在人的思维活动中的反映，包括对处理公共关系的思想、观念、原则、操作规范及运作机制的自觉运用，例如，注重培养形象意识、战略意识、公众至上意识、广结良缘意识、公共服务意识、危机风险意识、自我推销意识等。行政秘书树立公关意识是做好公关工作的前提与保障。

2. 公关心理概述

所谓公关心理，是指与公共关系行为及公共关系活动相关的心理现象和心理活动。公关心理包括主体心理、客体心理及传播心理三要素。

（1）主体心理。主体心理是指组织及公关人员在从事公关活动时产生的心理现象及其发展变化。从动机角度来看，行政秘书对外公关不仅是为了提高组织知名度和美誉度，谋求更大的发展，而且也是为了维护组织形象，促进各部门的团结协作。因此有时候其公关工作难度很大，容易产生不良情绪。如何提高自身心理素质，合理处理人际关系，以有效应对挫折，成为公关心理所关注的焦点。

（2）客体心理。客体心理主要包括公众的知觉、需要、态度以及从众心理、逆反心理等。公众心理会影响到组织的行为。一般来说，公关活动要以公众心理为基础。公众有可能是有意识的公众，也有可能是无意识的公众，所以行政秘书对公众心理的准确把握，既是公关工作的难点也是重点。

（3）传播心理。传播心理主要包括传播者（公关者）的心理条件、信息接收者（被公关者）的心理条件以及最优传播渠道的选择策略等。行政秘书通过掌握传播心理学的知识，可以有效提高传播心理效果。例如，人际传播能够直接加深传播双方的好感，给对象留下良好印象，而且在传播过程中容易掌握对方心理；报纸、杂志、书籍、广播、电视等大众传播，其传播渠道专业化程度高，内容公众化，覆盖面广，公众容易接受；网络传播是当前重要的传播渠道之一，具有双向互动性。

3. 公关心理特征

（1）能动性与外显性。公关心理能对外界或内部的刺激作出积极、有选择的反应或回答，具有能动性，同时公众接受到外界刺激时，会做出相应的行为反应，且这种反应是外显的、可认知的。例如，公众看到某品牌企业第一时间向灾区捐款，便会对该品牌心生好感；某地方政府积极落实扶贫政策，人们会称赞政府讲信用、护民生。

（2）自利性与利他性。公关心理中的主客体参与活动具有自利性，但并不意味着完全的利己主义，在一定社会规则和制度约束下产生利他性也是存在的。例如，某地方政府进行棚户区改造，个别住户不愿搬迁，通过行政人员公关工作之后，居民为了集体利益最终同意搬迁。

（3）多样性与统一性。公关工作中所涉及的公众数量多、层次不均，不同公众具有不同的心理特征，但他们因具有某种相同因素又具有统一性，如在公关活动中女性更注重沟通与互动，男性则更看重效率与价值。

（4）感性与理性。在公关活动中善于运用情感策略，可达到以情动人、以心换心的效果，从而影响客体，同时还必须以理服人，行为合乎法则道义，这样才能符合事物发展的规律。

4. 行政秘书的公关心理

行政秘书的公关心理有两层含义：一是指行政秘书要注意自身良好心理素质的培养，学会调整心态和掌控情绪，以面对公关工作中的困难；二是要掌握公关心理理论及实务，灵活运用技巧和策略。概言之，行政秘书公关心理培育需做好以下几点。

（1）锻造良好的心理素质，学会情绪管理。行政秘书公关工作需要经常与人打交道，具有工作强度大、富有挑战性、不确定因素多等特点，其本人有时甚至可能遭人误解，面临声誉受损的危险。因此，需要有意识地培养良好的心理素质。行政秘书要对自我树立客观的认知，正确看待"高光时刻"和"至暗时刻"，接纳不完美的自我；只有树立积极向上的人生观，遇到挫折时才能愈挫愈勇、迎难而上；善于情绪管理，当产生负面情绪时，不要压抑情感，而是采取合理的方式宣泄，比如大哭一场、找朋友倾诉、将烦心事写下来等方法转移注意力，尽快平复心理，投入正常的工作中。

（2）了解公关心理知识，有效采取"攻心"策略。全面把握组织需求与动机，能够帮助行政秘书有针对性地开展工作；真切了解公众心理，能够帮助行政秘书有效运用"攻心"策略打动服务对象。行政秘书要从心理学角度理解和掌握公众角色的心理特征，利用从众、暗示、模仿和感染等心理效应，提升沟通效果和公关能力。例如，当听到周围很多人都在说某公司产品有效时，公众会不自觉向他人推荐该公司的产品，哪怕从来没有使用过。行政秘书应以此为契机来宣传本公司的产品，提升产品的知名度，扩大企业影响。

（3）掌握语言沟通技巧，提高人际交往能力。建立广泛、牢固及良好的人际关系是行政秘书工作能力的体现。人际交往过程具有指向性，即交往中一定有一方是主动，另一方处于应承状态，双方在交换意见时内心会产生顺向或逆向意见。人际交往需要经历初次见面、建立友谊、融洽关系、牢固关系四个阶段。行政秘书要学会循序渐进，在恰当时机增进关系，注意在交往过程中功利性目的不要过于外显。要做到善于倾听，建立同理心。只有认真倾听对方在讲什么，才能知道如何掌握沟通的主动权。还要学会真诚沟通，多用积极向上的词语、简单的语言逻辑表达，不吝啬夸赞别人，善于使用微笑、手势等肢体语言。

8.1.2 公关心理理论及实务

本小节将从组织心理、公众心理、传播心理三个方面分别介绍公关心理理论及实务。

1. 组织心理

组织形象是组织心理的核心概念，主要指组织内部特征的外在表现以及公众对组织的整体印象、看法和态度的统一体。行政秘书通常可采用下列三种方式来塑造并维护组织形象。

①CIS战略。CIS（Corporate Identity System），原意是"企业识别系统"，后泛指组织将其理念、行为、文化、人员、规范及一切可感受的形象进行统一化、标准化及规范化的科学管理体系。CIS通过理念识别（Mind Identity）、行为识别（Behavior Identity）、视觉识别（Visual Identity）三个子系统，将组织的精神文化、价值理念、活动战略、宗旨使命、规章制度、行为规范、组织标识等传递给社会公众，最终引导他们对组织产生认同感。各子系统之间相辅相成、共融共生，其形成需经历前期准备、调查研究、创意设计、整体导入、评估反馈5个阶段。

②新媒体。常见的新媒体有微信、微博、知乎、豆瓣、Twitter、Facebook等。组织在进行文化、价值、服务、产品等形象塑造时会与用户建立即时互动交流关系。运用新媒体平台能实时获取用户行为数据，使组织及时调整策略。进入5G时代，新媒体传播组织形象的运用将更为普遍。行政部门成功运用新媒体来树立组织形象的例子屡见不鲜。比如，疫情期间为助力本地经济步入正轨，解决农副产品及特产商品滞销的难题，由政府部门牵头，地方官员化身"带货主播"，为当地企业和农户"站台"，充分展现了服务型政府的良好形象。

③舆情监测系统。信息技术的高速发展在增进公众与组织交流的同时也增加了网络舆情产生的风险。网络舆情具有传播速度快、影响范围广、不确定性强的特点，如不及时采取应对措施，将对组织形象产生负面影响。网络舆情监测系统能够精准识别敏感词汇，有效监测网络热点话题，对突发事件进行跨时间、跨空间综合分析，及时获知事件发生的全貌并作出预测预警。

2. 公众心理

公众作为公关对象，其心理变化规律是组织的重点研究内容。行政秘书可以通过公众心理分析预测公众行为，利用公众心理相关制动策略帮助组织达到公关目的。

（1）公众心理倾向。公关行为能否对公众产生正向影响，组织能否在公众心目中树立良好形象，都取决于公众心理的倾向。公众心理倾向性是其行为产生的心理制动因素，主要包括需要、动机、兴趣、价值观等。公众心理倾向的具体含义、主要分类及在行政秘书公关工作中的运用情况，参见表8-1。

表 8-1　　需要、动机、兴趣、价值观分类及公关实务

项目	含义	分类标准	分类项目	说明	公关工作实务
需要	感到某种缺乏而力求获得满足的心理倾向	需求层次	生理需要 安全需要 归属和爱 尊重 自我实现	马斯洛需求层次理论认为人的需求可以分层级，由低向高，层层递进，但次序不固定	行政秘书要针对公众需要来设计公关策划，例如政府的公关活动要满足群众对公共服务的需要；企业的公关活动则要以消费者的需要为中心
		对象性质	物质需要 精神需要	物质需要如水、食物、住所； 精神需要如求知、爱、审美等	
		强度	刚性需要 弹性需要	刚性需要是必须满足的需要； 弹性需要是非必须的需要	
		作用	生存需要 享受需要 发展需要	为了维持生存的需要，如食物、衣物、水等； 享受生活情趣的需要，如音乐、绘画等； 追求自我发展的需要，如求学、书籍、健康管理等	
动机	引起并维持某种行为达到一定目标的动力	来源	内在动机 外在动机	内在动机指由内部力量引发的动机，如兴趣、爱好等； 外在动机指由外部力量引发的动机，如获取他人认同、好感等	行政秘书在公关活动中要具体分析动机产生的原因，引导正面积极动机，消除负面消极动机，从而达成公关目标
		持续时间	近景动机 远景动机	持续时间较短的驱动力； 持续时间较长的驱动力	
兴趣	力求探究和从事某种活动的心理倾向	内容	物质兴趣 精神兴趣	物质兴趣是与物质生活相关的兴趣； 精神兴趣是与精神生活相关的兴趣	行政秘书要了解公众的兴趣取向，投其所好，采用人们喜闻乐见的方式开展公关工作
		来源	直接兴趣 间接兴趣	直接兴趣更关注事物过程； 间接兴趣更关注事物结果	
价值观	对客观事物意义及重要性的总体评价	评价的侧重点	理论型 经济型 审美型 社会型 政治型 宗教型	理论型价值观关注理论及真理； 经济型价值观秉持实用主义； 审美型价值观重视美、外形； 社会型价值观强调人际关系； 政治型价值观看重支配、权谋； 宗教型价值观热衷于神秘体验	行政秘书要注意价值观的个体差异性，在公关活动中尊重不同对象的价值观

（2）公众心理特征。公众心理特征包括个体心理特征与群体心理特征两种。前者是个体在能力、气质、性格上的特征，行政秘书要根据个体在能力、气质、性格等特征上的不同，而采取不同的公关策略；后者是指群体所具备的相同心理倾向性特征，包括认同意识、归属意识、整体意识及排外意识等。行政秘书可以利用群体心理效应采取合适的公关策略。

（3）公众心理定势。心理定势是一种心理准备状态，是指一个人先前的活动倾向对后继活动的影响。这种先前活动倾向包括对事物已有的知识积累、特性熟悉、认知态度和后期心理期待等，它们最终共同影响着后继行为的倾向，反映出人在心理支配下所做出的行为选择性。公众心理定势也会影响公众的心理认知与行为倾向，对此，行政秘书应根据不同的公众心理定势，采取相应的公关策略，见表8-2。

表8-2　　　　　　　　　　　　常见心理定势及公关实务

名称	具 体 含 义	公关工作实务
首因效应	人们第一次接触某人或某事时总会留下深刻印象，这在人们的头脑中占据着主导地位	行政秘书要注意给公众第一次接触就留下较好的印象
晕轮效应	根据自己的喜好得出结论，然后再根据这个结论去判断、推论出认知客体的其他特征，形成以点概面、以偏概全的主观印象	行政秘书要尽可能放大组织优点，多展现组织形象良好的一面
经验效应	人们凭借以往经验和体会对当前的客体进行认知、加以判断、制定决策、采取行动的一种心理活动定势	行政秘书可利用这种效应，但有时也需克服对经验的依赖，注重创新
移情效应	即"爱屋及乌"，心理学上把人们对某一人或事物的情感迁移到其相关事物上的现象称为移情效应	行政秘书要多利用喜闻乐见的行为来赢得公众对组织的好感
从众效应	当个体受到群体的影响时，会怀疑并改变自己的观点、判断和行为，朝着与群体大多数人一致的方向变化	行政秘书可借助从众心理来影响个体决策
刻板效应	人们对事物形成一般看法和个人评价，认为某种事物应该具有其特定的属性，而忽视事物的个体差异	行政秘书要通过与公众频繁的沟通交流，打破刻板印象

3. 传播心理

公共关系中的传播是组织与公众沟通的桥梁。如前所述，公共关系传播的主体是组织及公关人员，客体包括内外部公众，即信息的接收者。接收者接收到信息后会在大脑中完成信息的处理、编码及储存。他们会基于动机、需要、兴趣、生活经验、原有认知等，对信息进行选择性注意、选择性理解以及选择性记忆。行政秘书在公关工作中，要把握传播心理的规律，使公关达到增强信息传播的效果。

其一，行政秘书向公众所传递的信息要准确，易于公众理解和接受。由于信息在传播过程中会自上而下降低准确度，从而产生"漏斗效应"，这就要求传递的信息务必有针对性，言简意赅。

其二，行政秘书要选择正确的传播者及传播渠道。信息的传播者和传播渠道不同，公众接受信息时态度就可能不同。例如利用权威效应，选择人们心目中的权威人士或官方渠道发布信息，能够增强可信度，有利于公众接受并对组织产生认同。

其三，行政秘书需善用情感共鸣树立形象。只有切实把握需要、动机、兴趣及价值观等公众心理特征，所传递的信息才能激发公众关注，与公众之间产生情感共鸣，从而促进公众头脑中形成对组织良好形象的持久稳定印象。

8.2 公关行为

8.2.1 信访工作

1. 信访工作概述

信访是指公民个人或群体以书信、电子邮件、走访、电话、传真、短信等多种参与形式与国家的政党、政府、社团、人大、司法、政协、社区、企事业单位负责信访工作的机构或人员接触，以反映情况，表达自身意见，请求解决问题，有关信访工作机构或人员采用一定的方式进行处理的一种制度。近年来，随着国家信访制度的日趋完善，群众维权意识不断提高，信访成为了解社情民意、紧密联系群众、实施社会监督、化解各类矛盾的重要途径。接待群众来信来访是行政秘书的主要公关行为之一。

（1）信访工作的构成要素。

信访工作主要包括信访人、信访受理人、信访事项或内容、信访形式或方法、信访处理人、信访结果六要素。

①信访人，即提出建议、意见或者投诉请求的公民、法人、其他组织。

②信访受理人，即受理信访的机构或部门，包括县级以上政府信访工作机构、县级以下政府工作部门及乡、镇政府确定的信访工作机构或人员，社会团体、企业事业单位的信访部门等。

③信访事项或信访内容，即信访人所提出的诉求、问题或投诉的具体内容。

④信访形式或方法，即信访人一般采用的书信、电子邮件、传真、电话、走访等形式。

⑤信访处理人，即具体办理、解决和负责处理信访人反映问题、诉求及投诉的职能部门或相关人员。

⑥信访结果，即信访部门及行政机关对于信访人所提事项的最终处理结果。

（2）信访工作的分类。

根据信访内容及性质的不同，信访工作可分为：涉法涉诉类（检举、控告、投诉、普通侵权、执行类法律事务、行政复议及国家赔偿、民事法律事务等）；生活待遇类（低保、大病补助、优抚待遇、社会救助、社会性政策等）；山林山地权属纠纷类（山林土地权属、宅基地权属等）；拆迁补偿与住房保障类；劳动和社会保障类；安全生产与环境保护类（违规生产、食品卫生安全、交通安全、公共领域安全、环境污染等）；行政执法与行业服务类（政法、农林、宣传、公交、财贸等职能部门的履职、监管及作为情况）；城市建设和管理类（城市规划建设、市政管理等）。

（3）信访机构主要职责。

信访机构的工作职责包括以下七个方面。

①负责受理、交办、转送信访人的来信、来电、来访。

②承办上级和本级政府交由处理的各类信访事项。

③组织协调处理重要信访事项。

④督促检查信访事项处理进度、相关情况，向有关部门提出工作意见及建议。

⑤调查、研究和总结信访工作及群众反映的突出问题，向本级政府提出完善政策及工作改进建议。

⑥对政府部门和信访机构进行业务指导，总结和交流工作经验。

⑦做好法律法规的宣传教育工作，引导群众通过正当渠道依法信访。

（4）行政秘书信访工作守则。

①恪尽职守，秉公办事。行政秘书要依照法律法规，切实履行信访工作职责、行为规范，牢记工作纪律，秉公办事，恪尽职守。

②查明事实，分清责任。对信访人所提供的信息，行政秘书要仔细记载并核实，必要时可要求信访人、有关组织和人员说明情况、进行调查。最后根据"属地管理、分级负责；谁主管、谁负责"原则，依法依规交由职能部门处理。

③宣传法制，教育疏导。信访人来访时因不清楚政策，可能出现情绪激动、急躁等状况，行政秘书需要进行疏导教育，安抚群众的情绪。

④及时妥善处理。对于信访人所提出的合法合理意见、建议、诉求及投诉，行政秘书应在职权范围内予以尽可能满足，无法立即处理的要耐心做好解释工作。

⑤不得推诿、敷衍、拖延。行政秘书对信访人反映的问题要及时开展调查研究，交由相应部门处理，并跟踪相关事宜办理进度，及时回复信访人。

2. 行政秘书信访工作程序

行政秘书信访工作程序包括登记、告知、受理、办理、送达与执行、督办、复查与复核、立卷归档。

（1）登记。行政秘书收到信访人来信，需要登记如下重要信息：①信访人的基本情况，包括姓名、年龄、籍贯、住址、工作单位、联系方式等；②基本事实，即信访人反映的主要事实情况；③具体要求，即信访人提出信访事件的目的及所要解决的问题；④相应理由和依据；⑤信访事件的来源，即信访事项由信访人直接提出，或由上级信访工作机构转送。

接待信访人来访要热情有礼，耐心倾听信访人陈述，做好登记和信息记载工作。对于信访人的信访意图，陈述事实中涉及的时间、地点、人物及事件的来龙去脉要仔细询问清楚，有提供相应材料的要标注清楚，对于记载文本要与信访人核对并要求其签字确认。对于不属于本级信访受理范围的要耐心解释并提供必要帮助。

（2）告知。告知是指行政机关收到信访事项后，在法定的期限内，依据现有法律法规的规定，判断该事项是否属于其受理范围和该级管辖，从而作出是否受理的决定并告知信访人，具体告知书如图8-1所示。

```
              信访事项受理告知书
              信复字××号

  ×××同志（法人或其他社会组织）：

    您××××年×月×日来信收悉。您所提出的信访事项，属××××××
  职权范围。根据《信访条例》第十五条规定，请直接向××××提出。

    特此告知。

                                ×××信访局办信专用章
                                ××××年×月×日
```

图8-1　信访受理告知书样式

关于应当告知的情形，根据相关规定，县级以上政府信访工作机构自收到信访事项之日起15日内，对属于人民代表大会及其常务委员会、人民法院、人民检察院受理的事项，应当告知信访人可向上述机关提出；对已经或者依法应当通过诉讼、仲裁、行政复议等法定途径解决的，应当告知信访人依照有关法律、行政法规规定程序向有关机关提出；对信访人直接向各级政府信访工作机构以外的行政机关提出的信访事项、不属于本机关职权范围的信访事项，应当告知信访人向有权的机关另行提出。

（3）受理。当信访人所述事件属于受理范围时要进行受理，决定下一步处理行为。受理包括上报、转送、交办、通报来信情况等阶段。

①上报是指将信访事项报送给领导。上报的来信信息，需要核实而又能够核实的一般应先核实、再上报；经过核实后上报的，应把核实的情况和有关意见、建议一并报领导参阅。上报包括原件上报、摘要上报、综合上报三种。

②转送。转送是指将来信提出的信访事项转送有关地方、部门或其负责人办理。转送方式主要有发函转送、附转送单转送。

③交办。交办是指将来信提出的信访事项交有关地方、部门或其负责人办理，并要求承办部门按规定期限内反馈办理结果。交办方式主要是发函交办。对来信反映的一些突发、紧急情况，需及时交有关地方或部门办理的，也可采取电话、传真等方式交办。

④通报来信情况。通报来信情况是指向有关领导报告、向地方党委和政府主要负责人通报来信的有关情况。通报材料一般加送相关地方党委组织部门和市、州信访工作机构，有的还可以抄送省直有关部门。

（4）办理。办理是有权处理的行政机关依据职权，对已经受理的信访事项进行研究论证或者调查核实后，依法作出处理意见、予以处理的行为。办理的程序包括：第一步是开展信访调查，必要时可要求信访人、有关组织及人员说明情况，对重大、复杂、疑难的信访事项举行公开听证会；第二步是做出处理意见，根据"重证据、重调查研究""先取证、后裁决"原则，以事实为根据、法律为准绳，对信访事项处理意见须做出处理意见答复书，书面答复信访人。

（5）送达与执行。送达是对信访处理意见采用邮寄的方式寄给信访人或有关执行机关；执行是当信访人所述信访事实得到支持的，自处理意见之日起，信访人或有关机关要按时执行。

（6）督办。按照相关规定当信访部门发现行政机关有下列情形之一的，应当及时督办并提出改进建议：一是无正当理由未按规定的办理期限办结信访事项的；二是未按规定反馈信访事项办理结果的；三是未按规定程序办理信访事项的；四是办理信访事项推诿、敷衍、拖延的；五是不执行信访处理意见的；六是其他需要督办的情形。督办的主体专指县级以上政府信访工作机构；督办的对象是同级政府工作部门和下级行政机关，既包括对信访事项有权做出处理意见的行政机关，也包括信访处理意见的执行机关，还包括下级政府信访工作机构。

（7）复查与复核。信访人对行政机关做出的信访事项处理意见不服，可自收到书面答复之日起30日内请求原办理行政机关的上一级行政机关复查。收到复查请求的行政机关应当自收到复查请求之日起30日内提出复查意见，并予以书面答复。复核是信访人对复查意见不服，可自收到书面答复之日起30日内向复查机关的上一级行政机关请求复核。收到复核请求的行政机关应当自收到复核请求之日起30日内提出复核意见。

（8）立卷归档。行政秘书在信访事项结案后，应当组成案卷归档，有条件的，要输入信息系统以备查索。其内容包括信访工作大事记、领导批示、重要会议材料、信访事项所有登记记录、信访数据统计表、信访工作定期总结报告、信访信息专报、信访事项交办通报函件、信访事项结案报告及经签发的所有文件。信访档案立卷归档之后，应采取保密措施，防止档案损毁，保护档案的完整和安全。

3. 网络信访

网络信访是公民、法人或其他组织通过党委和政府信访网站或电子信箱等反映情况、提出建议、意见或投诉请求，依法由有关国家机关处理的活动。网络信访是信访工作的一种创新，是推进信访信息化建设的重要表现。它不仅为群众提供了便利，还降低了信访成本，提高了工作效率。行政秘书需适应信息化办公要求，掌握网络信访工作要领。

（1）受理范围。网络信访受理范围包括信访人对行政机关及其工作人员，法律、法规授权的具有管理公共事务职能的组织及其工作人员，提供公共服务的企业、事业单位及其工作人员，社会团体或者其他企业、事业单位中由国家行政机关任命、派出的人员，村民委员会、居民委员会及其成员的职务行为提出的建议、意见。对依法应当通过诉讼、仲裁、行政复议等法定途径解决的投诉请求，行政秘书应当告知信访人依照有关法律、行政法规规定的程序向有关机关提出。

（2）工作程序。网上信访工作有序开展需要经过以下程序：一是查件。负责查收网络信访件；二是分类及统计。对信访件所反映的问题进行审核分类；三是报批。对信件提出初步意见，上报领导签字，并报分管领导签批；四是办理。根据上级领导意见，转送相关职能部门办理；五是督办。督促职能部门尽快处理；六是回复。收到职能部门的办理回复后，及时通过邮件或电话的形式回复信访人；七是复查复核。根据信访人要求开展复查、复核工作，收到职能部门处理意见后及时反馈给信访人。

8.2.2　接待工作

1. 接待工作概述

接待工作是指为了加强沟通与联系，展现组织的良好形象，在公务活动中对来访者所进行的迎送、招待、洽谈、联系、咨询等辅助管理活动，是行政秘书的一项经常性公关事务工作。

（1）接待工作的构成要素。

①来访者，即接待活动的对象，其可能是个人，也可能是组织团体。

②来访意图，即来访者的动机和目的，是接待活动的重要依据。一般要先明确来访意图，并予以甄别。

③接待者，即接待活动的主体，通常为行政秘书或公关人员。

④接待任务，即组织根据来访意图所确定的接待活动。

⑤接待方式，即包括座谈、参观、宴请等方式。

（2）接待工作的主要特征。

①政治性。在接待中必须首先讲政治，认真贯彻执行《党政机关国内公务接待管理规定》，不逾越"雷区"。

②规范性。接待活动的策划及工作流程要按照法律法规和政策执行。

③灵活性。接待工作需要具有灵活性，要求能够妥善处理好各类临时变化或突发事件。

④保密性。某些接待活动涉及工作机密，有重要人物到访，在接待中一定要注意保密，必要时需配备安保人员或警卫负责控场值守。

⑤协作性。接待需要团队成员通力协作，要做好协调、沟通工作，向来访者展现组织的团结合作精神。

⑥公关性。接待工作本身是为了组织形象而开展的工作。无论来访者是何种动机，都要注意公关素质。

⑦礼仪性。接待工作中接送站、领导会见、宴请、陪同参观等都需要注意礼仪规范。

2. 行政秘书接待工作程序

（1）做好接待前的准备工作。

①掌握相关信息并上报。行政秘书要了解来访者基本资料，如来访者人数、性别、身份、国籍、民族、信仰、饮食习惯、性格等；来访者意图、目的及诉求；行程安排、日程安排等，并向上级汇报。

②确定接待工作计划。具体包括迎送方式、接待规格；交通工具安排、膳宿安排；活

动地点、日程安排；晚会、会议、会见或游览活动等具体方案；经费开支预算；活动风险预测与防范措施等。

③接待核心内容准备。上级领导确定好洽谈事宜后，行政秘书要提前准备所用到的演示文稿、影像资料、相关文件、协议、合同等。

④重要事宜再确认。行政秘书在接待活动前要与对方联系人保持联系，随时沟通，确认活动日程安排，特别是需要反复确认到达时间，提前安排好食宿。

（2）接待的流程及礼仪。

①迎宾。行政秘书的迎宾工作要从机场或火车站开始。迎宾人员中最高身份者要与来访者身份相当。迎宾人员应早于来访者30分钟左右在飞机场或火车站出口处等候。准备迎宾牌，字迹要美观、大小要适中，写上"×××先生（女士），欢迎您来×××"或"热烈欢迎×××先生（女士，团）来访"。如果来访者直接抵达酒店或东道主办公地点门口，则需要在大门口张贴迎接标语或悬挂欢迎横幅。如果来访者直接进入办公室时，行政秘书要主动起身面带微笑迎接。

②见面及问候。见到来访者上前，行政秘书要微笑迎接并握手，主动与其寒暄进行自我介绍，称呼一般使用"先生"或"女士"。较为熟悉的可以带上职务，如"×司长""×部长"等。问话如"您是×××先生（女士）吗，我是×××秘书""路上还顺利吗""您一路辛苦了""欢迎来到××城市（部门）考察"等。有时接待重要客户还需献花，献花需要在品种、颜色、数目及层次上进行搭配。

③陪车及入住。如果从车站接到来访者，一般来说要送来访者办理入住。行政秘书若接待，需主动告知对方行程安排并取得同意，帮来访者拎行李、开车门。乘车时一般应先请客人从右侧上车，陪同人员从左侧上车。路上可以向来访者介绍风土人情、城市变迁或行程安排。

④引见及介绍。引见和介绍是指在较为正式的场合双方主要人员的见面。在引见之前，行政秘书要向来访者确认需要引见的人员。若需对方等待时，要提前告知对方："您请坐，请稍等片刻"，并将其引领到座位前。当组织的主要人员都到齐后，开始进行引见和介绍。

⑤谈话。正式会谈中，行政秘书要提前准备好茶水、果盘，安排好座位，在重要来宾座位处放上台签。在他们谈话中，要注意记录重要信息，观察茶杯里的水是否喝完并及时添加。

⑥参观。要合理安排参观项目，主动热情进行全程导游介绍，沿路照顾来访者。

⑦宴请。宴请现场要合理安排座次。宴请的菜肴也要可口，兼顾来访者特殊需求。公务接待中有严格标准限定，行政秘书要按标准宴请。

⑧送别。行政秘书要起身送别来访者至门外或电梯处，主动帮其开门或按电梯，亲切道别："您走好，有空多联系""多保重，欢迎下次光临"等。如果来访者需要安排车辆送站，可告知来访者返程地天气，做好温馨提醒。送别重要人物时，要准备送宾标语，安排与来访者身份相当的人员陪同送至机场或火车站并道别。

（3）外事接待的注意事项。

外事接待中需要注意：①尊重外事礼仪，如见面时需亲吻脸颊、拥抱等，接待人员要礼貌回应；宴请时要根据来访者所在国家、民族的宴会礼仪和风俗习惯来安排菜品、餐具及座位等。②安排好翻译工作。③遵守外事接待纪律，接待外宾须按照国家规定进行相应报备。④做好防疫、保密、安保等工作，维护国家主权、安全和发展利益。

8.2.3 公关危机管理

1. 公关危机管理概述

顾名思义，公关危机管理是为应对公关危机所采取的一系列管理措施和方法。若组织未能采取有效措施，公关危机可能对组织形象产生严重的影响，如政府会丧失公信力，面临行政危机；企业会丧失信誉，甚至导致破产等。公关危机管理应当遵循下列原则。

（1）"3T"原则。英国公关危机管理专家里杰斯特（M. Regester. Michael）强调发布信息的重要性，提出危机管理的"3T"原则：其一，以自我为主提供情况（Tell You Own Tale）。若组织爆发公关危机，公关人员应帮助组织掌握危机事件消息发布的主动权；其二，提供完整情况（Tell It All）。公关人员应提供关于危机事件的所有信息，不得有隐瞒；其三，迅速提供情况（Tell It Fast）。遇到公关危机，公关人员要迅速采取行动，以免事态扩大。

（2）"5S"原则。一是承担责任原则（Shoulder The Matter）。公关人员一定要以承担责任的态度去公关危机事件；二是真诚沟通原则（Sincerity）。公关人员在与公众沟通时要有诚意，态度要诚恳，不要抱有侥幸心理、企图蒙混过关；三是速度第一原则（Speed）。公关人员参与公关危机管理要尽快采取行动，协助组织当机立断；四是系统运行原则（System）。强调组织要系统性地应对公关危机，公关人员应及时组建班子，专项负责，果断决策，迅速实施，合纵连横，借助外力，循序渐进，标本兼治；五是权威证实原则（Standard）。积极寻求有权威的第三方为组织发声。

（3）"6C"原则。第一，全面化原则（Comperhensive）。确保组织公关危机管理的目标与组织发展目标一致，能够识别一切危机，可以应对一切危机；第二，一致原则（Consisitent）。危机公关中所有手段的价值观应一致，都是根植于组织的价值观和社会责任感；第三，关联化原则（Correlative）。公关危机管理中的子系统要协调运作；第四，集权化原则（Centralized）。要建立职责清晰、权责明确的危机管理机构，且使之具有权威性；第五，互通化原则（Communicating）。必须建立信息充分沟通的渠道；第六，创新化原则（Creative）。要求公关人员在公关危机管理时既要借鉴成功经验，也要根据实际情况进行创新。

2. 公关危机管理策略

（1）建立危机预警体系，树立风险意识。

组织危机预警体系由危机监测系统、危机评估系统及危机预报系统三个子系统构成，它的建立是为了在危机来临之前能够检视潜在风险，预测和发现隐患，采取防范措施降低危机发生概率。危机监测系统通过从网上数据和信息中筛选出敏感因素，对存在公关危机隐患的信息进行追踪，探明消息来源并监测传播走向；危机评估系统是公关人员小组对隐患信息进行研判和分析，判断其是否会给组织带来危害、带来什么样的危害，以及评估已经发生危机所造成的损失。通过研判、分析之后，提出解决方案；危机预报系统是当确认组织面临公关危机爆发事实后，迅速将预警信号传达给组织成员，同时启动应急预案的过程。

（2）运用媒体关系及传播沟通技巧，迅速反应。

媒体既是危机潜伏时的"晴雨表"，也有可能成为危机发生的"导火索"。在公关危机爆发期，媒体是公众获取信息的主要来源，可能成为危机爆发的"助推器"，但如果处理得当其也可能成为扭转危机的关键所在。因组织主观失误造成公关危机时，公关人员需要第一时间联系媒体，主动出击，在沟通中端正态度，正面回应。如果能顺势而为，转"危"为"机"，则是成功的危机公关；因媒体报道不实而引发公关危机时，公关人员需第一时间联系权威媒体澄清事实，运用法律武器制止谣言，防止事件继续发酵；因非人为因素爆发公关危机时，组织所有成员需要高度警惕，公关人员要迅速反应，关注事件中的受害者，真诚与媒体沟通，赢得公众好感。

（3）恢复或重构组织形象，做好善后工作。

当组织公关危机得到平息后，要迅速开展评估和总结工作。其内容包括评估组织形象是否受到损害以及损害的程度；公众评价是否发生了改变，有何种改变；此次危机公关是否成功，有哪些经验值得总结；公关危机产生的源头来自哪里，组织内外部存在何种问题等。总结后进行整顿，完善组织管理体系；做好善后工作，要求公关人员主动与公众沟通，继续实施公关活动，重塑组织形象。

3. 行政秘书公关危机管理职能

（1）及时发现组织潜在公关危机并上报。

行政秘书作为公关危机管理体系的核心成员，需要全面了解组织发展状况、内外部环境变化、各项政策文本、核心信息及重要人际关系。在日常工作中要善于发现潜在的公关危机隐患，收集相关情报信息，做好对危机信息的评估，并及时上报给领导，协助领导决策。负责做好风险预测与研判、风险防范与应对、应急预案的制定和完善等工作。

（2）维护与媒体及公共部门的关系。

行政秘书要搞好组织与媒体的关系，保持日常沟通与互动。这不仅可以为组织提供有效信息，还可以当危机出现苗头时尽早发现并报组织处理。若不幸危机发生，要积极开展危机公关，及时与媒体取得联系，掌握事态发展，获取关键信息提供给组织。正确引导媒体对事件进行客观报道，协助组织召开新闻发布会、记者会等，真诚与媒体沟通。除了搞好与媒体的关系外，行政秘书还需要沟通公共部门关系，危机爆发时需要掌握上级主管部门、相关职能部门及其他社会团体的态度和行为动向。

（3）切实做好信息收集和发布工作。

行政秘书要掌握信息收集方法，对获取到的信息进行科学分类。当爆发公关危机时，要迅速获取信息，整理出有利用价值的线索。同时根据组织要求编写消息并发布，或在组织授权下充当新闻发言人、记者会主持人等。在此过程中，尽可能展现积极沟通姿态，不刻意回避舆论"漩涡"，也不顾左右而言他。要正面应对，有理有据地解释原因，动之以情、晓之以理地引导公众，并采取有效化解措施。要树立勇担当、负责任的形象，增强公众信心和好感，注意策略方法，表现出沉着冷静、临危不乱的良好心理素质。

8.3 公关形象

8.3.1 行政秘书公关形象概述

1. 公关形象的含义及构成

形象是公共关系的核心概念，公共关系从形象调查入手，以形象塑造为结尾，形象好坏是判定公关工作成功与否的重要标准。本小节中所指的形象是特指行政秘书的职业形象。良好职业形象的塑造，不仅能展现行政秘书个人的风采，也是提升组织形象的必要策略。

所谓行政秘书的职业形象，是指行政秘书在工作中给公众留下的整体印象，主要包括外在形象、职业素养、礼仪修养以及给予行政秘书个体或群体的整体判断和综合评价。行政秘书的职业形象可以视作一个系统，它包含如下三个子系统。

（1）外表系统。主要是指行政秘书的外在形象装扮，如发型、妆容、衣着、眼神、动作、表情等。由于它能够影响公众直观印象的产生，行政秘书需根据组织要求、职业特征及自身特点来进行外形设计。

（2）行为系统。行为系统不同于外表系统，主要是指行政秘书的职业行为，如社交行为、职业礼仪等，是行政秘书职业相关能力和素质的外在表现。

（3）思想系统。思想系统指的是行政秘书的价值观、世界观、人生观、职业品德、职业修养、文化素养、思想境界等内在心理活动的集合，也是行政秘书外在形象的基础与关键。

以上三个子系统互相联系、相互作用，思想系统是外表系统和行为系统的决定因素，外表系统和行为系统又是思想系统的具体表现。

2. 行政秘书的公关形象

（1）组织形象的代言人。在众多影视作品中，我们能够看到拥有精致妆容、打扮大方得体的行政秘书陪同机关领导、公司 CEO 或董事长出席重要活动的镜头。行政秘书的形象代表了组织的形象，可以说，行政秘书本身就是组织形象的代言人。这就要求行政秘书在衣着、妆容等装扮方面，举手投足、言谈举止等仪态礼仪方面都要认真对待、精心设计，做到整体形象与组织的文化、格调及层次相吻合。良好的行政秘书形象能够赢得公众和服务对象的信任和认可，也会给组织带来正面的宣传效果。

（2）为民排忧的公仆人。这主要是针对公共部门行政秘书提出的要求。例如，在信访接待中，行政秘书的职业形象是密切联系群众、为群众排忧解难、维护群众合法权益、让群众感受到亲切感的人民公仆形象。面对来访的群众，行政秘书要热情接待、礼貌待人、举止文明，耐心听取所述事项。必要时做好开导工作，化解矛盾纠纷，做好答疑解感,提供精准服务。行政秘书的一句问候、一杯茶水、一次握手都能让群众倍感温暖,因此要立足为群众办实事、办好事,帮助组织树立良好形象。

(3) 协调沟通的艺术家。组织处在一个开放的系统,它必须与周围环境建立广泛联系,这要求行政秘书充当组织协调沟通的艺术家。对于内部公关,行政秘书要做好领导、员工及各部门之间的协调沟通工作;对于外部公关,要搞好与公众群体、媒体、社会名流、文艺界、法律界的关系,经常保持沟通联系。公关有时也称为公关艺术,需要以情动人、激发公众情感,也需要以理服人、运用策略手段。行政秘书应掌握情感沟通艺术、语言表达艺术、人际交往艺术等,并灵活运用,随机应变。

(4) 信息传播的发言人。收集整理和传播信息是行政秘书公关工作的必备技巧。大到国家方针政策,小到一张名片、一个电话号码,公关信息包含着大量关于法律法规、公众舆论、媒体报道、市场及消费者动态、同行业竞争态势等内容。信息收集过程中,行政秘书要注意对信息进行筛选,及时建立信息库,对其进行日常维护和更新;在传播信息中,行政秘书要选择合适的传播媒介平台来策划公关活动,如公众情感交流、新政策发布及解读、组织形象宣传和塑造等。通过信息传播向公众展现有思想高度、有气质风度、举止优雅、大方得体的发言人形象。

(5) 危机处理的急先锋。当组织出现公关危机时,行政秘书需要迅速参与到危机应对的工作之中并出谋划策。组织形象面临崩塌的重大威胁时,行政秘书要基于平时的积累和职业能力,与领导沟通并提出公关危机的解决方案。利用日常建立的关系网,帮助组织调动资源,特别是媒体资源,搭建权威的信息发布平台,以最快的速度控制事态的发展,挽救危局。行政秘书在公关工作中要能够准确把握公众的心理变化,协助组织与公众保持真诚沟通,采取有效的公关策略,维护组织形象。

8.3.2 行政秘书的公关形象塑造

行政秘书的公关形象塑造,需要从内外两个方面来展开,主要在于职业外形的塑造以及职业礼仪修养的培养。

1. 职业外形的塑造

外形塑造包括发型、妆容、服饰、体态举止四个方面。行政秘书需从这些方面着手,根据自身条件找到最合适的服饰色彩、染发色、彩妆色、服饰风格款式、搭配方式,并根据社会角色需求、职业发展方向、场合规则等来规范体态举止,建立和谐完美的职业形象。

(1) 发型塑造。

脸型不同对于发型的选择要求也不相同。美学上公认的审美比例遵循"黄金分割"原则,即人的脸型宽长之比近似 0.618,则被认为是理想的脸型。另外还有"三庭五眼"的比例标准:"三庭"指从前额发际线至眉骨,从眉骨至鼻底,从鼻底至下颔;"五眼"指脸的宽度比例,以眼形长度为单位,把脸的宽度分成五个等分,从左侧发际至右侧发际为五只眼形。现实中很多人的脸型没有办法达到上述标准,因此可以通过发型来弥补。

①四方脸型的发型。这种脸型额角宽、两腮突出、下颚横阔，脸部线条僵硬。发型设计主要是对下颏两侧的线条进行柔和处理，这类脸型适合烫发，上方要蓬松，下方收紧贴两腮，头发稍短，以显得脸被拉长，脖子长，脸部圆润更显柔和。

②长脸型的发型。这种脸型发际线高，颏和腮成直线，显得脸过长不协调，且凝重老成。发型设计应该是顶部低，两侧蓬松而圆，使脸型显得更加活泼、生动。女性比较适合短而宽的发型，如翻翘式短发或娃娃头，避免直发，刘海后梳更显脸长。

③圆脸型的发型。圆脸发际线低，耳部两侧较宽，有"婴儿肥"、下巴短的特点。发型设计应该是采用中长发，留至肩膀上或下颏平行线上，顶部松散高耸，两侧收紧服帖，这样拉长脸型。

④三角脸型的发型。正三角脸型上尖下宽，发型设计是顶部头发蓬松，两侧头发紧贴脸部，能够修饰脸型更显柔和；倒三角脸型上宽下尖，则适合顶部紧、两侧松的型，适合双花式等长发。

⑤菱形脸型的发型。菱形脸型中间大，两头小，让人感觉刻薄尖锐。发型设计要注意增加前额的宽度，适合有刘海，适合卷发。

此外，男性头发不宜过长或过短，可根据脸型来适当修饰。要求头发清爽整洁、轮廓饱满、立体感强，利用发型来规避脸型缺陷。一般发型设计有左右边分缝式（二八分、三七分、四六分）和无缝式（顶部长、两鬓短、头发后梳）。

（2）化妆技巧。

行政秘书适合淡妆，能够给人自然大方之美。化妆的要点在于突出脸部优势之处，规避五官的缺陷。化妆用品包括化妆水、隔离霜、粉底、胭脂、唇膏唇彩、眼影、眼线笔、睫毛膏、唇膏笔、眉笔、化妆棉、药棉、海绵、胭脂刷、眼影刷、睫毛夹、眉梳、眉剪等。具体化妆技巧如下。

①清洁面部。用化妆棉涂抹乳液和化妆水滋润脸部皮肤，涂抹隔离霜等。

②底妆。粉底液应比原有肤色稍深，用海绵或指腹按照皮肤的纹理由上到下或者从大面积到细部，采用均匀推开或轻拍的方式，少量多次，粉底才能打得薄而透。

③定妆。定妆能延长妆容时间，蜜粉可用粉扑或刷具，上完蜜粉再用余粉刷把多余散粉末扫掉，才能定妆更久。蜜粉和粉饼的颜色不要与颈部肤色差别太大，用1/2面积海绵擦粉饼涂抹，顺着同一方向才不会混浊。

④描绘眉形。职业妆画眉的原则是自然。原来的眉毛如果太浓太深，会显得刻板不易亲近，需要修除。眉形稍粗为宜，过细或过于高挑，都给人不可信的感觉。眉色要比发色稍浅，看起来最自然。浓眉可用眉粉减淡，疏眉可用削尖的眉笔在稀疏处一根根描画，并补齐短缺部分。最后用眉刷顺着从眉头至眉尾轻轻刷拭几遍。

⑤涂抹眼影。不要使用过分明亮的颜色，首选棕色和灰色。常见的是利用两色眼影，深色重点描绘眼睑，浅色打眼窝为底、做搭配，可打扮出立体有型的深邃效果。

⑥涂睫毛膏。用睫毛夹使睫毛卷翘，从根部分段夹成弧形，睫毛膏选黑色，既能突出眼影的色泽，又庄重大方。上下睫毛都要刷拭，稍嫌稀疏的睫毛可在第一遍干后刷第二遍。注意职业妆不能涂抹太浓密。

⑦刷腮红。腮红既能调整气色又能补脸型。用腮红刷上腮红由颧骨到太阳穴均匀刷

拭，霜状腮红可用指腹涂上清薄的一层。

⑧唇妆。可用唇线笔描线条，用唇扫涂口红，纵向顺着唇纹，容易推匀。唇部较容易脱妆，要及时补妆。职业女性适合选择较为淡雅的颜色。

此外，男性主要是注意脸部清洁，做好护肤，定时修剪胡须，注意整洁自然即可。

（3）服饰搭配。

行政秘书中男性的职业着装主要是西装、衬衫、领带、皮鞋。西装一般为黑色或深蓝色，衬衣为白色，皮鞋为黑色。西装的穿着有讲究，上衣两侧口袋是装饰，放叠好的花式手帕，尽量不要装东西。左右胸内侧可以放票据或笔，西装裤口袋也不能装东西，以免影响裤型。西装的纽扣有单粒扣、双粒扣、三粒扣，在正式场合扣单粒扣（双粒扣）第一粒，三粒扣中间粒扣上，而双粒扣的第二粒和三粒扣的第三粒都是装饰扣，不必扣上。衬衫必须整洁无褶皱，尤其是领口和袖口，正式场合下摆要塞进西裤，袖口扣上。领带应该根据场合合理选择颜色和花色，领带应放在西装内，位于衬衫从上往下第4或第5粒纽扣处为宜。另外还要注意皮鞋的干净合适，袜子应该配颜色素净的中长筒袜。

行政秘书中女性的职业着装主要是套裙。一种是女士西装衬衫上衣和裙子，一种是同一质地和素色的一套裙装。套裙要注意平整、宽松、挺括，较少使用饰物或花边，裙子以筒裙为主，裙长要到膝盖或过膝盖。女性服饰需要根据公关场合来定，一定要得体大方、整洁干净。女性的服饰还要搭配妆容，使其相辅相成，一般要求不佩戴夸张样式和数量多的首饰。正式场合下女性还要注意举止动作要优雅大方。在颜色选择上以黑色、藏青色、灰色、暗红色为主。鞋和袜要与着装搭配，以深色为主，鞋子不能过高，过于露脚。袜口不能露在裙摆外边，袜子上不能有图案、破损。

（4）体态与举止。

体态主要是注意面部表情。一是行政秘书在公关交往中眼神要与沟通对象有交流，传达礼貌、专注、诚恳、热情的意义，在倾听对方讲话时要注视对方，但不要一直盯着看，也不能飘忽不定、左顾右盼；二是行政秘书要面带微笑，传递真诚、友爱的信号，不能面无表情，或者表情过于丰富、怪异、夸张，乱动嘴巴或鼻子。

举止主要体现为站姿、坐姿、走姿、手势等。站姿要"站如松"，挺拔端庄，挺胸收腹，不能随意晃动、驼背弯腰；坐姿要"坐如钟"，要沉稳。坐凳子不能坐满，尽量往前坐凳子的三分之一到二分之一，不能跷二郎腿或瘫靠在座椅上；走姿要轻盈、稳健，抬头挺胸、目视前方，不要耸肩，与别人勾肩搭背，或者拖着步子往前等，这些都会给人留下不好的印象；手势也是一种肢体语言，要能有效运用并与身体保持协调，不能过多使用或随意乱动，会让人感觉不礼貌、情绪不稳定。

2. 职业礼仪修养的培养

（1）致意。致意就是打招呼，通常包括语言和行为两类方式。打招呼时要与对方距离相近，正视对方，面带微笑，大方友好。一般致意有点头致意、微笑致意、起立致意、挥手致意、拍手致意、欠身致意、脱帽致意，或者特殊人员如军人的敬礼致意等。致意一般是由身份低者向身份高者致意；年轻者向年长者致意；男士向女士致意。另外还要注意把握时机，如果对方不便的场合或对方正在忙其他事情，最好另寻时机再打招呼。

（2）握手。在寒暄时我国的见面礼节主要是握手。握手时端正站立，上身略微前倾，眼睛注视对方，面带微笑。需要注意几点：一是戴手套的要摘掉手套，以示尊重；二是握右手，手臂自然弯曲，上下轻摇；三是握手遵从由接待人员中身份最高者与年长者、身份尊贵者、女士先握手，年轻者、身份普通者、男士后握手。如果有不明身份的来访者，可先礼貌询问后再与其握手；四是握手的伸手先后顺序为年长者、身份高者、女士以及主人先伸手。同时，要掌握各种握手形式的含义：双方各伸出一只手是比较平等式的握手方式；主动握手者用右手握住对方的右手，再用左手握住对方右手的手背为友好型的握手方式，让人感觉热情、真挚、诚信可靠；一边右手相握、一边左手轻拍对方肩膀的亲密型握手方式，是情投意合和有较深感情的人之间的一种握手方式。

（3）介绍。介绍有自我介绍、介绍他人两种。自我介绍是展示自我，给他人留下深刻印象的机会，也是与人初次见面结交人际关系的第一步，行政秘书的自我介绍需要对此格外重视。自我介绍时一般要告知对方姓名、工作单位名称、职务职位等信息，还要会与对方寒暄拉近距离。一个好的自我介绍通常要正视对方，眼神友好，举止庄重大方，表情亲切自然，面带微笑，口齿清晰，逻辑顺畅，吐字清楚。切忌不能慌慌张张，吞吞吐吐，躲躲闪闪，语无伦次。介绍他人时，要首先了解对方是否有意愿相互结识，在提出请求和得到同意之后可以开始介绍他人。介绍他人应该从年长者、身份地位较高者、女士开始介绍，介绍内容包括姓名、职位职称等，其他信息要视实际情况而定，有些信息可能是他人的私密信息，不便介绍。介绍时要用语准确、内容简洁、吐字清晰、抑扬顿挫，介绍他人优点时要恰到好处。在介绍的同时不要用手指直接指向被介绍人，而是用手示意一下便可。介绍完之后为了避免冷场，需要说些客套话，促进双方握手结交。当遇到别人介绍自己，或者别人向自己介绍他人时，也要面带微笑注视对方，在介绍完毕之后，友好握手交谈。

（4）交换名片。行政秘书在公关场合中时常需要向对方递送名片或者接受别人的名片。名片上一般介绍个人的姓名、职务职位、所在工作单位名称、地址、个人电话、邮箱等信息。有时还需要对自身工作进行语言描述，切忌夸大，自吹自擂，用词不当。递送名片要讲究顺序，一般是"先客后主，先低后高"，即客人先向主人递送名片、身份低者向身份高者递送名片。递送名片时需要注意：一是递送时要选对时机，如遇对方在忙，无暇顾及时请另选时机；二是递送前要进行自我介绍和寒暄交流，不要一上来就递交名片，让对方感觉莫名其妙或者太过突然；三是递送时要大方得体，面带微笑，吐字清晰；四是递送时要双手拿住名片，上身前倾，态度恭敬。在接受名片时需要注意：一是要目视对方，伸手接过，并打招呼"您好"；二是要当着递送名片者认真看一看名片，并与其寒暄"谢谢，深感荣幸"；三是要将名片放入口袋或提包中，不能随意丢到桌上，让人感觉不礼貌。

（5）交谈。交谈是人际交往中最重要的环节，交谈中语言的表达和词语的运用有大学问。第一，交谈要注意称呼、尊称、敬语及谦语中致歉与致谢等语言的运用。称呼包括：在正式场合对于女性要称其为"女士、夫人"，男性称为"先生、阁下"；尊称一般有"令"（令尊、令堂、令爱、令兄、令妹等）、"贤"（贤兄、贤弟、贤婿、贤侄等）、

"尊"（尊容、尊言、尊意、尊口、尊兄）、"贵"（贵姓、贵庚、贵体、贵公司、贵单位等）、"高"（高见、高明等）、"芳"（芳龄，多用于女性）；敬语如"请"（请进、您请、有请等），有事相求时用"赐教""指教"，拜访和接待时用"恭候""拜访""光临"等；谦语如道歉用"很抱歉""对不起""有失远迎""请多包涵"，致谢用"谢谢""感激不尽""不胜感激"等，回应他人谢谢时用"别客气""没关系"等。第二，交谈要注意神态和表情自然，面带微笑，要根据对方言论做出适当回应，不要做多余动作。第三，交谈要注意倾听对方，尊重对方发表意见，要注视对方，点头示意。第四，交谈时要与对方保持适当的距离，一般交谈应把握社交距离的近范围（1.2~2.1 米为宜）；正式交谈应把握社交距离的远距离范围（2.1~3.7 米为宜）；私人距离或亲密距离可以适当拉近。第五，交谈时要谦虚友好，不卑不亢，不要抢话。内容要健康，用词要准确。第六，交谈时要尊重对方隐私，不能随意询问对方年龄、工资水平、婚姻状况等。第七，交谈时注意双方相对位置，并列而坐、双方身体向对方倾斜是友好和谐的谈话方式。相对而坐一般是在谈判、谈生意等场合，让人有一定距离感。

☞本章小结

现代组织为了塑造和宣传自身形象，要通过一系列传播手段与公众进行沟通和交流，向公众传递信息，从而取得公众的支持和信任，构建良好的内外部发展环境。行政秘书作为组织的一员，日常事务工作与公关活动息息相关。本章从公关心理入手，分别介绍组织心理、公众心理、传播心理的概念、特点和要求，再以信访工作、接待工作及公关危机管理为重点阐明公关行为的规律及技巧，进而提出公关形象塑造的方法路径。通过本章的学习，使读者能够系统掌握公共关系与形象塑造的理论和实务，以便成功运用到实际工作中。

☞关键术语

公共关系　　公关心理　　信访工作　　接待工作　　公关危机管理
公关形象

☞思考题

1. 如何培育行政秘书的公关心理？
2. 行政秘书如何根据不同的公众心理定势采取相应的公关策略？
3. 行政秘书的信访工作有哪些程序？
4. 行政秘书接待工作的流程和礼仪是什么？
5. 行政秘书公关危机管理的职能有哪些？
6. 行政秘书如何塑造良好的公关形象？

☞ **阅读材料**

被动中求主动

  20世纪80年代，美国电视台直播的"挑战者"号航天飞机的起飞曾吸引了众多的美国观众，其中包括数以万计的中学生。因为这是航天飞机首次载着女宇航员飞入太空，而且这位女宇航员是位中学教师，她将在太空为学生们做一系列物理实验。然而航天飞机起飞仅仅数分钟便起火坠毁了，全国顿时陷入一片悲哀之中。

  当"挑战者"号航天飞机坠毁的消息传入白宫的时候，当时的美国总统里根正在国会发表国情咨文。白宫办公厅的领导并未授权总统的撰稿人起草里根的讲话，但是那位女撰稿人却主动地坐到了电脑前，尽管已是泪流满面，但她仍然一边收听电台的消息一边拨动键盘。很快地，里根中断了国会的讲话，到电视台接受记者对"挑战者"号的采访。一路上里根总统双眉紧锁，正在苦苦地思忖着如何发表这次演讲，因为这个消息太突然，他和美国人民一样感到意外和震惊。这时女撰稿人适时地将讲演稿送了上来。大家都知道，里根总统是演员出身，面对着电视镜头定了定神，当即声情并茂地念了起来……美国人民被感动了，接连不断的慰问电话打到了白宫。后经美国有关部门的民意调查显示，里根总统的支持率在这次重大事件后不降反升。总统的女撰稿人功不可没。

  （资料来源：孙荣，杨蓓蕾等：《秘书工作案例》，复旦大学出版社2013年版，第156～157页，有删节。）

第 9 章 行政秘书现代信息技术管理

信息时代行政秘书工作面临的环境、使用的工具、采用的方法都发生了深刻变革。为适应信息技术飞速发展带来的新要求、新挑战，熟练掌握办公自动化原理、政务新媒体运用方法、云办公平台操作程序，有助于提升行政秘书办事效率与信息技术管理的现代化水平。

9.1 办公自动化基础

办公自动化，是利用先进的科学技术，不断使人的办公业务活动物化于人以外的各种设备中，并由这些设备与办公人员构成服务于某种目标的人机信息处理系统。随着信息化进程的不断加快，传统办公模式也随之改变。新型办公设备的出现使办公自动化程度越来越高，这需要行政秘书熟练掌握相应办公软件的操作技能，以提高工作效率，实现真正意义上的现代化办公。

9.1.1 Office 软件

Office 软件可以帮助行政秘书进行文字处理、表格制作、幻灯片制作、图形图像处理、数据库处理等方面的工作。其应用范围很广，大到社会统计、小到会议记录，都离不开它的鼎力相助。例如，政府机关使用的电子政务系统、税务部门使用的办税系统、企业单位使用的协同办公系统等都会用到 Office 软件。

1. Word 2019 应用基础

熟练运用 Word 是行政秘书必备的日常办公技能。作为 Office 套件的核心程序，Word 提供了许多易于使用的文档创建工具，同时也配备了丰富的功能集，以供创建复杂的文档。行政秘书需掌握的 Word 使用基本知识点如下。

（1）Word 2019 中的常用工具和命令。

表 9-1　　　　　　　　　　　　Word 2019 中的常见工具和命令

若要……	单击……	然后在以下位置查找……
打开、保存、打印、预览、保护、发送以及转换文件或连接到某些位置以将文档保存到云中	文件	Backstage 视图（在此视图的左侧点击链接）
更改行距，对文本设置格式和样式	开始	"字体""段落""样式"组
插入空白页、表格、图片、超链接、页眉和页脚及页码	插入	"页""表格""插图""链接""页眉和页脚"组
快速改变文档外观，改变页面背景颜色，向页面添加边框、水印	设计	"文档格式""页面背景"组
设置页功能、添加页分行、创建新闻稿样式栏、更改段落间距或横向旋转页面	页面布局	"页面设置"组
创建目录、插入脚注和尾注	引用	"目录""脚注"组
创建信封或标签、合并邮件	邮件	"创建""开始邮件合并"组
检查拼写和语法、统计字数以及修订	审阅	"校对""修订"组
在文档视图之间切换、打开导航窗格或者显示标尺	视图	"文档视图""显示""窗口"组

（2）使用 Word 2019 制作会议流程图。

①在制作流程图之前，首先需设置流程图的标题（见图 9-1），具体操作步骤如下。

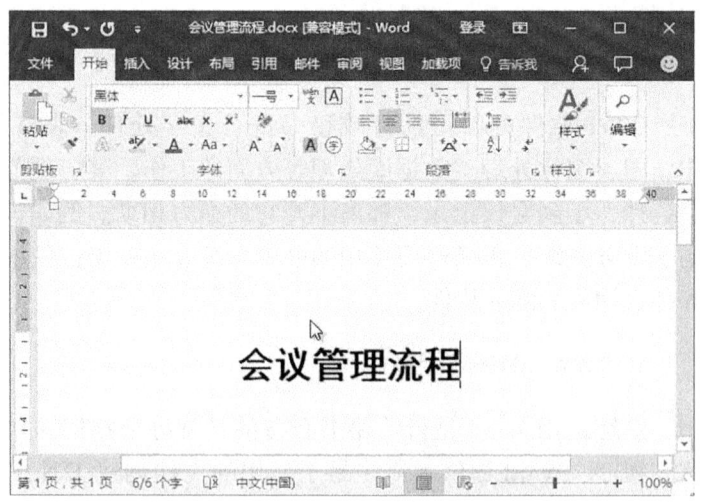

图 9-1　用 Word 2019 设置会议流程图的标题

第一步，创建 Word 文档。在光标所在的位置输入标题"会议管理流程"。

第二步，选中输入的标题文本。点击"开始""字体"右下角的按钮，随即弹出"字体"对话框，切换到"字体"选项卡，在"中文字体"下拉列表中选择"黑体"，在"字形"列表框中选择"加粗"，在"字号"列表框中选择"一号"，然后单击"确定"。

第三步，返回文档。然后单击"段落"中的"居中"，使标题居中显示。

②在 Word 文档中绘制流程图需使用插入自选图形的功能来完成，具体方法如下。

第一步，单击"插入""形状"下方的"流程图"，然后在其列表中选择"流程图：终止"。此时鼠标指针呈"+"形状，再将其移动到合适的位置，单击鼠标左键即可绘制一个"流程图：终止"图形。

第二步，按照相同的方法绘制一个"流程图：过程"图形，并调整该图形的位置。

第三步，选中"流程图：过程"图形，按下"Ctrl+C"组合键复制该图形，按下"Ctrl+V"组合键 12 次，复制 12 个"流程图：过程"图形。

第四步，使用鼠标或键盘上的方向键调整这 12 个"流程图：过程"图形的大体位置。

第五步，按住"Ctrl"键的同时，选中图中的 5 个"流程图：过程"图形。

第六步，单击"布局""排列"，在"对齐"中选择"底端对齐"，此时选中的图形会呈底端对齐显示，然后使用同样的方法调整其他图形的对齐方式。

第七步，采用第一步的方法在所有图形的下方绘制一个"流程图：终止"图形，至此流程图所需的图形全部绘制完毕。

③在图形上添加文字信息（见图 9-2），具体操作步骤如下。

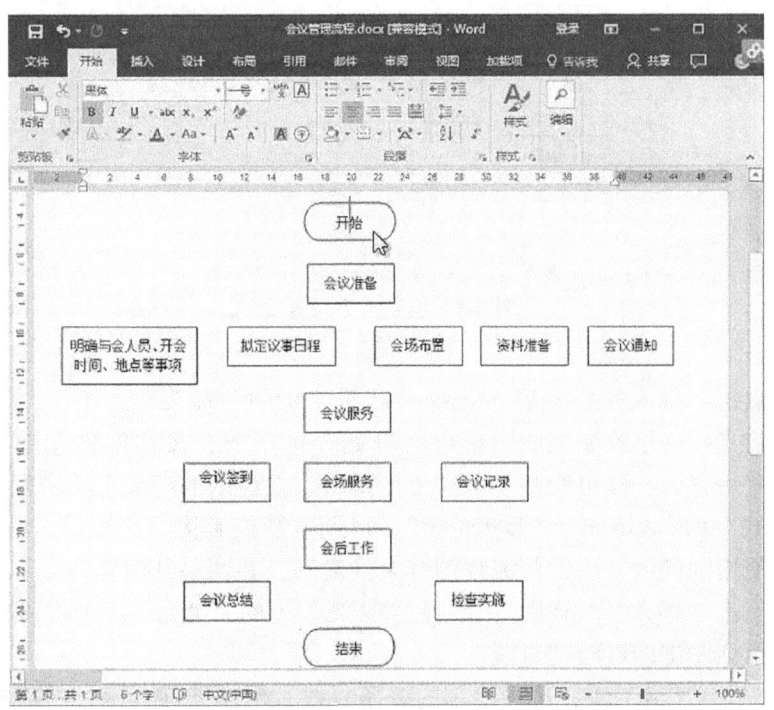

图 9-2　在绘制完成的图形上添加文字信息

第一步,在第 1 个"流程图:终止"图形上单击鼠标右键,在弹出的快捷菜单中选择"添加文字",输入"开始"二字。

第二步,如果输入的文字没有完全显示出来,可以根据需要对该图形的高度或宽度进行调整,同时单击"开始",选择"段落"中的"居中"。

第三步,在其他图形上使用同样的方法添加所需文字。

④箭头与直线也是流程图的重要组成部分(见图 9-3),绘制箭头与直线的具体步骤如下。

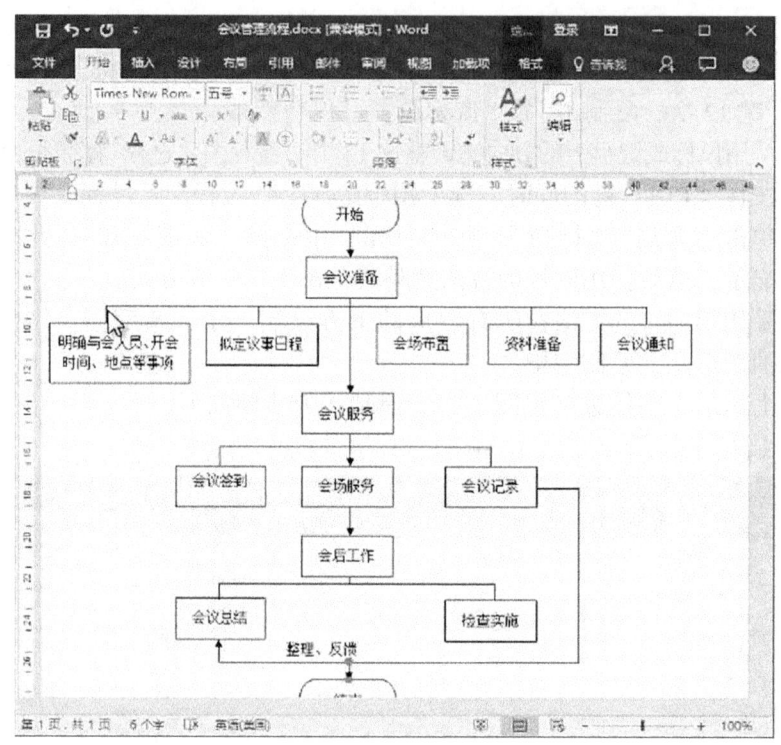

图 9-3　绘制箭头与直线

第一步,点击"插入""形状",选择"线条"中的"箭头"。

第二步,将光标移至绘制完成图形中"开始"的下方,按住鼠标左键向下拖动,拖动至合适的位置后释放,即可绘制一个向下的箭头。在绘制的箭头上单击鼠标右键,然后选择"形状样式""形状填充""形状轮廓",可调整箭头形状。

第三步,使用同样的方法绘制流程图其余的箭头,并调整其位置。

第四步,点击"插入""形状",选择"线条"中的"直线",再将光标移动到合适的位置,单击鼠标左键即可绘制直线。

第五步,按住"Ctrl"键,选中绘制的多条直线,单击鼠标右键,然后在弹出的快捷菜单中选择"组合"中的"组合",此时即可将选中的直线或箭头组合起来。

第六步,在绘制完成图形中"会议记录"到"会议总结"的箭头线上方插入一个文本框，输入"整理、反馈"，然后将文本框的"填充颜色"和"线条颜色"均设置为"无填充"。

第七步，按第五步的方法将所绘制的全部图形组合起来，即可完成整个会议流程图的绘制。

2. Excel2019 应用基础

Office 软件中的 Excel2019 不仅具有输入、输出、显示数据的功能，还可以帮助用户制作各种表格文档，将大量枯燥数据转换为各种彩色图表，增强了数据的可视性。行政秘书需掌握的 Excel 工具和命令如表 9-2 所示。

表 9-2　　　　　　　　　　Excel2019 中的常见工具和命令

若要……	单击……	然后在以下位置查找……
新建、打开、保存、打印、共享、导出文件或更改选项	文件	Backstage 视图（在左窗格中单击命令）
在单元格、列和行中设置数据格式并插入、删除、编辑或查找数据	开始	"数字""样式""单元格""编辑"组
创建表格、图表、超链接	插入	"表格""图表""链接"组
设置页边距、分页符、打印区域或工作表选项	页面布局	"页面设置""调整为合适大小""工作表选项"组
查找函数、定义名称或者解决公式问题	公式	"函数库""定义的名称""公式审核"组
导入或连接到数据，对数据进行排序和筛选，验证数据有效性，快速填充值或者进行模拟分析	数据	"获取外部数据""连接""排序和筛选""数据工具"组

3. PowerPoint2019 应用基础

行政秘书可以用 Office 软件中的 PowerPoint2019（简称 PPT）来制作演示文稿，并在线下会议、网络远程会议中展示给观众欣赏。演示文稿后缀名一般为 ppt、pptx，也可以保存为 pdf、图片、视频等格式。行政秘书需掌握的 PowerPoint 工具和命令如表 9-3 所示。

表 9-3　　　　　　　　　PowerPoint2019 中的常见工具和命令

若要……	单击……	然后在以下位置查找……
打开、保存、打印、共享、发送、导出、转换或保护文件	文件	Backstage 视图（在左窗格中单击命令）
添加幻灯片、应用样式、改变字体、对齐文本或应用快速样式	开始	"幻灯片""字体""段落""绘图""编辑"组

续表

若要……	单击……	然后在以下位置查找……
插入表格、图片、形状、艺术字、图表、批注、页眉和页脚、视频或音频	插入	"表格""图像""插图""批注""文本""媒体"组
应用主题、更改主题颜色、改变幻灯片大小、改变幻灯片背景或者添加水印	设计	"主题""变体""自定义"组
应用或调整切换效果和计时	切换	"切换到此幻灯片""计时"组
应用或调整动画效果和计时	动画	"动画""高级动画""计时"组
开始幻灯片放映、设置幻灯片放映、指定监视器以使用演示者视图	幻灯片放映	"开始幻灯片放映""设置""监视器"组
检查拼写、键入和审阅批注,或者比较幻灯片	审阅	"校对""批注""比较"组
更改视图,编辑母版视图,显示网格线、参考线及标尺,放大,以及使用宏	视图	"幻灯片视图""母版视图""显示""显示比例""窗口""宏"组

4. Office 软件的发展前景

（1）人性化。传统办公软件功能比较单一，但随着版本更新和功能扩展，其使用难度也随之增加。未来的 Office 软件将更加人性化，强调易用性、稳定性、开放性，强调人与人沟通、协作的便捷性，强调对众多信息来源的整合性。

（2）融合化。信息终端应用正在全面推进融合，5G 移动无线技术在中国的应用已有全面铺开之势，它使集成了计算机技术、通信技术、互联网技术的移动设备成为未来个人办公必备的综合平台。融合多种信息技术的 Office 软件可实现无处不在、无时不在的实时动态管理，这给传统办公条件带来巨大提升。

（3）智能化。随着网络和信息时代的发展，用户在进行业务数据处理时会面对海量的数据。如果办公软件具有智能分析功能，帮助用户快速地从数据中发现规律与机会，提高工作绩效，将对用户产生更大吸引力。今后 Office 软件本身将更加智能化，如实现界面可视化、智慧筛选、多人协同、AI 协作、人机对话等。

（4）通用化。"通用办公自动化"显然符合未来软件技术发展的潮流。但为解决部分用户对"通用等于无用"的疑虑，通用化应具有行业化的某些特性，如能结合行业的应用特点、满足功能对口的需求等，未来办公软件的应用推广将更为迅捷有效。

（5）网络化。将现有的办公软件与互联网更好地衔接是未来发展之势。如 Office 用户可直接在软件中搜索到与其工作相关的网络资源，用于撰写 Blog，并将其发送至网络空间，实现在线办公。

9.1.2 政府 OA 系统

OA 是办公自动化（Office Automation）的英文缩写。所谓政府 OA 系统，指的是利用计算机和网络技术，将其办公业务、管理和服务职能迁移到网络上去完成，从而超越时间、空间和部门分隔等限制，向社会提供高效、优质、规范、透明和全方位服务的办公自动化系统。它作为实现政府职能从管理型向服务型转变的技术支持，在政府机关中得到广泛应用，因此，行政秘书需了解其基本特征、常用功能、实现目标与发展趋势。

1. 基本特征

（1）交互式，即指操作人员和政府 OA 系统之间存在交互作用的信息处理方式。政府 OA 系统需要根据不同的指令调动不同的功能，强调人机对话中的相互作用是必不可少的。

（2）自主性，即指政府 OA 系统既可以随时间、任务的推移按一定周期自动激活，又能够根据服务诉求随时激活，做出必要的反应。

（3）集成化，即指政府 OA 系统需要综合利用多种学科（尤其是计算机、通信和现代管理科学）的理论、技术和工具，把一系列分散的设备与独立子系统连接起来，构成协调运转和相互通信的集成系统。

（4）多任务并行，即指办公活动往往不能由办公人员事先控制，许多工作要求随时出现随时处理，而政府 OA 系统能实现多项任务并行处理，以保障办公效率。

2. 常用功能

（1）文字处理。包括文件的输入、编辑、修改、合并、生成、存储、打印、复制和印刷等。通常由文字处理机、智能复印机和电子照排轻印刷设备等来完成这些任务。

（2）文件管理。包括文件的登记、存档、分类、检索、保密、制表等。一般通过建立公用的或专用的分布式关系数据库系统来实现。

（3）行政管理。包括日程安排、工作计划、人事管理、财务管理和物资管理等。主要依靠计算机的图形系统、数据库和各种应用软件来实现。

（4）信息交流。包括电子邮件收发、电子会议等。目前已从采用电话网、用户电报网、计算机网发展到综合业务数字网。

（5）决策支持。这指用所获取的全部信息，以便于观察、易于分析、最佳利用的形式来辅助决策。政府 OA 系统可配置决策支持系统（DSS）和群体决策支持系统（GDSS）。

（6）图像处理。包括用光学字符阅读器直接将印刷体字母和数字输入计算机，以及用光电扫描仪或数字化仪将图形文字输入计算机。有的政府 OA 系统配置了图像处理系统，具有图像识别、增强、压缩和复原等功能。

3. 实现目标

（1）提高办公效率。通过互联网通信技术，改变传统的办公方式，将办公系统建立在互联网上，使其实现移动化、实时化、高效化、无纸化，从而提高现代办公效率。

（2）规范业务流程。将组织业务流程文件放入系统，便于各级部门的审批、查阅，规范组织各岗位的工作标准，协助员工工作得更加出色。

（3）节省办公费用。减少支出，尤其是长途电话、传真、复印、打印和办公用纸费用，实现无纸化办公，这是管理现代化的标志。

（4）促进决策科学化。为管理层随时随地、方便安全地掌握全局的业务、财务、人事等情况，以及领导决策调整提供支持，促进决策科学化。

（5）实现文件管理自动化。将组织所有文件发布到系统中，建立各种不同目录和数量的OA办公系统文件柜，以实现文件的自动存档和自助查询。

（6）改变信息交流方式。提供新的信息交流方式，完成对异地办公报表汇总、指令发布、技术支持的远程操作，实现各部门、员工间信息和资源的全面共享，以及内外网的平滑集成。

（7）构建良好的协同工作环境。在网上各部门之间构建科学、高效、透明、规范的数字化协同工作环境，让所有人员都能掌握工作进度，发挥团队合力。

4. 发展趋势

（1）小型化。早期的计算机是一个庞大的系统，今天的高性能微机，其各项性能指标已大大超过了小型机甚至大型机，且不必加特殊防护装置（如机房）。光、磁存储技术的发展使得大规模数据存储成为可能，也使计算机的体积进一步缩小。小办公室、家庭办公（SOHO）和掌上电脑等设备迅速增多，政府OA系统的小型化已成为一种趋势。

（2）多媒体化。把计算机技术、网络通信技术和声像处理技术结合起来，以多种信息媒体综合集成性、人机交互性、模拟信息数字化为特点的政务多媒体技术，可以为办公活动提供多方位支持，如为管理人员提供多彩的工作环境、生动的人机界面，特别是全面的信息处理。

（3）集成化。一是数据的集成，不仅是相互交换数据，而且要实现数据的协同操作和解决数据语义的异构问题，实现数据共享；二是应用程序的集成，实现不同的应用程序在同一环境下运行和同一应用程序在不同节点下运行；三是界面的集成，实现不同系统下操作环境的一致，至少是相似；四是网络的集成，实现异构系统下的数据传输。以上是整个政府OA系统集成的基础。

（4）网络化。OA网络已不仅仅是本单位、本部门的局域网互联，而将发展成为各种类型网（数据网、增值网、ISDN网、局域网等）的互联，局域网、广域网、全球网的互联，专用网与公用网的互联。建立完全的网络环境，使政府OA系统超越时空限制，为实现移动办公、在家办公、远程办公提供了可能。

（5）智能化。人工智能是当前计算机技术研究的前沿课题，已取得了一些重要成果。这些成果虽然还未达到让机器像人一样思考、工作的程度，但已经可以在很多方面对办公活动予以辅助。办公系统智能化的广义理解可以包括：手写输入、语音识别、基于自然语言的人机界面、多语互译、基于自学的专家系统、智能设备等等。

9.2 政务新媒体应用

9.2.1 政务公众号

1. 政务公众号的作用

政务公众号是国家在社会管理过程中，通过微信公众平台对外发布行政事项和回应民众关切的手段。行政秘书通过运营政务公众号，有利于加强政民间全方位的沟通与互动。政务公众号的作用如下。

（1）移动化的民生服务平台。

政务微信可以代替行政机关服务窗口行使问询功能，节省人力和财力。例如，微信公众平台的关键字回复功能让网络问政"秒回"成为可能，只要在后台数据库做好相应设置，它就能自动回复。对于未能自动回复的内容，管理员可进行一对一的人工回应，如出入境签证预约、医疗服务查询、电子税务申报、电子证件办理等。这些业务许多都链接到了政务微信公众号上，关注者只需通过网络就可便捷高效地办理各项手续。

（2）精准化的信息传播载体。

政务公众号账号一经用户关注，在发送信息时便可精准地送达到特定的用户。如果用户不希望接受信息，可以直接取消关注。由此，政务公众号的信息可实现精准送达及与目标人群互动。例如，某地公安微警务，通过用户的订阅可以准确地将"防诈骗提醒""气象灾害预警""消防安全部署"等信息送达给用户，更好地保护了当地居民的生命财产安全，为健康生活提供了保障。

（3）零距离的官民互动频道。

政务微信公众号让政民交流沟通在理论上实现了"零时差""无距离"。政府的正面声音借助微信平台发出，有效提升了透明度和公信力，增进了政民互动与互信。比如，订阅号"浙江政务"，在节假日期间积极通过推送信息与用户互动，提醒人们做好安全防范，发布出入境注意事项并传授安全小常识。

（4）创新型的公共服务空间。

微信公众号集合了所有媒介形式，降低了媒介准入门槛。各级政府部门充分利用成熟的互联网平台能够改善公共服务、增强用户体验、推动政府职能转变、创新管理服务方式，如突遇重大公共危机事件，政府可通过微信公众号推送实时信息，使公众了解危机、救援等详情，从而主动配合政府救援。

2. 政务公众号的主要功能

（1）自动回复。

公众号在被关注时，要能够在第一时间向用户展现出热点关注信息，并且当用户针对某个热点信息或某个问题进行关键词询问时，公众号也应及时进行解答，这就需要用到自动回复功能。系统所提供的自动回复模块，包含了用户关注公众号时所给出的回复信息以及微信端关键词询问时给出相应的回答这两个功能。通过编辑内容或关键词规则，快速地进行自动回复设置，能更好地提供实时在线答复，增加与用户的互动。

①系统提供多样化的被关注回复方式，可分为选择纯文本回复方式和图文回复方式。同时，针对图文回复方式系统还提供了图文素材选择功能，管理员可选择模块中的素材信息作为被关注回复信息展示的内容。个性化的回复方式和强大的素材库，为第一时间展示政务主体风采提供了有力的支持与保障。

②关键词回复功能，使公众号与关注者的交互得以实现，为公众号提供了生命力。管理员可通过本模块对关键词回复内容进行维护，包括新增、删除、检索等形式。系统采用先进的关键词匹配技术，对关注者提交的关键字、词进行匹配分析和处理，可准确地进行关键词定位，做出相应的回复。针对关键词回复功能，系统提供了多样化的回复方式分类，有文本、图文、图片、语音、视频和应用六种，使关注者能够更好地获取、理解相关回复信息。

（2）菜单管理。

系统提供了完善的菜单管理功能，管理员可对不同的公共账号进行菜单设置。管理人员能使用人性化的菜单动作选择功能，只需进行简单的操作即可为每一个公共账号设置出多样化的菜单展现方式。系统在设计时考虑到用户可以有选择性地发布某一个或某两个菜单，因此针对每一个层级的菜单，系统均提供了菜单启停功能。

（3）群发管理。

为使公众号的关注群体能及时获取新闻资讯及热点信息，系统提供了便捷化的消息群发功能，管理员可通过此模块，将维护好的图文消息或文本消息推送到关注群体中去。系统在此模块中还加入了发送预览功能，通过使用预览将有助于管理员更好地排版。针对群发的大量信息，系统会对其发送状态进行捕捉和反馈，使管理员能够对群发消息了如指掌。

（4）投票管理。

投票管理功能可以实现向使用公众平台的用户提供选举活动的计票支持，起到收集用户意见建议的作用。

（5）素材管理。

微信公众号作为信息发布和展示的创新化传播分享平台，需要有强大完善的信息内容和信息素材支撑。系统所提供的素材管理模块使平台展示和分享内容更充实，并通过素材管理的分类维护，也使平台展现内容更多样更丰富。

3. 政务公众号使用的注意事项

其一，要强化政务公众号的"三度"。在"高度"上，对各级党政的重大活动、重要决策部署，例如重大政策出台，党委、政府、人大、政协重要会议，政府民生政策等必须及时推送，体现官方微信的权威性。管理员在发布前必须严格审核，确保内容的导向正确；在"广度"上，公众号推送的内容，往往涉及群众工作、学习、生产、生活等诸方面，因此要照顾各个层面受众者的多方面需求；在"深度"上，对于群众广泛关注的话题，有必要深入挖掘，找出话题背后的信息。

其二，提升政务公众号的原创性、互动性和鲜活性。良好的内容是公众号运营的永恒追求，而原创文章是最宝贵的资源。在原创性上，推送的内容至少要有一些是原创的，切不可完全转载；在互动性上，必须注重线上引导用户，比如在推送文章的末尾，可提出一个问题、发起一次投票、安放一个活动等，吸引用户与运营方进行互动留言；在鲜活性上，应适当体现政务公众号的亲和力，比如可推送饮食健康知识、卫生防疫措施等。

其三，可以利用多种策略更好地经营政务公众号，如定期组织活动、设置固定栏目、分享自媒体平台、完善志愿者队伍、整合各级政务会议资源等等。

9.2.2 政务微博

微博，即微型博客（MicroBlog）的简称，是指一种基于用户关系信息分享、传播和获取，通过关注机制分享简短实时信息的广播式社交媒体和网络平台。所谓政务微博，是指代表政府机构和官员，因公共事务而设置并用于收集意见、倾听民意、发布信息、服务大众的官方网络互动平台。其目的主要在于通过与公众的良性互动，搭建一个社会化参政、议政、问政的网络交流模式。

1. 政务微博的特征

（1）简单传播。

微博的简单传播是相对的，这里的"简单"其实可理解为一种"直接"，比如传播中通过转发微博的方式进行信息发布，因为简单的传播过程和一键化的操作，在一定程度上减少了传播中的干扰，通过许多人再传播后的信息依然保持原貌，受众能更直接接触到原始消息源。然而某些微博信息在传播过程中容易造成对复杂事实的单一描述，或重要新闻事实的遗漏，导致传播信息不够准确，从而滋生谣言或使新闻事实的某一点被无限放大为舆论焦点。

（2）碎片传播。

许多简短片段的微博信息传播是碎片化的，不仅体现为用户传播、接收信息的碎片化，还体现在使用时间的碎片化上。微博用户发布的信息通常是所见、所感、所思，大多前后没有逻辑联系。而使用时间的碎片化则意味着用户将许多闲暇时间投入到微博使用中，并可能因为等待、无所事事而产生信息接触，他们不需要耗费过多的精力去理解，只是为了了解、娱乐或社交。

（3）节点传播。

从微博的发送特性上来看，微博具备了 4A 元素（Anytime、Anywhere、Anyone、Anything）。节点传播的一个显著特点在于打破传统媒体构建的信息传播"中心化"结构，改变了"中心向外辐射"的信息流动模式，形成扁平式的网状结构。高度垄断的话语权开始向大众回归，并且由于使用人群扩大，及时转发、评论大大激发了用户的参与度和传播速度，节点的活力与创造力是之前媒体不能比拟的。

（4）社交网络。

在线社交网络工具的应用给微博注入了活力，微博用户即时更新发布的简短文本会提及他们日常生活工作中的那些正在发生着的小事，如正在读什么、想什么、经历什么。这让群体智慧被大家共享，引发共同行为，且进一步提高了信息灵敏度，扩大了社交圈子。微博用户在社交网络里的身份可能是匿名的，但用户之间的关系是真实的，这种通过用户关系形成的社交网络对挖掘利用信息具有重要价值。

2. 微博的使用

（1）微博的基本功能。

微博对于用户来说主要具有发布、转发、关注、评论等功能。其中发布功能是指用户可像博客、聊天工具一样发布内容；转发功能是指用户可以把自己喜欢的内容一键转发到自己的微博；关注功能是指用户可以对自己喜欢的用户进行关注，成为这个用户的关注者（即"粉丝"），那么该用户的相关内容就会同步出现在自己的微博首页上；评论功能是指用户可以对已开放评论权限的微博进行评论。

（2）微博的使用方法。

①选择相应的微博工具：浏览器、电脑桌面客户端、智能手机、iPad 等客户端及其他。

②注册登录：通过 QQ 号和手机号码等方式注册登录。

③发布内容：通过微博发布信息。

④关注/粉丝：将微博地址告诉朋友，让他们关注你成为你的粉丝，这样你发的每条微博将同时出现在他们的微博首页里。反之你也可以关注你的朋友成为他们的粉丝，这样他们发的每条微博就会出现你的微博首页里。

⑤@功能：发布"@昵称"的信息，对方能看到并回复你说的话，实现一对一的沟通；点击发布信息中的"@昵称"，可以直接进入该博主的页面，方便认识更多朋友；所有@你的信息有一个汇总，你可以在"我的"首页右侧中"提到我的微博"中查看。

⑥评论及转发：评论功能指用户可以对已开放评论权限的微博进行评论。在微博主界面中，每条评论的右下方会有"删除"和"回复"按钮，若要删除某条评论，则只需选中要删除的内容，点击"确定"即可。但在他人微博下别人回复自己的内容是无法删除的。转发功能可以把别人的微博一字不漏地一键转发到自己的微博，还可以加上自己的评论。转发后有查看权限的用户能看见这条微博，他们也可以选择再转发，加入自己的评论，如此无限循环，信息就实现了快速传播。

⑦发布话题：发布话题指用户可以用两个#号作为前后的标识符，发起某话题。如#某一话题#，则携带该话题的微博可在此话题讨论下显示，实现信息的聚合。

⑧私信：指用户可以给微博上任意的一个开放了私信端口的用户发送私信，这条私信将只被对方看到，从而实现私密交流。

3. 政务微博的运营策略

（1）明确政务微博功能定位。

近年来，我国各级政府部门及事业单位纷纷开通微博，但在一定程度上忽略了政务微博的特色。例如，不管是民政局、环保局还是文旅局都将播报气象预报作为发布微博的法宝。这种简单的复制行为导致政务微博同质化严重，使得相关部门利用微博宣传、告知公众的能力大打折扣，所以首先要明确本部门政务微博的功能定位。政务微博应以原创为主，内容偏向权威、便民、趣味和人文。其中，政务微博在转发时需注意加强鉴别，不转播虚假信息；不剽窃他人智慧；净化平台，不转发庸俗、低俗、媚俗的信息；理性评论，不转发偏激观点；弘扬主流，少转发与政务微博角色相去甚远的内容。

一般来说，可根据机构的业务性质开设固定专栏，便于网友在话题下搜索相关信息。为进一步丰富政务微博的表现形式，还可尝试使用"微直播"和"微视频"，用影音并茂的表现形式吸引公众关注，促进他们对微博内容的理解及吸收。在栏目设置上，通过细分各功能，延展其子栏目，尤其是结合地方特色或本阶段工作重点开设新栏目，比如开办"微调查""微互动""微访谈"等，增加关注度较高的热点问题讨论。

（2）处理好个人与公职身份关系。

在运营政务微博时，要明确信息发布和管理的规则及流程，避免在政务微博中发布个人的观点和看法，个人不得随意发布未经证实和许可的信息。以公职身份公开认证开通的个人微博，经所在单位批准设立的，为公务人员微博；凡县处级以上领导按上述原则设立的公务人员微博为领导公务微博。以上范围的微博均应纳入政务微博管理范围。认证信息中不应出现所在公职部门、担任的具体职务和从事的具体公务等易引发公众联想的敏感信息。公务人员的私人微博由微博设立者自行应用管理并承担相应责任，不得发布与履行公务有关的信息。

在使用政务微博时需注意：一是微博"关注"要谨慎。微博使用是一种透明化行为，关注和访问都会留下痕迹。政府机构与官员微博"加粉丝""加关注"，需要考虑公共形象。对于有色情、暴力、商业广告等违反法律或功利性的人物或机构微博不宜添加关注；二是及时删除广告帖和违法帖。不仅如此，在党政机构和官员微博中，如出现商业广告跟帖以及某些色情、暴力等违法内容的跟帖，要及时删除。这种必要的维护举动，体现党政机构和官员对微博这个公共言论空间的严谨。

（3）建立专业化微博运营团队。

政务微博运营需要有稳定的运营团队作为保障。政务微博的编辑者和操作人员应具备六大基本素质：具有较高的政治敏锐性、政策理论水平和服务意识；具有全局观和大局意识以及正义感和社会责任感；熟悉网络传播特性及规律，具有较强的舆情鉴别能力；具有较好的舆情应对分析和文字驾驭能力；具有较好的沟通和协作能力；具有亲和力和适度幽默感。除此之外还需树立团队协作意识，发挥集体智慧优势。从各地政务微博运营的案例来看，要想真正做好政务微博，应设置专人专岗，负责微博日常运营及维护。理想状态下，机关单位应抽调至少 2 名工作人员专项维护政务微博。特别是网信、公安、新闻等部门单位，最好 24 小时安排人员轮流值守微博，并为所有微博维护人员配备智能手机，一旦遇到紧急网络舆情保证能随时沟通处理。

9.3 云办公平台操作

9.3.1 企业微信

企业微信是腾讯微信团队打造的企业通讯与办公工具，具有与微信一致的沟通体验、丰富的 OA 应用和连接微信生态的能力，可帮助连接企业内部、生态伙伴、消费者。目前企业微信已拥有连接微信、创建/注册企业、收发消息、打卡、审批、日程、语音/视频会议、微盘、收集表、企业邮箱、企业应用等功能，为行政秘书人员处理日常事务提供了高效平台。

1. 常用功能及操作方法

（1）审批功能。

①启用或停用审批应用的具体操作步骤为：管理后台→应用管理→审批→右上角开启/停用。启用了审批应用，可见范围内成员能够在工作台中发起审批；停用了审批应用，所有成员都不能在客户端中看到审批应用。

②对审批模板进行设置的具体操作步骤为：管理后台→应用管理→审批→添加模板。企业微信内置了请假、报销、费用等多达 20 余种审批模板，覆盖了组织日常办公需要。若内置模板无法满足需求，可通过添加自定义模板进行个性化定制。

③对审批流程设置的具体操作步骤为：管理后台→应用管理→审批→模板→规则设置。不同的审批模板有各自适用的部门和成员，可以对这些模板设置可见范围，仅可见范围内的成员可使用该模板。

审批人，即有资格审批员工提交申请的成员。企业微信管理员不仅可以亲自审批，还可将其他成员设置为审批人，设置审批人后即可实现逐级审批或指定人员审批。同一级审批流程中有多个审批人时，可根据需求设置或签/会签审批。选择或签时，任一审批人同意即可通过；而选择会签时，所有审批人同意后才能通过。

根据模板中的字段类型，可以设置更细化的审批流程。比如，以申请人为条件对不同成员和部门设置审批流程，根据申请人提交的请假类型、请假时间长短设置审批路径，或者根据报销金额的大小让小金额的费用报销尽快结束审批。

若勾选"查看权限"，则仅管理员、申请人、审批人、抄送人可查看审批详情；若勾选"修改权限"，则提交申请时，员工不可修改固定审批人和抄送人；若勾选"撤销权限"，则审批通过后，经审批人允许，员工可撤销申请。

④查看审批数据的具体操作步骤为：管理后台→应用管理→审批→模板→申请记录查看。企业微信管理员可根据不同条件，如按时间、状态、申请人等对审批记录进行筛选。点击单条审批记录可查看详情，包括单据信息、审批内容、审批流程。审批记录支持打印和导出，点击"导出记录"即可将审批记录导出。

（2）会议功能。

线上会议是一种多人实时通信协作方式，满足了办公场景中跨地域沟通联系的需要。企业微信的会议功能支持最多 300 人同时进入会议，语音会议中最多 30 人可同时打开麦克风，视频会议中最多 30 人可同时打开视频。

①会议前，会议组织者可以通过三种方式发起会议。

方式一：在工作台的会议应用中提前发起会议预约。预约时需输入会议主题，选择会议类型、会议时间及参与人，也可在备注中添加其他相关说明，预约后成员会收到预约提醒并选择接受/待定/拒绝。发起人可在会议应用中进行查看、修改及取消预约会议，也可在到达预计时间点前开始会议。到达预约时间时，发起人将收到提醒，可一键开始会议。开始后，其他成员将同时收到会议的通知邀请。

方式二：在工作台的会议应用中发起立即开会。发起时选择参会成员，发起后成员将立即收到会议的通知邀请。

方式三：从群聊中发起语音通话或视频通话时，若超过 9 人通话，系统将自动改为发起会议。

②会议中，主持人的会议管理功能有：对单个成员静音或取消静音，以及对全员静音；视频会议中可对单个成员关闭视频或邀请开启视频，以及对全员关闭视频；将主持人身份转让给其他成员；将单个成员移出会议，移出后对方无法再主动进入会议；对所有未进入会议的成员一键全部邀请及添加新成员进入会议。

参会成员在语音会议或视频会议中均可发起文档或屏幕演示，且同一时刻仅支持一个成员演示。成员演示文档时，参会人可对演示的内容进行实时标注。会议文档共享支持的文档格式有 word、excel、pdf、ppt、txt，其中，word、excel、pdf、ppt 的文件大小限制为 50M，txt 的文件大小限制为 2M，图片的文件大小限制为 30M。此外，演示文档的页数不能超过 100 页，不支持上传音视频格式的文件。

③会议结束后，主持人可通过工作台中的会议功能，查询当次会议记录，并了解具体成员的出席、缺席情况。

（3）微盘功能。

微盘提供了 20G 的共享空间，是办公人员上传、分享、储存文件的便捷方式。成员可在"我的文件"或"共享空间"上传文件，其中在"共享空间"中上传文件需要有"可编辑"权限。上传文件到微盘有两种方式：其一，电脑端上传文件需在客户端左侧栏打开微盘，打开我的文件或任意一个共享空间，点击右上角上传按钮，选择需要上传的文件即可上传；其二，手机端上传文件需在客户端工作台打开微盘，打开我的文件或任意一个共享空间，点击右上角的上传，选择上传文件或上传文件夹，找到需要上传的文件或文件夹即可上传。微盘中的文件支持在线编辑，在微盘中编辑文件，保存后会自动实时同步传给所有成员，保证每次打开都是最新的版本。

2. 企业微信使用应注意的事项

（1）企业微信管理员在创建企业时，应确保信息填写准确，同时尽可能完善本人及企业成员的个人信息，对绑定的个人微信账号也要完成实名认证。

（2）对涉及政治、违法、暴力、色情、赌博等话题和第三方诱导链接分享等内容，容易被企业微信锁定并判为违规。因此，企业微信管理员要设置风险监控埋点，如在企业微信内部、外部群聊设置硬性的敏感词、敏感行为，禁止群聊成员谈论、操作相关内容。

（3）企业微信管理员需经常性、有规律地对微盘中的文件进行管理、分类等，在20G 的企业共享空间用完前对无用文件进行及时清理。

（4）在企业微信被封号时，如是单个员工账号被封（非永久封号），可根据页面指引逐步进行申诉和解封；如是整个企业被封，需准备好企业营业执照、法人身份证及法人手持身份证、企业盖章授权书等信息，通过企业微信公众号联系在线客服进行申诉。

9.3.2 腾讯会议

腾讯会议是腾讯云旗下的一款音视频会议产品，内含300人在线会议、全平台一键接入、音视频智能降噪、美颜、背景虚化、锁定会议、屏幕水印等多种功能。由于能提供实时共享屏幕，支持在线文档协作，它成为目前各类组织召开线上会议常用的平台之一。

使用腾讯会议需下载安装腾讯会议客户端并注册登入。登入后，可以看到会议列表及其状态。

其一，待开始状态的会议。代表该会议尚未到达预定开始的时间，此时可在列表中加入或取消会议，也可复制会议邀请并发送他人。双击该会议或点击修改会议，则可对会议主题、会议时间等进行修改，同时可上传文档，修改会议其他设置。会议开始后，将无法编辑会议信息。

其二，进行中的会议。代表当前会议正在进行，参会者可在列表中加入进行中的会议，或邀请其他人进入会议。在会议列表中可进入详情页，上传会议文档。

其三，无状态的会议。代表该会议已到达预定结束时间并且所有参会者都已退出会议。此时可删除无状态会议。

1. 常用功能及操作

（1）快速会议。

快速会议又称即时会议，是一种可以立即发起的会议。会议发起者在主面板点击"快速会议"，即可开始，无需填写其他信息。由于快速会议不会在会议列表中展示，当参会者离开会议后，也不能在会议列表找到这个会议。如想重新入会，则可在会议开始1小时内通过输入会议号再次进入。当会议持续1小时后且会议中无人，系统则会自动结束该会议。

（2）预定会议。

预定会议是指会议发起者填写预定信息后发起的较为正式的会议。在腾讯会议主面板点击"预定会议"，然后填写详细的会议内容，包括会议主题、会议召开时间、会议密码等。填写完成后，可上传会议文档并设置成员上传文档权限、加入会议时自动静音、开启屏幕共享水印以及开启会议直播。最后点击"预定"，此时会议就已经预定成功。

当会议到达设定的"结束时间"后，系统不会强制结束会议，并且所有的预定会议都可从预订时间开始保留30天，预定者可以在30天内，随时进入这个会议。

（3）会议邀请。

会议参与者作为邀请人可点击"更多"中的"邀请"来邀请其他参会者，点击"邀请"后，邀请人可在此处复制会议邀请发送给其他参会者，也可通过微信、企业微信、QQ等即时聊天工具直接分享。被邀请人可通过会议号、入会链接、电话拨入、扫描二维码等方式加入会议。

（4）离开和结束会议。

会议主持人点击"结束"后可选择"离开会议"或"结束会议"。选择离开会议后，主持人会退出会议，系统将随机指定一名成员获得主持人身份；选择结束会议后，系统则会把主持人以外的成员全部移出。会议结束后，从预定时间开始的 30 天内主持人都可通过会议列表随时回到该会议。若想删除这个会议，则可在腾讯会议主界面会议列表处双击这个会议，然后删除。

（5）修改昵称。

加入会议前修改昵称：通过会议号加入会议时，除了填写会议号之外，还需输入昵称，此昵称是在会议中所展示的名称。首次入会时，默认获取用户在主页展示的名称，用户可在此处进行昵称更改。改完昵称并成功入会后，系统自动记录并在下次入会时延用。

会议中修改昵称：加入会议后，若要变更当前展示的昵称，可点击下方操作栏中的"成员/管理成员"，找到自己的信息栏，点击"改名"，输入新昵称即可。若参会人员操作不方便，也可让主持人或联席主持人帮助修改。

（6）会议和成员管理。

主持人可以点击"管理成员"对会场纪律进行控制。

①成员数：会议界面最上方会显示当前会议内成员数，以快速统计成员数量。

②成员列表：成员列表显示当前所有在会议中的成员，主持人可对列表中某个成员进行静音或解除静音、改名、移出会议、设为主持人或联席主持人等操作。需要注意的是，解除某位成员的静音，需该成员同意后才能完成。

③联席主持人：会议主持人可设置其他成员为联席主持人，此时这位成员可协助主持人管理会议，联席主持人也可以对成员进行静音、解除静音等操作。与主持人不同的是，联席主持人不能指定其他人为联席主持人，也无法将联席主持人身份进行移交，且主持人可随时收回联席主持人身份。

④全体静音：点击"全体静音"即可对当前会议内所有成员进行静音操作，当有新成员加入会议时，也会默认被静音。若要取消全体静音的状态，需点击"解除全体静音"，这时会请求所有成员打开麦克风。

⑤允许成员自我解除静音：当会议主持人打开允许成员自我解除静音时，成员可自己解除静音状态；若取消勾选，则须向主持人发起申请并取得同意后才能解除静音状态。

⑥成员入会时静音：若希望新加入的成员进入会议时默认静音，可点击"管理成员"页面最下方的"更多"，勾选"成员入会时静音"。

⑦成员进入时播放提示音：当打开成员进入时播放提示音时，会议内有新成员加入则会发出提示音。

⑧聊天设置：主持人可在此设置会议中聊天室的权限。

⑨关闭摄像头：当会议中有人开启摄像头时，主持人可在管理成员中定位到该成员并选择"停止视频"。

⑩搜索成员：当主持人需要定位会中某个成员时，可打开管理成员，在成员列表处的搜索框内进行搜索。

（7）云录制。

会议中，点击"更多"中的"云录制"，可对会议进行云录制，此时主持人和联席主持人屏幕左上角提示正在启动云录制。仅主持人和联席主持人可使用云录制功能，普通参会者只能使用本地录制功能。

2. 腾讯会议使用应注意的事项

（1）会议发起者在会议开始前应根据会议类型、参会人数等，对成员加入会议时是否自动静音、关闭摄像头进行提前设置，以防会议中出现成员因忘记关闭麦克风或摄像头而扰乱会议秩序的情况。

（2）为保障会议安全，防止不相关的成员骚扰，在预定会议时，可通过设置密码来限制成员的加入，也可在参会者到齐之后，在"管理成员"的"更多"中，勾选"锁定会议"。

（3）在对会议进行云录制时，应保证录制会议的完整性，以便后续的查看和材料归档工作的开展。

9.3.3 钉钉

钉钉（DingTalk）是阿里巴巴集团为政府机关、企事业单位打造的免费沟通与协同办公的多端平台，支持手机和电脑间文件互传，主要涵盖会议、办公电话、DING消息、团队组建、钉盘与文档、钉邮、OA工作台等功能，可全方位提升组织的工作效率。

1. 常用功能及操作

（1）钉钉会议。钉钉会议提供了免费、清晰、稳定的远程视频会议服务，最高支持302人同时在线，参会人员可通过手机、Pad、电脑等设备接入。

会议组织者可通过三种方式发起会议。

方式一，进入钉钉首页，点击电话图标，发起会议，选择是否打开麦克风和摄像头，开始会议。

方式二，从群聊天窗口点击电话图标发起会议。

方式三，在聊天窗口点击电话图标，在弹出的界面选择发起语音通话或视频通话。

发起会议时，发起者可邀请参会者或向其分享会议卡片、会议口令。参会者可通过接受会议邀请、会议卡片、会议口令三种方式入会。

会议中，主持人点击麦克风图标可开关本人麦克风，点击"全员静音"可开启全员静音（此时允许参会者自由取消静音）或强制全员静音（此时不允许参会者取消静音，仅主持人可取消）；

点击喇叭图标可在免提和听筒播放之间切换；

点击相机图标可开关摄像头，并且可在前置和后置摄像头之间切换；

点击"共享窗口"后选择需共享的界面并点击"共享"，即可与所有参会者共享自己的屏幕；

主持人可对参会人员进行管理，点击屏幕上人形图标进入管理页面，然后点击参会者头像右侧的麦克风图标，即可对此人进行静音操作，点击参会人头像右侧的"…"，即可对此人进行置顶、全员看TA、设为主持人及移除等操作。

钉钉电脑端支持录制视频会议，但只有会议主持人才可发起视频会议录制。主持人点击录制后，会形成视频会议的回放，录屏没有时间限制，可以对视频会议进行全程录制。

录制内容将保存至会议主持人的本地文件夹内,需要主持人将录制的视频会议文件共享后,参会者才能看到回放。

(2)钉盘功能。钉盘包括企业盘和私人盘。成员可上传文件到企业盘,管理员可对企业盘中的文件进行管理并设置权限。文件无需下载即可在线直接预览或编辑,且在共享网盘中实现文件实时同步共享。针对离职员工可能造成的信息泄露,钉钉提供了权限保护功能,成员一旦离开了组织,就会自动失去访问文件的权限。

(3)钉钉文档。钉钉文档是一款智能协同文档工具,包含文档、表格、便签等功能,内含多功能模板,支持多人实时写作编辑,且能在 Windows、Mac、Android、iOS 多终端上使用,为文档编辑提供极大便利。

(4)DING 消息。无论是一对一聊天,还是一对多的群消息,钉钉支持查看发出消息的阅读状态,成员可把未读消息转为 DING 消息通知对方。钉钉发出的 DING 消息将会以电话、短信或应用内消息的方式通知到对方,无论接收手机有无安装钉钉、是否开启网络流量,均可收到消息,实现无障碍信息传递,消息发送人还能根据系统提示知晓接收人是否收到消息。

(5)钉邮。钉邮是钉钉提供的邮箱功能,支持个人及企业邮箱账号一键完成登陆。在钉邮中,成员发送的邮件不仅能够投递到对方的邮箱中,同时还会在对方的聊天窗口中有所提示。与传统邮件相比,钉邮拥有邮件的阅读状态显示功能,能第一时间知道邮件是否送达,邮件 DING 消息则可将邮件信息通过短信或电话直接送达到对方。钉邮还支持选择聊天群组并群发给全组成员,无需一一选人。此外,通过使用钉邮的添加附件功能,能够与钉盘无缝衔接,帮助发件人快捷选择企业文件、群文件、个人文件,使写邮件变得更轻松。

2. 钉钉使用应注意的事项

(1)若想体验功能更完整的钉钉,建议完善企业信息,补充营业执照等资料。认证后可获得企业办公电话、企业主页以及最高 3000 人企业人数上限等权益。

(2)编辑钉钉文档时需注意保存。手机端暂无法手动保存钉钉文档的历史版本,但系统会自动保留一些备份以供查询。电脑端需手动点击保存,或通过 Windows 的 Ctrl+S、Mac 的 Command+S 来保存。但多人编辑状态下,不可恢复历史版本。

(3)为确保邮件的及时传达,办公人员应将长时间未读的邮件内容通过 DING 消息传达给对方,防止错过或遗漏重要邮件。

☞ **本章小结**

随着现代信息技术快速发展以及新冠肺炎疫情影响下"无接触"式智慧办公系统的推广应用,行政秘书办公现代化进程得以提速。本章分别对 Office 软件、政府 OA 系统、政务公众号、政务微博、企业微信、腾讯会议、钉钉的常用功能、操作方法和注意事项进行了详尽阐述与介绍。通过本章的学习，读者能系统掌握办公自动化、新媒体应用、云办公的理论知识与实践技能，更好适应行政秘书办公条件的变化。

☞关键术语

Office 软件　　政府 OA 系统　　政务公众号　　政务微博　　企业微信　　腾讯会议　　钉钉

☞思考题

1. 如何使用 Word 2019 制作会议流程图？
2. 政府 OA 系统的常用功能有哪些？
3. 政务公众号运营时需注意哪些事项？
4. 政务微博的运营策略有哪些？
5. 如何设置企业微信的审批流程？
6. 如何通过腾讯会议来预订会议？
7. 与传统邮件相比钉邮有哪些优势？

☞阅读材料

阿里钉钉引领办公方式革命

程虹，中国企业家俱乐部的秘书长，很多工作需要外出或者出差，但是内部团队的很多工作又需要她在场参与。她为此一度陷入两难，是消减出差次数？还是减少内部团队的沟通？当她和她的团队用上钉钉时，这个问题迎刃而解。

中国企业家俱乐部（CEC）是中国颇具影响力的商业领袖组织，于 2006 年由 31 位中国商业领袖、经济学家和外交家发起成立。该俱乐部理事均是中国市场经济的代表人物，46 家理事企业所创造的年营业收入合计超过 2 万亿元人民币。

中国企业家俱乐部每年主办的道农会及绿公司年会，几乎聚齐了国内商界的所有大佬。俱乐部秘书长程虹在会务组织方面花费了大量精力，在今年 1 月份的道农会上，钉钉帮助程虹及她的团队分担了压力，让沟通变得更简单、高效。

程虹说，她自己最看重员工两个特性，一是协同力，二是创造力。

特别是协同方面，程虹是这样理解的：一个是人具不具备协同的能力，一个是组织流程的设计是不是具备协同的推动性，就是你的管理工具，你要将它设计得有助于提升协同的效率。未来的工作是需要更多的创意经营的。然后在这样的一个需求下，你必须清楚地认识到任何一个漂亮的工作都需要

360度的协同，同时你又需要具备协同别人的能力。未来的很多成功一定是基于专业性的协同完成的。

在这个需要大量创新和超高效率的时代，不光是程虹，中国企业的CEO们也开始思考，如何能激发出员工们的自主创新能力，又如何让员工打破藩篱，进行更多的共享与协作？

为此，程虹先后前往英美、澳大利亚等国家，学习先进企业的管理理念。除此之外，她还认为，一个移动时代的办公沟通工具显得尤为重要。阿里巴巴集团推出的钉钉就是这样一款产品，它是专为中国企业打造的沟通和协同的多端平台，能为工作中的各种情况提出解决方法。

程虹体会到了钉钉带来的极大便利。由于自身习惯和工作情况，程虹经常无法及时对手机上的信息进行反馈，而通过钉钉的DING消息功能，同事可以"钉"她一下，在紧急事务发生时，整个项目团队都能对任务产生即时反应。

而且DING消息、信息分类等功能，能使工作中的事项根据紧急程度自动进行分层，工作人员可以清晰明了地按照事件紧急程度一一解决，大大提高了工作中的合作程度与协同效率。

而使用钉钉一旦变成一个团队行为，钉钉就成为了一个移动的OA系统。所有的申报、审批、签到等流程都可以在钉钉上面解决，不再需要将每一位工作人员束缚在每一台电脑面前。哪怕是需要进行会议与商谈，也可以通过钉钉的电话会议功能解决。工作就不再是在固定时间、固定地点才能完成的事情，哪怕是在外出差的时间，与团队成员相隔万里，也可以投入到内部团队的工作协同流程当中，可以与同事保持即时的互动与沟通，非常方便与高效。

程虹表示，通过钉钉，自己收获了很多："我可以释放更多的工作精力和工作时间。因为平时外围的工作很多，所以我有很多时间不在办公室，出差的时间也很多。但我们内部团队的工作协同流程又需要我投入很多时间。这让我一度陷入两难，甚至考虑消减出差时间。就在这个时间出现了钉钉。我用了钉钉两三个月以后，发现其实不需要刻意去消减出差。因为我在移动状态也是可以跟我的同事保持即时的沟通和互动，甚至工作上的审批，非常方便和高效。"

对于希望通过从各方面对企业内部进行提升的程虹来说，钉钉为他们提供了系统化的企业管理方案，将企业的内部真正织成了一张信息互通、协作流畅的大网，在为企业节省沟通成本、协同成本的情况下，激发了员工的合作意愿与创新能力。

钉钉不但为程虹和她的团队提供了高效服务，还成为今年道农会及绿公司年会的官方沟通协同平台。1月份在北京举办的道农会上,钉钉让会务组织变得更为简单、高效,获得了与会企业家的赞许。4月下旬的绿公司年会,规模将更为庞大,参会的企业家将有1万多名,钉钉仍将作为官方沟通协同平台展现高效便捷的服务。

钉钉,正在引领一场办公方式的革命。

(资料来源:亦凡:《阿里钉钉引领办公方式革命》,《京华时报》2016年3月31日,有删节。)

参 考 文 献

习近平．秘书工作的风范——与地县办公室干部谈心．秘书工作，2014（4）．
王晓彬．谈企业接待室的环境布置．秘书之友，2010（3）．
王文博．公文管理工作中的常见问题及解决对策．办公室业务，2019（22）．
陈颖文．创新公文管理工作提升服务效能的路径探析．办公室业务，2020（18）．
赵雪静．办公室事务管理．华东师范大学出版社，2015．
唐钧．行政秘书学．中国人民大学出版社，2013．
徐顽强．管理文秘．科学出版社，2017．
杨树森．秘书实务（第二版）．高等教育出版社，2018．
徐世雨，林静．管理文秘．山东人民出版社，2011．
高海生．秘书基础（第二版）．高等教育出版社，2008．
何小兰．文秘工作实战大全．清华大学出版社，2019．
陆喻芳．秘书学概论．复旦大学出版社，2015．
蔡小慎，张晓鹏等．公共文秘．大连理工大学出版社，2008．
范立荣．现代秘书学教程（第五版）．首都经济贸易大学出版社，2018．
向阳．秘书会务管理．北京大学出版社，2009．
杨剑宇．中国秘书史．华东师范大学出版社，2013．
张徽．秘书礼仪．北京师范大学出版社，2013．
刘少丹．行政办公工作流程与制度手册．人民邮电出版社，2019．
郝全梅．秘书应用写作．华东师范大学出版社，2013．
朱利萍，韩开绯．秘书写作实务（第2版）．重庆大学出版社，2014．
姬瑞环．秘书公文写作与实训．中国人民大学出版社，2011．
孙汝建．秘书写作．大连理工大学出版社，2012．
赵步阳，程宏亮．秘书信息工作．华东师范大学出版社，2014．
张虹．档案管理基础（第四版）．中国人民大学出版社，2019．
王瑞成，成海涛．会议组织与活动策划．华中科技大学出版社，2017．
人力资源和社会保障部教材办公室．秘书：基础知识．中国劳动社会保障出版社，2015．
孙荣，杨蓓蕾等．现代办公室管理．复旦大学出版社，2012．
陆予圻，郭莉．秘书礼仪．复旦大学出版社，2002．

谢煜桐. 办公室工作. 中共中央党校出版社, 2017.

人民网舆情监测室. 指尖上的"政"能量——如何运营政务微博与微信. 人民日报出版社, 2013.

后　　记

这部教材是编者近年来公共文秘课程教学与研究实践的结果，同时也是中南民族大学重点教学改革项目"基于'科研-教学-学习连接体'的公共管理拔尖创新人才培养模式研究"（项目编号：JYZD19033）的成果。参与本书编写的多数是公共管理类专业的高校教师、研究生，此次编撰工作凝聚了各方智慧，其本身就是一次教学相长、协同共进，推动构建教学研共同体的有益尝试。在本书即将付梓之时，中南民族大学行政管理专业成功获批国家级一流本科专业建设点。一流的专业需要有一流的教材作为支撑。通过本书的出版，以期向读者展示多年来我们在提升学生行政职业能力和综合素质等方面积累的学科特色与优势，为"双一流"建设贡献绵薄之力。

主编方堃副教授负责本书的构思、设计与统稿。本书各章编写的具体分工情况是：方堃拟定提纲、统稿并撰写了第 1 章；吴旦魁（华中师范大学）撰写了第 2 章；王子隽撰写了第 3 章；杨赟、陈雅楠撰写了第 4 章；张文杰撰写了第 5 章；张振昌撰写了第 6 章；房世杰、曲万发、欧怡麟撰写了第 7 章；苏维（武汉软件工程职业学院）撰写了第 8 章；满肖言、雷雨珊、李蕊撰写了第 9 章，房世杰、柯珂协助主编完成统稿工作。

除参考文献之外，本书在编写过程中还借鉴了国内外学者在相关领域的大量成果，限于篇幅未能逐一注明，谨在此一并表示感谢。吴开松教授、苏祖勤教授、刘成武教授、彭庆军教授对教材的编写及出版提出了许多建设性的意见，在此深表谢意！

由于学识与水平有限，书中错误和缺漏难免，我们诚挚地希望学界同仁批评指正，不吝赐教。

《行政秘书学》编写委员会
2021 年 3 月